总第84集

行政执法与行政审判

中华人民共和国最高人民法院
行政审判庭 编

中国法制出版社
CHINA LEGAL PUBLISHING HOUSE

目　录

【观点与争鸣】

1 行政协议能否仲裁？ 余凌云

6 关于国有土地使用权出让合同属于行政协议的几点认识 戴文波

【理论探索】

11 法官与行政机关负责人对话的语境差异及弥合
——以方法论意义上的行政审判理念为视角 郑红葛

22 公房承租人行政补偿诉讼司法审查研究 朱仕芬 谭华良

38 浅谈行民争议交叉案件的处理方式
——以一起房屋征收补偿案件为切入点 张晓鹏

51 论多元解纷语境下行政诉讼法律援助制度的创新与完善
——基于南通行政诉讼法律援助实施情况的实证分析 张祺炜 陈　鲁

66 学术自治抑或司法自制：学位授予纠纷司法介入的边界及审查规则 刘华飞

80 行业协会规范性文件附带审查研究 黄玉文 王明辉

95 超龄劳动者工伤认定问题研究 吴林轶

104 执法重心向街道办事处下移的法律供给研究
——基于法律文本与败诉案件的分析 潘　伟 邢　黎

【案例分析】

119 学生就高校行为申请行政复议的裁判规则 章文英 任海霞

128 阶段性行为可诉性的认定标准
——赵某某诉重庆市巫山县人民政府生产安全事故调查报告批复案 许　鹏

135 行政行为复效后的救济期限 戴剑飞
143 对突发事件应急处置措施的合法性审查 李柏翠
153 行政诉讼二审程序中新证据的认定
——匡某某、陈某1、陈某2诉吉安县人力资源和社会保障局不予认定工伤案 罗英秀
163 先行解决民事争议的例外及善意取得阻却撤销裁判规则的适用 丁晓华 陆 华
172 撤销公司注销登记的合法性审查
——胡某诉浙江省舟山市市场监督管理局定海分局工商行政登记案 王卫东 方 园

【调查研究】

179 关于涉集体土地棚户区改造和环境整治行政案件的调研报告
——以北京四中院近五年受理的案件为样本 武 楠 李世邦
197 困境与出路：环境行政处罚案件司法审查实证研究
——以2015年至2019年上海市环境行政处罚案件为分析样本 孙焕焕 吴金怡
220 不履行法定职责案件司法审查的合理建构
——以近200份不履责行政案件裁判文书为引 王雨生
232 黑龙江省高级人民法院关于近五年全省法院行政审判工作情况的调研报告 黑龙江省高级人民法院行政庭课题组

【司法解释】

248 最高人民法院关于正确确定县级以上地方人民政府行政诉讼被告资格若干问题的规定
(2021年3月25日)

观点与争鸣

行政协议能否仲裁?

余凌云

行政协议是否适用仲裁，在理论上存在着肯定与否定两种观点。(1) 否定说认为,《仲裁法》(2017 年) 第二条明确规定，仲裁仅适用于平等主体之间发生的合同纠纷。而在行政契约中双方地位是不平等的。① 第三条也明确排除了“行政争议”。(2) 肯定说又分为“直接适用说”和“类比适用说”两种。“直接适用说”认为，只要坚持司法审查最终原则，就允许仲裁。“从人民权利自主角度分析，不抵触法院作为司法机关以及保障人民诉讼权与权利救济等宪法基本要求下，仲裁也就不是宪法所禁止。”② “不宜简单认为行政协议争议不能申请仲裁。当然，承认仲裁裁决仍应坚持司法最终原则。对经仲裁裁决后，如协议一方能够提出相应的证据证明裁决存在法定撤销情形的，仍可根据《仲裁法》(2017 年) 第五十八条等规定，向仲裁委员会所在地的中级人民法院申请撤销仲裁裁决。”“根据既判力理论，对仲裁裁决未予

① 在“申请人陕西凯莱斯科耀瓷文化股份有限公司与被申请人铜川市国土资源局撤销仲裁裁决一案民事裁定书”[(2018) 陕 02 民特 4 号] 中，法院认为，“本案铜川市国土资源局与凯莱斯科公司签订的《国有建设用地使用权出让合同》是铜川市国土资源局行使其行政管理职责的体现，合同的目的亦是为合理配置土地资源，促进土地开发，实现其行政管理目标，故上述合同属于行政协议。因本案行政协议中当事人一方系行政机关，双方当事人之间并非平等主体，该合同中约定的仲裁条款不符合《中华人民共和国仲裁法》第二条‘平等主体的公民、法人或其他组织之间发生的合同纠纷和其他财产权益纠纷，可以仲裁’的规定，申请人认为铜川仲裁委员会无权仲裁的申请撤销理由成立，本院予以支持”。

② 参见姜波、叶树理:《行政协议争议仲裁问题研究》，载《行政法学研究》2018 年第 3 期。

涉及或者处理的事项，或者非基于同一基础法律关系形成的诉讼请求，行政相对人仍可通过提起行政诉讼解决。"[①] "类比适用说"的论证脉络大致是，行政协议作为公法上的契约，具有（近似）民事属性，所以，也可以仲裁。但是，"行政协议仲裁是一种'类民商事仲裁'"，本质相同，"但又并非完全相同"。可以"类比适用民商事仲裁的相关规定"。[②]

在笔者看来，肯定说不具有说服力。假如民间仲裁机构可以否定行政决定的效力，那么，它必然具有凌驾国家意思表示之上的决断权威，这无疑是难以想象的。即便是采用司法审查最终原则，允许通过行政诉讼校正仲裁裁决，让最后的决断权再次回到国家手里，也不能证成仲裁本身的正当性。退一步说，假定这种推论能够成立，那么，行政诉讼上的所有行政争议都应该可以适用仲裁。事实却并非如此。更何况在实践中，双方有可能都接受仲裁裁决，不再诉诸行政诉讼，那么，"公法遁入私法"不可避免。这些都是"直接适用说"的"阿喀琉斯之踵"。至于"类比适用说"，也不成立。如果说，作为"混合契约"，行政协议中的民事关系引发的纠纷可以适用仲裁，以此来论证行政协议中的行政争议或者整个行政协议也同样可以诉诸仲裁，无疑是以偏概全。这是"类比适用说"在推理上的内在缺陷。

在行政法上，行政争议之所以不能诉诸仲裁，是因为：第一，行政决定是行政权的行使，是国家意志的体现，其合法性只能由国家自身通过法定机关和程序推翻；第二，在解决行政争议中，重点是审查行政决定的合法性，也就是以依法行政的要求为准据，在维护客观法秩序、实现公共利益的前提下，解决双方之间的争执。

仲裁以私法的审理方式显然大异其趣，无法达成同样目标。这是因为：首先，仲裁不对涉及行政性的部分进行合法性审查，对相关事实仅凭双方提

① 参见耿宝建、殷勤：《行政协议的判定与协议类行政案件的审理理念》，载《法律适用》2018 年第 17 期。

② 参见王世涛、刘俊勇：《行政协议争议解决之仲裁问题研究》，载《南海法学》2019 年第 3 期。

供的证据作出判断。① 其次，遵从当事人意思自治，只要是双方意思表示真实，且不违反法律、行政法规的效力性强制规范，仲裁机构和民事法官一般都会倾向于裁判合同有效。②

《最高人民法院关于审理行政协议案件若干问题的规定》（2019 年）第二十六条规定，“行政协议约定仲裁条款的，人民法院应当确认该条款无效”。但是，1995 年伊始，为了在基础设施建设上积极吸引外资，我国允许外商投资特许权协议纠纷适用仲裁，因为“仲裁，尤其是国际仲裁可以超越行政区

---

① 比如，在“申请人南京市国土资源局六合分局因与被申请人南京某置业有限公司申请撤销仲裁裁决纠纷案”［（2016）苏01 民特81 号］中，涉案土地开发需要环评，“某公司亦多次向六合国土局提出报告，请求妥善解决案涉地块的环评问题”。仲裁机构将环评不落实归咎于国土局不履约。这显然违背了职权法定原则，当事人应当向环保局报批有关环评文件。但是，环保局事后提供的“情况说明”中指出，在合同签订之后，“在竹镇镇政府召开了报告书技术评审会”，当事人“未向我局报批环境影响评价文件”，“我局未向某公司出具任何有行政效力的文件”。而当事人在仲裁和民事诉讼中却提供了“六合环保局认为案涉地块项目不符合环评审批条件”证据，国土局对有关证据的真实性也提出质疑。但是，无论是仲裁机构还是民事法官，都没有追加环保局为第三人，也没有对环保局没有批准环评文件的合法性进行审查，这显然不利于监督行政机关依法行政，也可能使公共利益得不到妥善保护。

② 比如，某房地产开发有限责任公司（乙方）与区政府（甲方）签订《置换土地协议书》，双方约定，第一，“经协商甲方同意以基准价 30 万元/亩的土地置换冲抵乙方还建工程建设资金，共应补偿给乙方的土地总量暂定为 561 亩，其中确定投资额本金折算为不少于 409 亩，利息折算为 152 亩。为确保乙方在土地招、拍、挂时能获取应有的置换土地，甲方鼓励乙方直接参与竞标（乙方可将还建房总投资额冲抵履约竞标保证金）”。第二，“竞标时乙方以超过每亩 30 万元以上的任何价格中标时，由甲方负责按下列标准对乙方进行底价（每亩 30 万元）及差价部分的资金补偿：即每亩超出 30 万元时，无论差价多少，甲方得差价部分的50%，乙方得差价部分的50%（乙方对工程投资额折算不少于409 亩的建设用地数量直接参与土地招、拍、挂后的分成，对利息折算置换的152 亩的土地不参与招、拍、挂后每亩30 万元之差价部分的分成）”。第三，“乙方未能中标，而由第三方中标时，甲方负责将每亩 30 万元的底价及每亩超过 30 万元之差价部分的 50% 和乙方应得的利息部分以现金形式支付给乙方完毕后，甲方方可将招、拍、挂部分的‘国有土地使用证’办理给第三方”。

从仲裁机构和民事审理角度来看，上述双方对“土地出让价款溢价分成”的约定，是“当事人真实意思表示”，实际是双方约定的“代建收益的一种计算方式，并非土地出让主体对土地出让金的处分，不违反法律、行政法规的强制性规定”。行政机关“负有支付溢价分成款义务”，它只是“作为参与市场活动的平等民事主体，享有独立法人财产，有权自行决定如何使用其自有资金，按合同约定收益分配和风险分担，与国家利益和社会公共利益无关”。

但是，在行政法官看来，“土地溢价分成款直接指向土地出让金，是指土地出让金高于当事人约定底价部分的溢价分成款，其实质仍是土地出让金”。对于土地出让金的收取、上缴与使用，法律有着明确规定。《城市房地产管理法》第十九条规定，“土地使用权出让金应当全部上缴财政，列入预算，用于城市基础设施建设和土地开发。土地使用权出让金上缴和使用的具体办法由国务院规定”，《城镇国有土地使用权出让和转让暂行条例》第五十条规定，“依照本条例收取的土地使用权出让金列入财政预算，作为专项基金管理，主要用于城市建设和土地开发。具体使用管理办法，由财政部另行制定”。因此，行政机关不具有随意处分土地出让金的权力，上述有关溢价分成款约定显然是违法的，“必将造成大量本应上缴国家财政的土地出让金流失”“导致国家用于城市建设的资金减少，必然损害社会公共利益”。

划和行政当事人来选择仲裁人员，被认为是一个比行政诉讼更有客观公正性的争议解决渠道”。[①] 所以，上述司法解释又规定了“但书”，“法律、行政法规或者我国缔结、参加的国际条约另有规定的除外”。

然而，这条解释却引发了仲裁领域的学者、投资人和律师的异议。在他们看来，一方面，这样内外有别，差别对待不合理。另一方面，从 2004 年开始，从建设部印发的城市供水、管道燃气、城市生活垃圾处理协议三个示范文本看，都规定了仲裁。实践上，长期以来，特许经营合同、BOT 以及 PPP 纠纷都可以通过仲裁与民事诉讼解决，也没有发现什么不适宜。归根结底，是因为批评者认为行政诉讼表现长期低迷，所以不看好行政协议，更乐于接受民事救济。

其实，在笔者看来，《行政诉讼法》（2017 年）第十二条第一款第十一项所列的“政府特许经营协议”“土地房屋征收补偿协议”，以及《最高人民法院关于审理行政协议案件若干问题的规定》（2019 年）增列的“矿业权等国有自然资源使用权出让协议”“政府投资的保障性住房的租赁、买卖等协议”“符合本规定第一条规定的政府与社会资本合作协议”等有名行政协议，如果按照完全公法意义上的解读，认为上述行政协议形成的合同关系均为公法关系，产生的争议均为行政争议，很自然会依据《仲裁法》（2017 年）第三条得出不得仲裁的结论。但是，上述有名行政协议以往均被当作民事合同处理，其中内容也多为民事关系。如果人为地将其全部变为行政关系，参照适用民法，那么，很难说通为什么这些法律关系上的争议不得仲裁。因此，这种完全公法意义上的解读显然是有问题的。

在笔者看来，上述有名行政协议应当都是“混合契约”。这类协议恐怕不能简单地借用德国的隶属契约理论来解构，首先，德国人所认同的行政契约是否包括同样或者近似的种类形态，根据现有文献还无法作出判断。其次，它们也很难说是命令与服从结构之下的产物，是替代行政行为的一种方式，双方地位不对等。恰恰相反，从我国实践看，“混合契约”一般是行政机关与相对人处于平等地位，你情我愿“谈出来的”。

“混合契约”以民事合同为底色，融入了一些公法约定，是兼有公法关系与私法关系的混合体。因此，对于其中发生的纠纷，如果仅仅是民事争议，

① 参见于安：《我国实行 PPP 制度的基本法律问题》，载《国家检察官学院学报》2017 年第 2 期。

公法约定实际上处于“沉睡”状态；或者发生的争议尽管涉及公法与私法，但完全可以分割处理，那么，对于有关民事争议，没有理由否定仲裁。但是，如前所述，如果纠纷涉及行政协议中的行政法上权利义务，则不能仲裁。延伸一步，如果在一个合同纠纷中交织着行政争议与民事争议，从技术上无法分割处理，也不适宜申请仲裁。

在“六安市裕安区国土资源局、六安市某有限公司申请撤销仲裁裁决特别程序民事裁定书”［（2019）皖15民特3号］中，民事法官也采取了近似的审查策略，指出“故不应将国有土地使用权出让合同简单纯粹地定性为民事合同或行政协议，将该合同引发的争议确定为民事纠纷或行政诉讼受案范围，而应根据合同约定内容反映的法律关系性质、所涉争议的具体性质及是否涉及行政优益权等多方面综合判定”。民事法官又结合涉案争议的性质，进一步指出，“现双方仅是基于土地所有权人代表身份与受让人身份而对合同应否解除、应否支付土地出让金及违约金等产生争议，该争议应属民事争议范畴，六安仲裁委员会有权就该争议事项进行裁决”。

从公私合作的实践上看，与政府缔结何种性质的合同，主动权在相对人，后者具有完全的意思自治和契约自由。政府如果能够接受完全纯粹的民事合同，就属于行政法上的“利用私法手段达成公共任务”。比如，上述司法解释第二条第五项之所以在“政府与社会资本合作协议”之前限定“符合本规定第一条规定”，就是因为在法律上有着这样的合意空间和选择可能。如果一定要加入公法约定，相对人也可以与政府在民事属性的主合同之外，再签订一个行政协议，事先做好技术上的分割，并且约定，针对主合同发生的争议允许申请仲裁或进行民事诉讼。

（作者单位：清华大学法学院）

关于国有土地使用权出让合同属于行政协议的几点认识

戴文波

《最高人民法院关于审理行政协议案件若干问题的规定》已于2020年1月1日开始施行。其中，第二条第三项明确了矿业权等国有自然资源使用权出让协议属于行政协议。但长期以来，争论较多的国有土地使用权出让合同是否属于行政协议范围，并未在该司法解释中予以明确，导致审判实践中对此类案件到底是属于行政诉讼还是民事诉讼仍存在不同认识和做法。笔者曾多次参与该司法解释起草的研讨论证工作，并在该司法解释提交讨论前夕，起草了《关于国有土地使用权出让合同行政案件审理情况的报告》，作为行政协议司法解释讨论稿的附件。根据笔者对起草过程的了解和对司法解释条文的理解，矿业权等国有自然资源使用权出让协议应当包括国有土地使用权出让合同，原因有四：第一，矿业权仅是国有自然资源使用权的其中一点，此处“等”必为等外等；第二，无论是从世界各国对自然资源立法规范的角度，还是从2018年开始的深化党和国家机构改革将国土资源部等组建为新的自然资源部的角度，都可以看出土地资源属于最重要的自然资源；第三，从行政协议的识别标准来看，国有土地使用权出让合同完全符合行政协议的“四要素”标准，即主体要素（一方当事人为行政机关）、目的要素（为了实现行政管理或者公共服务目标）、内容要素（协议内容具有行政法上的权利义务内容）、意思要素（协议双方当事人协商一致）；第四，浙江等地的审判实践已经证明了将国有土地使用权出让合同作为行政协议案件审理的巨大优势，最高人民法院行政庭对此已予以高度认可，并认为“于法有据”。

本文对浙江省法院将国有土地使用权出让合同作为行政协议案件审理的一些经验和做法进行了梳理分析，以期在审判实践中进一步统一认识。早在2008年左右，浙江温州等地一些法院在审判实践中就已将国有土地使用权出让合同纳入了行政诉讼范围。据不完全统计，在2015年新行政诉讼法将行政协议纳入行政诉讼受案范围之前就有20多件。2015年新行政诉讼法施行后，浙江高院经立案庭、民一庭、行政庭、研究室等相关部门协商一致后，向全省法院下发了《浙江省高级人民法院关于房屋征迁纠纷等案件受理问题的通知》（浙高法〔2015〕171号），明确“国有土地使用权出让合同，属于行政协议，由此发生的纠纷作为行政案件受理”。新法实施以来至2019年上半年，浙江省法院共审理此类国有土地使用权出让行政协议案件68件（由于审判信息系统不完善、案由不规范等因素，该统计数据显著低于实际案件数），其中判决行政机关败诉7件，经协调撤诉达24件，败诉率和协调撤诉率分别为10.3%和35.3%。浙江的司法实践表明，国有土地使用权出让合同更适宜纳入行政诉讼审查范围，主要有以下原因与成效：

（一）国有土地使用权出让合同具有浓重的行政色彩，各界高度认可将其纳入行政诉讼司法审查

从签约主体来看，一方当事人为区（县、市）国土或自然资源行政主管部门；从签约目的来看，除了受让人的商业目的，更主要的是旧城改造、城中村改造等推进城市化建设的行政目的；从签约的法律依据来看，主要是具有浓厚行政法色彩的我国《土地管理法》和《城镇国有土地使用权出让和转让暂行条例》等法律和行政法规；从协议的内容来看，行政机关作为一方当事人的单方变更、解除权是合同不可或缺的一项重要内容；从签约过程来看，通常需要经过公开的招投标程序进行，而不完全取决于当事人双方的意思自治。由此可见，国有土地使用权出让合同与普通民事合同具有明显的差异，对国有土地使用权出让合同纠纷案件的审理需要适用大量行政法律和行政法规，审查的内容包括对行政职权、行政程序等的合法性审查。从审判实践来看，政府及国土部门一直以来都乐于接受行政诉讼对土地出让合同的司法审查，认为这样更有利于帮助他们提高依法行政水平，规避相应风险。而当事人、律师、检察机关也都高度认可此种做法，认为这既有利于监督、提升行政机关依法行政，又有利于保护当事人合法权益。

（二）有利于纠纷的统筹解决，协同处理了不少关联纠纷

实践中，国有土地出让都会涉及前置的征地批准以及相应征收拆迁行政行为的合法性问题。因为只有经合法征收并已完全补偿安置工作的土地才能

作为用于出让的国有土地。否则，如果将尚未完全征收拆迁和补偿安置工作的土地用于出让，可能引发农民信访等群体性事件。这就需要把征地拆迁相关的整个行政过程中的各环节纳入行政诉讼受案范围。从浙江的审判实践看，征收拆迁所涉的征收决定、立项审批、规划许可、用地审批、拆迁协议、环评批复、竣工验收备案等环节均已被纳入行政诉讼受案范围。如果把国有土地使用权出让合同排除在行政诉讼之外，非常不利于纠纷的协调统筹解决。从浙江的多个案件看出，通过对土地出让合同、征收决定等多个行为的协同审查，与单个分别审理特别是分别放在民事、行政诉讼程序审理相比，节约了大量的司法资源，防止了不同判决在认定事实、处理思路上的前后矛盾，同时也有利于争议的实质性化解，深受当事人的欢迎。

（三）有利于实现对公权力的监督制约，防止权力滥用与寻租

国有土地使用权出让合同的行政属性必然要求强化对行政权的监督。从过往实践来看，国有土地使用权出让环节容易产生一定程度的权力寻租与腐败。而行政诉讼通过对国有土地使用权出让合同包括前置行政行为的审查，能有效发挥对公权力的监督制约作用。同时，由于土地管理部门在出让合同中的双重地位和角色（既是所有权人代表，又是监督者），很容易出现角色混同或者错位，从而滥用行政权侵害受让方的合法权益。将此定性为行政协议，目的并不仅在于维护行政优益权，更在于要强化对行政优益权的监督，这是民事诉讼无法审查到的。实践中，经常出现土地管理部门通过解除合同来收回土地使用权，实质上却变相行使了行政处罚权。正如最高人民法院行政庭负责人在行政协议司法解释发布会上所述，通过对国有自然资源使用权出让协议的审理，将有效解决过去一段时间，国有自然资源领域政府不履约、不监管、权力寻租等乱象，确保国有资产等国家利益得到有力保护。

（四）审查力度更大，监督与保护的效果非常明显

从浙江司法实践来看，将国有土地使用权出让合同纳入行政诉讼审查范围，可以对其从行政法律和民事法律两个层面协议效力进行审查。特别是对于国有建设用地是否符合出让条件，如案涉地块是否已经批准征收为国有、是否属于建设用地、是否符合规划条件以及是否符合其他出让要求等全方位审查，在这些方面的审查广度、深度、强度有别于传统的民事审查。如杭州中院审理的兰溪嘉宝投资有限公司诉淳安县国土资源局国有土地出让合同案

中，涉案地块为国家生态公益林和千岛湖水域，将其作为建设用地进行出让并开发有严格的禁止性、限制性规定，且必须经过相应的审批。杭州中院作为行政协议案件审理后，认为涉案土地根本不符合作为国有土地使用权出让的法律规定，最终判决涉案国有土地使用权出让合同无效。又如对于是否必须净地出让的问题，相应法律法规和政策明确要求必须为净地出让，而目前的国有土地使用权出让合同文本大量为“现状土地条件”“非净地”等，为此导致的诉讼在国有土地出让合同相应诉讼中占较大比例。民事诉讼对该问题一般遵循签约双方意思自治原则，而行政诉讼对上述问题则必须予以考虑，并从行政行为合法性角度进行全面审查。

（五）行政诉讼的裁判方式更加灵活多样

实践中，不少出让合同存在违法之情形，但出让后开发建设的项目又可能带有一定的公共利益。而行政诉讼可以通过确认违法、保留效力的方式，既监督行政机关依法行政，又有效保护公共利益。同时，不少情况下还需要判决责令行政机关采取补救措施，按照《国家赔偿法》等有关规定判决予以赔偿或补偿。当事人在行政诉讼中可以一并提出上述请求，法院可以一并判决，可以有效、便捷地解决相关争议。在温州中院审理的一起征迁行政协议案件中，法院虽最终认为预征收协议不违法，驳回原告诉讼请求，但在判决中明确“该协议并非法律规定的房屋征收补偿协议，在征收决定作出前，不得作为强制腾空和拆除房屋的依据”，可以有效保护当事人的合法权益。在浙江高院审理的安吉展鹏金属精密铸造厂诉安吉县人民政府搬迁行政协议案、金华市光跃商贸有限公司诉金华市金东区人民政府拆迁行政合同案中，分别体现了确认违法但保留效力、采取补救措施等行政诉讼独特的判决方式。在最高人民法院发布的10个行政协议解释参考案例中，此类案例就有4个。笔者认为，此种情形在国有土地出让合同中也完全可能出现，而行政诉讼的多元化裁判方式将更有利于保障当事人的实体权益。

（六）有利于纠纷的协调化解

浙江早在多年前就已建立全省层面的行政案件败诉考核机制，行政机关对行政诉讼案件是否败诉一般较为重视。在不少案件中，由于土地出让合同存在一定的违法或瑕疵情形，法院基于实质性化解行政争议以及党政要求协调等各方面的考虑，更多会组织调解。而行政机关基于解决纠纷、营商环境、败诉考核等诸多考量，也会主动要求或应法院的要求与行政相对人协调。而且行政争议有专门的调解平台——行政争议调解中心，行政机关亦参与其中。这些都是行政诉讼的独特优势。浙江高院审理的多起大标的国有土地使用权出让合同案件，均通过协调得以圆满解决，得到党委、政府的高度肯定和当事人的感谢。如浙江海纳建设有限公司诉东阳市国土资源局、东阳市人民政府国有土地出让合同案，该案标的额达5.45亿元，涉案争议长达七年之久，在浙江高院的多次组织调解下，最终使各方达成调解协议，案结事了。事后，东阳市委、市政府专门来函，对浙江高院秉公审理并成功调解此案表示感谢。而从浙江全省此类案件协调撤诉率高达35.3%的数据看，其对纠纷协调化解的积极作用可见一斑。

（七）借助良性互动平台，有利于预防行政争议，提升依法行政水平

将国有土地出让合同纳入行政协议范围的另一独特优势在于，法院与政府之间建立了多层次的丰富的良性互动平台。通过该平台，可以从宏观、中观、微观层面分别对土地出让制度和行为进行全方位指导，避免争议的产生。如2016年杭州中院通过联席会议平台，指导政府及相关部门及时完善了国有土地出让合同的格式文本，避免了大量可能的争议，又通过事后发送司法建议、发送行政审判白皮书、召开行政执法与行政审判专项联席会议等方式，总结每年此类案件审查中发现的共性或个性问题，从而促进依法行政水平的提升。

（作者单位：浙江省高级人民法院）

理论探索

法官与行政机关负责人对话的语境差异及弥合

——以方法论意义上的行政审判理念为视角

郑红葛

引言

在行政相对人、行政机关、人民法院三方关系中，人民法院与行政机关之间呈现出的并不仅仅是监督与被监督的关系。法官作为亲历者，与行政机关负责人之间的沟通交流往往决定着整个案件处理的方向及行政争议实质化解的程度。从现有规定而言，法律文本为法官与行政机关负责人的对话设定了专门性制度，即行政机关负责人出庭应诉制度。而且随着法律法规和有关司法解释的出台，这一项制度得到不断规范与完善。靠着有力的制度保障和烂熟于心的诉讼程序，加之在庭审程序中具有主导地位，法官在庭审中与行政机关负责人的对话显得“游刃有余”。相比较之下，行政机关负责人则显得“力不从心”，并不得不学习和运用法律思维、法律话语来适应庭审。真实的现象是，行政机关负责人“脑子里”满是行政逻辑和相应的行政话语，法律思维及法律话语对他们来说较为陌生。如果不是本身有一定的法律功底和临场应战的经验，这些行政机关负责人在庭审中的发言仍然是行政性的，在行政相对人看来是“套话”“官话”，有时会适得其反！但如果换位思考，离开了庭审，在具体的交流、座谈、研讨中，法官与行政机关负责人如何对话呢？此时，法官认为理所当然的法律思维、法律逻辑、法律话语并不具有压倒性优势，在与行政思维、行政逻辑、行政话语的碰撞中经常会“铩羽而归”。在这样一个场域中，最迫切的需要是找到能够使法官与行政机关负责人产生共鸣、实现同频共振的话语体系。当行政机关负责人法治意识不断养成、提高，逐渐向法官靠近的时候，法官在丰富自己知识储备和话语体系上则较为消极。而在消极的背后，则是行政审判理念与行政诉讼功能不相匹配的问题。本文以庭审之外的法官与行政机关负责人的对话为样本，试图以方法论意义上的行政审判理念为分析工具，提出有关对策建议，以期对行政审判法官办案及行政审判理念迭新有所裨益。

一、问题揭示：法官与行政机关负责人对话的场景及效果分析

虽然法官与行政机关负责人沟通交流是行政审判的普遍现象，也有一些法院以会议纪要等诸多方式对此予以记载，但具体的讨论过程及发言内容却没有公开资料披露。近年来，J省高级人民法院行政庭通过个案审理发现执法问题，逐步加大庭外沟通力度，现选择四个重大、典型案例进行分析，具体如下表所示：

场景	行政机关观点	人民法院观点	结论
一、国有企事业单位和公有住房合规承租人补偿安置问题	F市政府认为： 1. 已给予廉租房保障，达成法律规定的要求。 2. 在此基础上，实行“一城一策”，如何确定补偿安置属于设区市政府政策执行的自由裁量范围。 3. 已经做到最大限度的“让利于民”，给予每户两万元补助，不宜在个案中推翻统一政策执行。	1. 公房承租权具有身份与财产相统一的特征，可视为准物权。 2. 合规公房承租人补偿应当首先遵循“先房改后棚改”之统一要求，实现平等对待。 3. 不符合房改条件的，合规公房承租人补偿安置应参照产权人，在补偿款项分配上占较大比例。	行政机关未接受法院意见，法院亦不赞同行政机关意见。法院在案件处理上支持了F市政府，但也向该政府发送了司法建议书，表明法院观点，供其研究处理。

续　表

场景	行政机关观点	人民法院观点	结论
二、农民无法提供合法报建手续的唯一住宅的补偿安置问题	A县政府认为： 1. 法律具有刚性，无合法报建手续及规划审批手续的，即为违法建设行为，房屋系违章建筑。 2. 违章建筑不是被征地农户的合法权益，无须按照合法产权房屋进行补偿。 3. 已按照合法产权房屋补偿标准的50%确定补偿金额，最大限度地保障了弱势群体权益。	无合法报建手续及规划审批手续确系违法建设行为，但应区分造成审批手续不全的原因，因行政机关自身未正确履行职责而导致农民无法提供报建手续的，且所建房屋符合“一户一宅”及有关规划要求的，在征地补偿安置中应按照合法产权房屋来补偿。	行政机关未接受法院意见，法院亦不赞同行政机关意见。法院在案件处理上以被告不适格为由作出裁驳处理。
三、最低住房保障标准的执行问题（征收不足36平方米的唯一住房补偿安置时补足36平方米）	N市政府认为： 实践中存在被征收人在知晓房屋即将被征收后即出售名下房产，使自身符合“唯一住房不足36平方米”的条件，所以有必要予以限制。因此，在下达房屋征收决定之日起前两年内存在房屋转让登记的，不享受最低住房保障政策。	在下达房屋征收决定之日起前两年存在房屋转让登记，不必然是为了钻政策空子，其中存在大量真实交易，在政策制定和执行上不能“一刀切”。	双方尊重彼此关切，接受对方观点的合理内容。在案件处理上，法院作出责令行政机关就政策条件重新调查认定的判决。行政机关同意在重新调查认定时掌握政策分寸，保证符合条件的被征收人享受最低住房保障政策。
四、企业女职工退休年龄审批问题	J省人力资源和社会保障厅认为： 1. J省对女职工退休长期实行按身份审批制度，即“女干部55岁、女工人50岁”，此制度多年来发挥了积极作用，保障了绝大多数女职工的合法权益。 2. 近年来已着手研究“按身份退休”向“按岗位退休”转变的政策措施，在适当时候出台执行。	仍然坚持“按身份退休”已不符合现行企业用工实际，且国家有关文件也要求实现“按岗位退休”，即女职工在管理技术岗位的55岁退休，在工人岗位的50岁退休，不论其招工时的身份如何。	多年来实行“按身份退休”引发了一些争议，法院经过多次与行政机关沟通，虽然意见得到认可，但效果不明显。然而，2019年经过再次沟通，政策转变进入“快车道”，行政机关于同年2月发文实行女职工自愿选择是“按身份退休”还是“按岗位退休”的新政策。

上表所举四个典型案例在进行沟通座谈时，行政机关均委派了具有一定决策权的副职负责人及有关业务处、职能局主要负责同志参加。从对话的结果而言，四个案例代表着三种形态：一是“铩羽而归”型，法官对法律规范的理解乃至对个案如何实现正义的解读并未被行政机关负责人接受，案例一、二便是如此。二是“成功说服”型，如案例三，行政机关负责人接受法官观点并愿意就行政执法问题作出改进。三是“顺水推舟”型。行政机关负责人了解行政执法症结所在，推动问题的解决，法官的法律意见正合乎行政改进的方向，负责人乐于采纳。如在案例四中，参加座谈的J省人力资源和社会保障厅副厅长在表态性发言中要求该厅有关业务处室，以法院建议为契机，加快修改已拟定的新政策文件，早日完成政策转变。

不同的案例遭遇不同的对话结果，表面上具有一定的偶发性，但也有隐秘的规律可循。由于不是高度专业化的庭审现场，除法律层面的对话争辩外，还有大量的行政语境对话夹杂其中。而能否通过一场座谈对话促使行政机关负责人接受法官意见，并进一步完善行政执法，更大程度上取决于行政语境的对话成效，现就该问题说明如下表：

案例	法律语境		行政语境		沟通成效
	法官	行政机关负责人	法官	行政机关负责人	
案例一	实质正义 合理行政 平等对待	符合现行法律规定	以人为本、让利于民	政策连续统一、社会面稳定、“翻烧饼”等负面效应、可能造成国有资产流失	×
案例二	实质正义 合理行政	不违反现行法律规定	弱势群体民生保障	征收工作稳定性和严肃性，在个案上开口子引发同类情况的“攀比”	×
案例三	限制最低住房保障政策的法律依据不足	法律规定不周延，需要打上政策“补丁”	“一刀切”制定政策引发官民争议，损害弱势群体民生	杜绝钻“法律”空子的现象	√

续 表

案例	法律语境		行政语境		沟通成效
	法官	行政机关负责人	法官	行政机关负责人	
案例四	现行政策与法律法规和国家部委规范性文件要求不一致	法律虽有原则性要求，但没有具体的强制性规定和落实时间表	现行政策脱胎于计划经济时代，已不符合市场经济形势，无法满足多元化需求	有关政策一方面要适应市场经济发展，另一方面也要考虑延续性，所作调整应当前后兼顾	√

德沃金曾在《法律帝国》一书中说：“法院是法律帝国的首都，法官是帝国的王侯。”法官相较于行政机关负责人，在法律适用判断上具有相对优势，况且法官对法律适用若无相当的把握，也不会轻易启动沟通对话。从专业性的角度而言，四个案例中法官在法律语境中的阐释均无问题，但要求行政机关负责人以同样的深度予以理解认同未免强人所难。因此，一场对话沟通能否取得良好成效，则在很大程度上依赖于行政语境下的对话。案例一、二之所以失败，主要是因法官只能在行政语境下泛泛提出一些“以人为本”“让利于民”“民生保障”等极具延展性的词汇，行政机关亦可用此说明政策之于弱势群体已达此保障程度。而行政机关负责人在行政语境下提出的一些具体因由，如“不利于已开展工作的稳定性”“有可能造成国有资产流失”“极易引发负面连锁反应”等，法官则难以应对，往往导致其在交流过程中处于下风。

一个个鲜活的案例汇聚成一幅幅行政审判实践图景。各地普遍加快推动府院互动，打造法官与行政机关负责人出庭应诉对话平台，以期实现对行政争议的实质化解、源头预防和减少行政争议的发生，是在近年来行政审判制度性发展大背景下渐次展开的。但客观分析目前状态，可以看到这项工作仍然存在效果不彰之困境。从宏观数据看，根据最高人民法院有关部门的数据通报，自 2015 年以来行政案件总量一直处在上升态势，源头预防和减少行政争议的任务仍很艰巨。而 2019 年的一审行政案件上诉率为 63.8%，申诉率为 10.8%，行政一审案件平均审理周期为 114.45 天，二审案件为 80.43 天。2015 年行政案件上诉率、申诉率分别为 58.8%、11.2%，2016 年行政一、二审案件平均审理周期分别为 90.97 天、70.51 天。审理周期的拉长与越来越多的案件需要法官投入更多精力和行政机关负责人对话不无关联。与2016年相比，2019年一审行政案件撤诉率还降低0.3个百分点，更加显现出府院对话功能的趋弱。可见，即使在制度完善和改革红利不断释放的前提下，解决府院对话所面临的困难与障碍仍徘徊在“喧嚣而拥堵”的十字街头。

二、原因探究：行政审判理念之道于方法论上的缺陷分析

法官在与行政机关负责人对话时，法律思维、法律逻辑及合法性审查的理念对其语言和交流方式影响甚深，法官所展示的近乎是一份对行政行为合法性的病理诊断及分析结论。行政机关负责人是否接受这样的“善意”，首先取决于他能否接受这份报告所流露出的“意识流”。而这个“意识流”就是办理案件和处理问题的理念，聚积而成的就是行政审判理念。总体而言，五年来的府院对话机制的改良实践，在“致臻之术”上着墨较多，于“精益其道”方面较为逊色，而能将行政审判理念之“道”与对话方式方法之“术”做到“知行合一”的行政法官则更鲜见。这也许就是前述问题尚未解决的症结所在，笔者试分析如下：

（一）合法性审查视野下行政审判理念的意蕴阐释

人们分析行政审判理念时，往往从《行政诉讼法》第一条的表述出发，大体都会涉及三方面内容：一曰解决行政争议，二曰保障合法权益，三曰监督依法行政。在对这三方面理念的阐释中，又可演绎出主观诉讼与客观诉讼的分野、不同价值层次的分化，抑或有其他话语描述的转换①等多维学术场景。但总而言之，理念的生成及其意蕴的阐发都是在合法性考量这一功能性框架下进行的。这种框架既对理念的生成乃至运行起着至关重要的支撑作用，也实际上产生另一种有约束性的影响。正向效应由此而生，负向效应亦由此而生。

有学者对此指出，现行行政审判整体功能的预设，是在对行政行为形式进行类型化锻造的基础上，就每一种行为形式从“权限”“程序”“法律效果”以及“诉讼类型”进行规范化对接。②在具体运作中，这近乎一次严格

---

① 如王勇在《试论行政审判的理念》一文中就提出，行政审判应树立保障公法秩序的核心理念。

② 朱新力、唐明良等著：《行政法基础理论改革的基本图谱》，法律出版社2013年版，第6页。

的规范化的病理诊断。一直以来，因合法性审查原则在行政审判中具有的基础性地位，合法性争议的司法裁决只针对行政活动的结果作出评判。在评判陷入两难境遇时，公私之间的利益平衡成为不二法门。即使在诸如房屋行政强拆等行政违法性暴露无遗的案件中，亦有“保障合法权益”理念下平衡赔偿金额多寡的鲜活案例。当然，因行政诉讼特有的客观诉讼功能，行政行为违法宣告及公法秩序维护成为特定案件处理的主要考量，此时与利益平衡并无太多关联。综合来看，静态结果规制下的利益平衡及秩序维护，是当前行政审判理念的主要意蕴所在。

（二）负面效应

从方法论角度看，这种理念的运行轨迹大致是：对于进入实体审查的行政争议，将既有的法律规范视为常量，在这个常量之下对权限、程序和行为是否合法进行分析，并分不同情况予以处理。大凡合法不侵权以驳回断之，合法侵权以补偿平之，违法侵权以撤销赔偿纠之，违法不侵权以否定评价宣之。

一切似乎相称得宜。然而在合法性视野下，人们所常论及的理念自有一定之畛域。譬如所谓的解决行政争议，则要求具有法律上的可判断性，历史因素和政策问题多临门兴叹。而保障合法权益，却常常停步于合理关切之前，仿佛两者之间也存在着一条西王母金簪划出来的银河一般。最鲜明的“监督依法行政”这一特色，在行政机关一番“形式合法”操作下也会显得心有余而力不足。实际上，透视近年来的一些典型案例，合法性审查手段与功能之间的不匹配问题浮出水面。举例而言，行政机关在征地拆迁中“以拆违促拆迁”“以拆危促拆迁”现象逐渐增多，对违法建筑、危险房屋的认定与处置日益“规范”，几与法律规定的程序、要件相一致。由此，一些符合“一户一宅”条件但又无法提供合法报建手续的被征地农户，最终所获补偿安置大幅缩水而难以寻求救济。在类似于征地拆迁这样的多阶段、多主体的动态行政活动中，在静态结果上定点考察行政行为的合法性存在一定不足，由此导致利益平衡与秩序维护功能弱化。下面以审判实践中面临的以下两则对话难题为例，说明当下的行政审判理念在应用层面上的短板。

1. 静态结果虚化下的“救济无门”。近年来，政府职能转变一直处于进行时，部分政府职能从传统行政权力范围外逸，让渡至一些自治组织、社会组织手中。但行政权与基层自治权、行业管理权本身就联系非常紧密，导致一些职能的行使具有浓厚的行政色彩但又无具体的行政行为。如J省各地近年来大力推动的农村“拆三房”（违章房、空心房、危旧房）工作，很多地方就是以村民理事会为组织载体、以村民自治为行为表现而开展的，乡镇政府居于“幕后指挥”。一些农民合法住房被强拆所引发的争议，民事诉讼既不受理，行政诉讼也苦于没有可供审查的行政行为而驳回起诉。此类纠纷长期游离于法制轨道之外，成为社会矛盾的潜在风险点。法官在与乡镇政府这一层级的主官对话时，在如何选取进击抓手时就显得力不从心，是行政命令、行政规划？还是行政指导？而对乡镇主官如此分析行政行为的类型化选择，则无疑会将这场对话推向“尬聊”结局。法官与乡镇主官如何寻求话题交集，对隐蔽的行政权力运行过程作出精准的分析，推动乡镇主官愿意主动解决此类纠纷，尚没有显露普遍性的成效。

2. 给付行政中的“秩序维护”。在传统的权力行政外，给付行政已成为国家的重要任务，以维护民生底线，增进人民福利。但法治国家、法治政府、法治社会一体推进，便意味着政府行为与社会主体行为均存在失范失序的可能。行政机关以相对人存在违法行为为由拒绝履行必须承担的给付义务（如前文所提及的无合法报建手续的农民唯一住房以违章建筑论拒绝给予补偿安置），反射出当下行政审判理念在运用上“左右为难”之境地。法官与行政机关负责人对话时，如果围绕“实质法治”概念高谈阔论一番，会谈的气氛则会越来越沉闷。行政机关负责人若以“相对人有何合法权益”反戈一问，能用其能够理解与接受的语言予以说服的法官并不多见。

以上两则事例显示，现行的行政审判理念在价值层面上应当说具有巨大的积极意义。但在应用方法层面上，法官最终还是要依靠行政行为的类型化、行政行为的违法性等话语基本单元去承载理念，完成对外输出的任务。而实践发展的多元性，甚至是适度的超前性，都让方法论意义上的行政审判理念在一场场“府院互动”“官官对话”中难有作为，预示着现行行政审判理念在运用上需要进行一次有效的调整。

三、对策建议：以促进最佳性思维调校行政审判理念的运用方法

面对纷繁复杂的政府职能转变改革大潮，面对受此影响行政机关负责人

的思维流变，行政审判法官如果不能及时调整对话思维模式，固守对静态结果进行合法性考量的传统技艺而不愿意调整创新，则无法汇聚个体正向能量，落实行政诉讼制度功能和价值预设。反之，行政审判保障民权、维护秩序等核心理念在应用层面上遭遇方法论的阻却，越来越多的对话将会成为“各说各话”，行政诉讼制度功能和价值预设落空，也将影响人们对行政审判制度权威的认同和坚守。因此，行政审判理念如何在方法论上予以突破，到了应当破题的时刻。

近年来，新行政法理论的研究给了我们不一样的启示。新行政法不仅关注合法行政，而且更加关注政府善治。“依法行政”在新行政法视角中，不仅是规范和制约行政权力运行的核心原则，而且是承载行政“最佳性关怀”重要话语。行政法研究上这场“茶杯中的风暴”式的变迁是在对行政实务、实态的正确把握的要求下展开的。而行政审判最为贴近行政实务、实态，如不能吸收新行政法“最佳性”的营养而弥补“合法性”审查之不足，则在理论发展和实践面对上都不能自洽。

随着研究的深入，新行政法理论体系初步形成，为行政审判理念在方法运用上的迭新提供了丰富的理论营养。在此，由于学识有限，笔者并不能言及一二。在司法审查实践中，静态的行政行为实际上是动态行政决策活动的结果。作为主要决策者的行政机关负责人这一群体，其决策过程并不是受法律规范唯一制约的过程。在诸多案例中可以清晰地发现，法律规范好似给行政机关负责人决策划定了边界范围。在边界范围内进行决策，法治因素并不能完全保障决策科学与妥当。实践中，行政机关决策难免顾此失彼，而一定时期内，群体决策失误又是不可避免的。因此，这种决策落实到相对人个人和具体事件中，科学性、公平性、妥当性的问题才会凸显。另外，行政机关负责人集体决策时突破边界范围，违反法律规定的现象也不能仅用“无知”“无畏”来解释。经过多年的法治政府建设，行政机关负责人这一群体的法治水平总体得到提升，毫无理由的权力任性、硬踩法律红线已非常罕见。决策时的法治因素、效能因素、地方传承因素等互相作用，共同影响着最终结果。综合上述种种缘由，行政机关负责人决策考量因素比法官惯有的合法性审查思维因素较多，两者对话时，法官的话语谱系小于行政机关负责人的话语谱系。前者是法治频道，后者则糅合了政治的、行政实务的、法治的、本地行政传统的诸多方面。基于此，行政法官可从以下几个方面完善运用方法，促进行政最佳性的达成，让对话从“挑刺”变成“帮助”，从而使得行政审判理念在个案处理中得到贯彻落实。

一是政治方向上正确，能够体现习近平新时代中国特色社会主义思想和贯彻党中央、国务院各项重大战略部署。如在与行政机关负责人沟通时，“保障弱势群体民生”则比“侵犯相对人合法权益”更让其接受和无从反驳。笔者始终认为，行政法官需要加强政治理论方面的学习不仅仅是形而上的问题，更是一个实实在在的技艺问题、本领问题。如果不能够熟练运用政治性话语，就难以在与行政机关负责人沟通中展现大的格局，也就无法在方向性的问题上得到支持和认可。

二是没有违反法律强制性规定。法官与行政机关负责人开展对话，多数是因个案存在实质正义等深层次问题需要探讨，明显违反法律规定的浅表性问题通常不必要通过这个形式来开展“府院互动”和“诉源共治”。但就是在这样的情况下，法律规则的供给是不充足的，法律留白给法官与行政机关负责人对话增添了不少困难，毕竟个案的实质正义是可以争辩的。法官面对此种困难时，就是“团结一切可以团结的力量”，通过法院组织形态邀请立法机关、上级行政机关、专家学者进行研讨，尽可能地在更高层次明确适用于本案的法律规范。对法官个人而言，需要研究法律文本，搜寻行政规范性文件和行政典型案例，以作论证之用。

三是没有决策失误。最典型的决策失误就是“一刀切”和“按下葫芦浮起瓢”。法官在与行政机关负责人对话时，如果能够有证据证明行政决策出现如此失误，则即使无法在违法性上作出定论，也能够说服行政机关负责人纠正个案问题。但是，是否有决策失误需要法官付出更多的精力去研究、去论证。如在一起地下防空工程易地建设费征收行政争议中，J省某地政府为了优化营商环境，允许某个建设项目缓交该笔费用，并与当事人达成支付缓交期间易地建设费利息的协议。这样的决策经过市政府常务会议集体研究通过。从政治话语上看，行政机关负责人认为这符合当下优化营商环境等大政方针的要求，从法律规定上看，只是禁止违规减免，对于一律不允许缓交没有明确规定。而且，地下防空工程异地建设费属于政府非税收入，按照非税收入管理有关规定是可以缓交的。在此案中，是否允许缓交反而成为是否可以征收缓交期间的利息的前置性问题。在与行政机关负责人沟通的过程中，通过该项决策的公平性（只对个别房地产开发商允许缓交）以及缓交后引发的负面性（允许缓交发放各项许可证后对开发商不主动缴纳易地建设费的已无法律强制性手段）进行了沟通，最终使得行政机关负责人认识到本案中作出缓交决策面临的风险和问题，表示今后要慎重作出类似决策。

四是与当地行政传统具有一定的传承性。行政行为受合法的行政惯例制约，已经成为共识。一项行政行为如果与当地行政传统硬性切割，从而引发一些争议，便不符合行政“最佳性”要求。在一些社会保障案例中，社会保险费用实际是按季度，甚至是每半年征收。当地企业基于这样的行政惯例按期缴纳社会保险费用，在费用缴纳之前发生的一些保险事由，行政机关以用人单位未按照法律规定期限缴纳社会保险费用为由拒绝承担社会保险责任的，应当不被支持。法官在与行政机关负责人对话时，对不符合当地行政传统、行政惯例的决策，可以提出改进的意见与建议。

（作者单位：江西省高级人民法院）

公房承租人行政补偿诉讼司法审查研究

朱仕芬　谭华良

【内容摘要】公房承租制度是计划经济时代的产物，具有典型的中国特色。1998年房改后，大多数公房已按政策出售给原承租人，但因种种原因仍有相当部分的公房承租人未能参加房改。2011年通过的《国有土地上房屋征收与补偿条例》将房屋征收补偿对象明确限定为房屋产权人，未对公房承租人在征收补偿中的请求权予以明确规范，故而围绕公房产权人和公房承租人就征收补偿款的分配产生的社会矛盾问题相继浮现。随着人民群众法治意识和维权意识的不断增强，公房承租人因征收提起的行政补偿诉讼亦不断涌向法院，各地法院在实践处理上亦不尽一致，亟须在理论上对公房承租人提起的上述诉讼予以研究，指导司法实践，实现类案类判，不断推动审判体系和审判能力现代化。

本文主要分为三个部分。第一部分从公房承租人行政补偿诉讼的理论和实务考证入手，通过检索中国裁判文书的案件数据，由此推断此类诉讼的发展趋势，从而引导出研究公房承租人行政补偿的重要意义，继而通过梳理法院生效裁判及行政法学界的主流学说，重点对主流理论观点进行了考证；第二部分从符合行政诉讼实质解决行政争议的立法宗旨、为公房租赁的性质所决定、与公平原则相符、与民法典的“居住权”制度的立法精神相呼应、有利于实现三个效果的有机统一五个不同的角度多元论证了法院判决向公房承租人支付征收补偿款的理论基础；第三部分在广泛收集北京、上海、天津、广州等全国十余个省、市公有住房征收政策的基础上，提出法院针对公房承租人提起行政补偿诉讼的裁判顺次选择：最佳选择为按照房改政策出售后征收；稍次选择为产权调换后继续租赁；再次为结合房改政策、精神就公房承租人应得的房屋价值部分、装修装饰补助、搬迁费、临时安置费、奖励性费用作出具体裁判。

【关键词】公房承租人　产权人　居住权　行政征收　补偿

引言

“安得广厦千万间，大庇天下寒士俱欢颜。”古往今来，住房始终是人们最重要、最基本的生产和生活资料，倾注了人们许多的憧憬和梦想。公房制度曾经为解决和改善当时人民的居住环境做出了不可磨灭的贡献。21 世纪后，随着经济社会的发展变化，公房承租制度渐渐显现出与现代产权制度的诸多不相适应之处，因公房承租制度引发的一些社会问题亦逐渐浮现出来，尤其是公房征收后引发的公房承租人、产权人和政府对征收补偿款的分配争议更是时有发生。但无论是目前全国性的统一法律法规，抑或《国有土地上房屋征收与补偿条例》和最高人民法院的司法解释，均未对公房承租人是否有权提起行政补偿诉讼以及若可以提起行政补偿诉讼，对公房承租人的诉讼请求是否应予支持及如何支持等问题作出明确规定，全国各地对此规定及做法亦不相一致。因此，有必要对上述问题从理论上予以厘清，切实推动行政争议实质化解，为保障公房产权人、公房承租人的合法权益及顺利稳妥推进征收工作提供借鉴参考，以期在国有土地上房屋征收领域为推进国家治理体系和治理能力现代化做出相应的贡献。

一、公房承租人行政补偿诉讼之理论与实务考证

（一）司法审查实务考证

笔者通过中国裁判文书网将案件类型选定为“行政案件”，以“公房承租”“补偿”为关键词进行检索，共搜索到行政案件 503 件。从裁判文书的类型来看，以判决方式结案的有 313 件，约占 62%；以裁定方式结案的有 190 件，约占 38%。

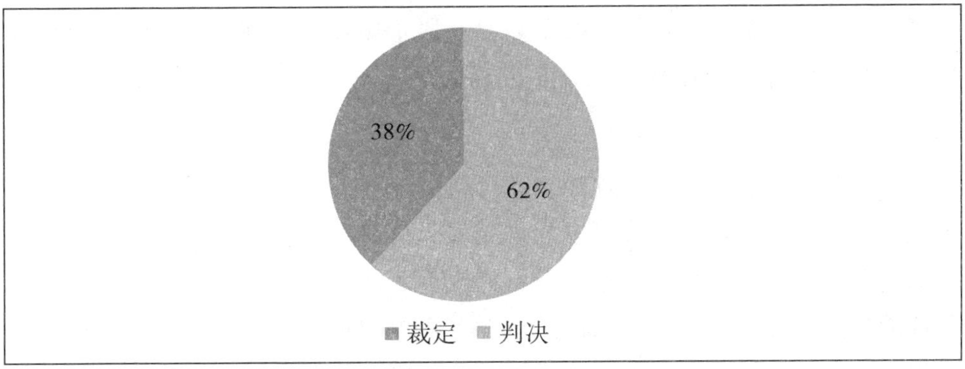

图 1　公房承租人行政补偿诉讼裁判类型

从裁判年份来看，2015 年裁判 25 件；2016 年裁判 43 件，同比增加 18 件，上升 72%；2017 年裁判 96 件，同比增加 53 件，上升 123.25%；2018 年裁判 147 件，同比增加 51 件，上升 53.12%；2019 年裁判 121 件，同比减少 26 件，下降 17.69%。

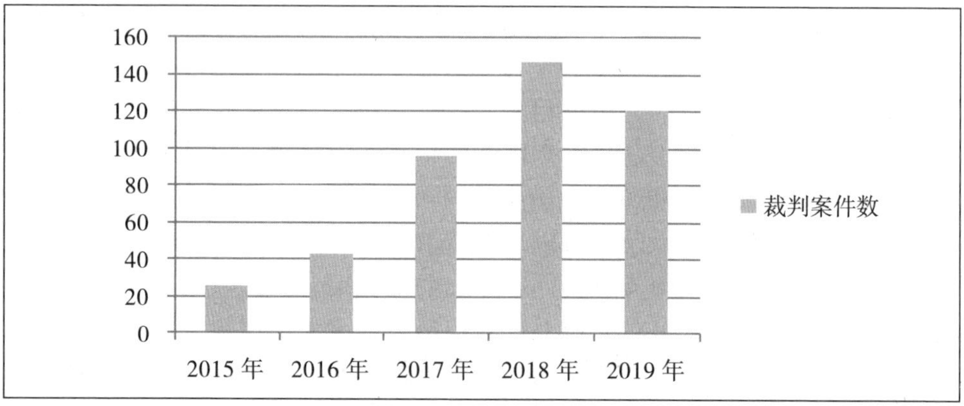

图 2　公房承租人行政补偿诉讼逐年裁判情况

从以上数据可以看出，公房承租人行政补偿诉讼呈现出两个趋势：一是对于公房承租人行政补偿诉讼，法院采用实体判决方式远多于程序裁定方式，说明法院在司法审查实务中更倾向于从实体上审理该类型案件；二是公房承租人行政补偿诉讼在行政诉讼中虽然整体占比不高，但仍有一席之地，除 2019 年略有回落外均呈上升趋势，从 2015 年最低的 25 件逐年攀升至 2018 年的 147 件。

此外，因公房承租人在 1998 年房改时没有享受到房改政策的红利，承租公房居住多是为解决其生活的基本需要，属于居住权的问题，故研究公房承租人行政补偿诉讼具有很强的现实指导意义。

（二）主流理论观点考证

通过梳理上述法院的生效裁判及行政法学界的主流学说发现，对于公房承租人因居住的公有房屋被政府征收而提起诉讼要求行政补偿的案件，法院应如何审查裁判，目前理论界与司法实务界仍众说纷纭，尚未达成一致意见。争议的焦点主要在于：公房承租人是否有权提起行政补偿诉讼；若公房承租人提起的行政补偿诉讼属于行政诉讼受案范围，能否支持公房承租人的补偿请求及如何支持。总结起来，主要有以下几种观点：

1. 驳回起诉说

该观点主要基于两点理由：一是认为根据《国有土地上房屋征收与补偿条例》第二条[①]之规定，征收补偿的对象有且仅有房屋所有权人，也就是说，只有房屋产权人才与国有土地上房屋的征收和补偿行为有利害关系；公房承租人仅系公有房屋的租户，并不会因其长期租赁而改变公房的权属属性，其作为非所有权人，并不在法律规定的征收补偿对象之列，与国有土地上房屋的征收和补偿行为没有利害关系，自然就无权提起诉讼请求政府支付征收补偿款。故而，公房承租人与被诉行政征收无法律上的利害关系，对其提起的行政补偿诉讼，因其不具有原告主体资格而应裁定驳回。

二是基于《最高人民法院关于房地产案件受理问题的通知》第三条[②]之规定，认为审查公房承租人提起的行政补偿诉讼之关键，就在于如何确定公房所有权人与公房承租人对公有房屋的价值分配。而公房租赁作为计划经济时代特定历史条件下的产物，应系历史遗留问题。对公房承租人提起的行政补偿诉讼，因涉及较强的政策性和专业性，存在着较大的政策权衡和理解空间，应由相关行政机关自行解决，不宜由法院直接行使司法审查权，不应纳入法院行政诉讼的主管范围。对于公房承租人为此提起的行政补偿诉讼，应在告知其向有关主管部门申请解决的基础上，裁定驳回其起诉。

2. 驳回诉讼请求说

该观点从保护诉权的角度出发，认为应当对公房承租人提起的行政补偿诉讼进行实体审理，而不宜一律挡在诉讼门外，但判断公房承租人提起的行政补偿诉讼能否得到支持，则应严格按照法律规定审查其理由是否成立。现行法律法规并没有规定公房承租人可以基于对公房的租赁从而享有公房的征收补偿款，换言之，即公房承租人提起行政补偿之诉缺乏法律依据，其请求

---

① 《国有土地上房屋征收与补偿条例》第二条规定："为了公共利益的需要，征收国有土地上单位、个人的房屋，应当对被征收房屋所有权人（以下称被征收人）给予公平补偿。"

② 《最高人民法院关于房地产案件受理问题的通知》第三条规定："三、凡不符合民事诉讼法、行政诉讼法有关起诉条件的属于历史遗留的落实政策性质的房地产纠纷，因行政指令而调整划拨、机构撤并分合等引起的房地产纠纷，因单位内部建房、分房等而引起的占房、腾房等房地产纠纷，均不属于人民法院主管工作的范围，当事人为此而提起的诉讼，人民法院应依法不予受理或驳回起诉，可告知其找有关部门申请解决。"

政府履行给付征收补偿款义务不应得到支持。根据《行政诉讼法》第六十九条[①]并参照《最高人民法院关于审理行政赔偿案件若干问题的规定》第三十三条[②]之规定，判决驳回公房承租人要求政府支付征收补偿款的诉讼请求。可以看出，该观点的内在理论逻辑实质上与驳回起诉说的第一种理由是一脉相承的，认同公房承租人提起的行政补偿诉讼属于法院受案范围，只是基于当前行政诉讼程序性裁定驳回起诉较多作出的权宜选择。

3. 判决履行法定职责说

该观点认为征收公有房屋，将使得承租人长期享有的缴纳低房租的居住权利彻底灭失，[③] 对公房承租人的权益产生了实质影响，政府在此情况下向公房承租人支付征收补偿款应属确定无疑。但公房征收的补偿对象实际上有两个，即公房的产权人和公房承租人，对于二者之间应如何分配现行法律法规均未作出明确规定。在此情况下，考虑到案件处理的政治效果和社会效果，由法院直接就二者的受偿比例作出裁判的时机和条件并不成熟，可以先行判决责令政府作出征收补偿决定，促使身兼征收主体和公房产权人双重身份的政府与公房承租人充分协商，从而给争议各方协调化解纠纷留出灵活处理的时间和空间。公房承租人若对政府作出的征收补偿决定不服，可以再次向法院提起诉讼，届时法院基于政府作出的补偿决定重新进行司法审查，由此作出的裁判便更有针对性。该观点主张，采用这种方式处理，可以充分发挥司法权的监督性和行政权的专业性，更有利于和谐妥善地化解行政争议。

4. 判决给付说

该观点认为，法院审理行政补偿案件应以实质解决行政争议为目标，既要有严格、准确适用法律的底线思维，又要有切切实实解民忧、纾民困的职业担当和民生情怀。行政补偿诉讼从实质上说是一种给付之诉，法院对此应当判决确定明确的、具体的补偿金额，而不宜笼统地判决政府履行征收补偿职责。[④] 现行法律法规虽然没有规定公房产权人和公房承租人之间的分配比

---

① 《行政诉讼法》第六十九条规定："行政行为证据确凿，适用法律、法规正确，符合法定程序的，或者原告申请被告履行法定职责或者给付义务理由不成立的，人民法院判决驳回原告的诉讼请求。"

② 《最高人民法院关于审理行政赔偿案件若干问题的规定》第三十三条规定："被告的具体行政行为违法但尚未对原告合法权益造成损害的，或者原告的请求没有事实根据或法律根据的，人民法院应当判决驳回原告的赔偿请求。"

③ 参见蔡小雪、郭修江：《房屋征收案件审理指引》，人民法院出版社 2015 年版，第 25 页。

④ 参见最高人民法院（2019）最高法行申 8132、8135、8137 号行政裁定书。

例，但司法审查应当本着定分止争的目标，能动地、积极地进行实践。法院应当综合考虑房屋的评估价值、同单位已房改职工支付的价款、租赁的时间、产权单位的意见及公房承租户的人数，充分运用生活经验，遵循职业良知，合理酌定公房承租人的征收补偿份额及具体金额。

笔者赞同上述第四种观点，并深以为然。驳回起诉说最为简单、便于法院操作，但过多地将诉讼推出门外，使得老百姓投诉无门，不仅无助于纠纷的实质性化解，还使不少这类纠纷游离于法院之外，与法院解决矛盾纠纷的最后一道防线之职责不符，更有损于司法的权威和公信力；驳回诉讼请求说看似有利于保障当事人的诉权，但从实体上驳回公房承租人的诉讼请求，将会使得公房承租人对公房长期的居住、使用权利彻底得不到法律的保障，亦容易激发社会矛盾、引起极端事件；判决履行法定职责说亦即笼统判决补偿说虽然最为周全、法院的裁判风险最小，但公房承租人若对政府作出的行政补偿决定不服还需再次诉讼，无形中增加了当事人的诉累，亦浪费了宝贵的司法和行政资源，极易造成程序空转，可能还会因此丧失及时化解纠纷的机遇。对于第四种观点的科学性与合理性，笔者将在第二部分予以充分、详细阐释，在此不再赘述。

二、判决向公房承租人支付征收补偿款的理论基础

公房承租制度是一个有浓厚计划经济色彩和高度中国特色的公法产物，时间跨度长、政策性和专业性强，套用和拘泥于市场经济条件下普通民事主体之间的房屋租赁合同的相关规定，是难以探寻到正确处理路径与方法的。判断公房承租人提起的行政补偿诉讼是否适宜由法院进行实体审查，首先要用历史的眼光看问题，准确弄懂公房承租制度的设立背景、历史沿革与发展脉络，而不能囿于后来的法律规定简单、机械地就案办案；其次还要着眼解决实际问题和立足地方实际情况①，紧扣行政诉讼制度功能和价值的思路，实实在在地解决行政争议；最后还应充分发挥行政诉讼保护当事人合法权益、监督行政机关依法行政的职能作用，全面考察与之类似的法律制度后予以综合衡量，真正做到定分止争、化解社会矛盾。

---

① 参见天津市高级人民法院课题组：《关于公有住房使用权纠纷案件的调查与分析》，载《人民司法》2012 年第 13 期。

（一）符合行政诉讼实质解决行政争议的立法宗旨

诉者，告也；讼者，争也。行政诉讼首先是一种解决行政争议的诉讼活动，也就是发生矛盾的双方，请求与争执双方没有利害关系的司法机关，按照公正程序解决争议。[①] 审理公房承租人提起的行政诉讼，首先要解决的问题就是该诉讼能否进入诉讼之门。司法是维护社会公平正义的最后一道防线，公房承租人一般都是在与产权人、征收主体多次协商无果的情况下，方选择将补偿争议提交司法机关裁判；能够通过协商等方式解决的一般都不会进入诉讼程序。在此情形下，若不向公房承租人打开诉讼之门，简单、粗暴地告知其找有关机关解决，最终的结果就是行政程序没解决、司法程序不救济，使得公房承租人最后的救济权利彻底丧失，使其合法权益难以得到切实、有力的保障。从法理上说，在当事人已经选择将争议事项提交法院居中裁判的情形下，法院不能无正当理由拒绝裁判，同时基于司法最终原则，法院亦不能再将该纠纷转入行政程序。由法院直接受理公房承租人提起的行政补偿纠纷，有利于及时、公正、公平地解决实际问题，化解官民矛盾、和谐社会关系。

（二）为公房租赁的性质所决定

在马克思设想的共产主义制度下，个人向社会提供的只有劳动，以获取个人消费品，住房作为重要的生存资料，不再是私有的财产，其所有权应公有化，其原有的商品属性不再存在而仅有社会福利属性。[②] 基于该设想以及参照苏联模式，我国在计划经济时期实行的是"低工资、低租金、实物配给制"的分配模式，发放给职工的工资实际只是职工劳动价值的一部分，另一部分劳动价值则由国家统一调配建设成房屋后分配给职工承租。以此角度，职工分配得到的公房承租权实质上是职工工资的一部分，因此该承租权实际上具有类似于所有权的性质。[③] 具体表现为：一是职工虽然缴纳租金，但该租金是非常低的，一般仅用于房屋的维护等，其实质类似于现代产权制度下的物业费；二是公房承租人享有长期占用、使用公房的权利，租赁的期限是

---

① 参见江必新主编：《中华人民共和国行政诉讼法理解与实务指南》，中国法制出版社 2015 年版，第 2 页。

② 文魁：《中国住房分配工资化改革的机理分析》，载《管理世界》2000 年第 1 期。

③ 参见孙宪忠著：《物权法》，法律出版社 2001 年版，第 32—33 页。

无限制的，这也与一般民事租赁不得超过20年有明显区别；三是某些地方还规定公房承租人享有转租、转让、继承的部分处分权利，并为司法裁判所确认，如《上海市房屋租赁条例》第三十一条明确规定，公房承租人有权转租房屋，且不必征得产权人的同意，仅需在签订转租合同前书面告知产权人即可；[①] 又如重庆市南岸区人民法院（2014）南法民初字第03056号民事判决就明确公房承租权可以作为遗产继承。征收公租房，将使公房承租人享有的低房租的承租权丧失，使得公房承租人享有的“准所有权”消失，对公房承租人造成了现实的、直接的损失，其基于“准被征收人”的法律地位，依法应当获得征收补偿。

2020年1月1日起正式施行的《最高人民法院关于审理行政协议案件若干问题的规定》也持该观点，该司法解释第五条第二项明确承认“认为征收征用补偿协议损害其合法权益的被征收征用土地、房屋”的公房承租人具有原告主体资格。[②] 由最高人民法院行政审判庭编著的《最高人民法院关于审理行政协议案件若干问题的规定理解与适用》中更进一步明确对于征收中的补偿行为，公房承租人享有的补偿利益与不动产权利人并无本质上区别，其具有“准所有权人”的地位，得为该类案件的适格原告。[③] 总之，公房租赁是计划经济时代的产物，司法实践中要用历史的眼光审查评判，应该尊重历史，面对现实，勇于担当，运用司法智慧作出明确的裁判，指引当事人理性解决因公房租赁关系发生的纠纷，尤其是政府征收公租房发生的矛盾纠纷。

（三）与公平原则相符

同等情况同等对待是现代法治的应有之义。我国自1998年发布《关于进一步深化城镇住房制度改革加快住房快速建设的通知》（国发〔1998〕23号）开始，正式停止住房实物分配，逐步实现住房分配的货币化。[④] 原有的公房承租人可以通过缴纳较少价款的形式购买公房的所有权，从而成为公房

---

① 《上海市房屋租赁条例》第三十一条第二款规定：“公有居住房屋承租人转租房屋不需征得出租人同意，但应当在签订转租合同前书面告知出租人……”

② 《最高人民法院关于审理行政协议案件若干问题的规定》第五条第二项规定：“下列与行政协议有利害关系的公民、法人或其他组织提起行政诉讼的，人民法院应当依法受理：……（二）认为征收征用补偿协议损害其合法权益的被征收征用土地、房屋等不动产的用益物权人、公房承租人。”

③ 参见最高人民法院行政审判庭编著：《最高人民法院关于审理行政协议案件若干问题的规定理解与使用》，人民法院出版社2020年版，第75页。

④ 王芳芳：《公房制度改革相关法律问题研究》，华东政法大学2009年硕士学位论文。

的所有权人。但部分职工由于以下原因，未能参加房改：一是如贵州省人民政府住房制度改革领导小组办公室《关于我省房改中出售公有住房（含集资建房）有关问题的通知》（〔1997〕黔房改办字第064号）明确规定“总楼层在三层（含三层）以下的住宅楼且不成套的（不具备卫生间、厨房）不能参与房改”，对于居住在该类型公房的职工，只能维持现状继续租赁；二是部分职工在房改时，由于经济条件较差等原因，无力缴纳购买公房的价款，只能继续租赁。公房被征收后，已缴纳较少价款获得公房所有权的职工能够获得原公房的全部补偿价款；而若认为继续租赁公房的职工无权享有公房征收补偿款，无疑对该部分职工而言是极为不公平的。对于上述第一种情形未能参加房改的职工，不能实现房改的原因主要在于房屋套型不符，并不在于职工，当时未能参加房改实际上已是对该部分职工的不公平，若仍坚持公房征收时该部分职工不能分配征收补偿款，则无异于对该部分职工的二次不公平。对于第二种情形未能参加房改的职工，其本身经济条件就较差，属于需要社会关怀的弱势群体，若不能分配公房征收补偿款，将使其生活条件更加艰难。应当说，在特定历史条件下，每一名职工应平等地享有获得房改的机会。当时已参加房改的职工缴纳的价款并不等于公房的全部价值，而只是极少部分价值，绝大部分价值实际上已由国家无偿转移给职工；对于因种种原因未能参加房改的职工，在所租公房被征收时，基于公平原则理应获得房屋价值的部分补偿。

（四）与民法典的“居住权”制度的立法精神相呼应

2020年5月28日，十三届人大第三次会议通过了具有我国法治建设里程碑意义的首部民法典，并以专章的形式实现了居住权首次入法。[①] 民法典设立居住权的目的就在于充分发挥住房的居住功能，实现党的十九大提出的“住有所居”的目标，不断增强人民群众的幸福感、获得感。公房承租人长期享有的居住、使用公有房屋的权利，其实质上与民法典的居住权有异曲同工之妙，都是为了保障“人之所以为人”的基本居住人权。征收公有房屋，将会使得公房承租人对公房的居住权消失，若不赋予其请求征收补偿权，则无法保障其最基本的居住权利。“住有所居”才能“心有所安”，绝不能因为

① 《民法典》物权编第三分编第十四章专门以六个条文的形式规定了居住权的内涵、居住权合同、居住权的设立、登记等内容。

一次征收就让公房承租人的居住权彻底灭失，只有承认公房承租人的征收补偿请求权，或给予回迁安置，或给予货币补偿，方能与民法典居住权的立法精神相呼应，彰显保障被征收范围内公房承租人合法权益的法治追求。

（五）有利于实现三个效果的有机统一

实现司法审理的政治效果、法律效果和社会效果的有机统一，是党的十八大以来人民法院追求良法善治的有益探索，是党和人民直观感知人民法院执法办案效果的重要标准，是人民法院必须始终秉持的公平正义观。公房承租人作为计划经济实物分房的承受者，曾经为新中国的经济社会发展做出重要贡献，充分保障其合法权益，人民法院不能也不应该缺位，这亦是人民法院以人民为中心的必然要求。法院通过审理支持公房承租人的征收补偿请求权，其一，有利于公房承租人支持、配合政府征收，及时、尽快地完成搬迁工作，为重大项目、重大工程赢得时间和空间，实现司法审判的政治效果；其二，如前文所述，公房承租权实质上是职工工资实物分配的具体表现形式，公房承租人应获得的征收补偿款实际上就是对公房承租权灭失的合法补偿。认可公房承租人有权获得征收补偿款，就是正确、精准地理解和适用法律，有利于实现司法审判的法律效果；其三，公房承租人获得征收补偿款后，有利于减少其对征收工作的抵触心理，缓解因征收引发的官民矛盾，和谐职工与单位、职工与政府的关系，防止极端事件的发生，从而有力地保障社会稳定，实现司法审判的社会效果。

三、对公房承租人予以行政补偿的裁判路径探析

诚如上文所述，由于征收公房的补偿对象涉及产权人和承租人两个主体，法院裁判公房承租人提起征收补偿诉讼时更应秉承慎重、稳妥的原则，既要尊重历史，又要着眼现实：一方面要保障征收工作的顺利推进，确保关系国计民生的重大项目尽早落地，主动保障地方经济社会发展大局和中心工作；另一方面要保障好公房承租人的居住权益，确保公房承租人的现有居住条件不降低，切实发挥行政诉讼对公房承租人的权利保障作用；再一方面还要维护好国家和单位的产权利益，稳步实现国有资产保值增值，防止国有资产的无形流失。

关于公房承租人提起的行政补偿诉讼，法院应如何具体裁判，目前尚缺

统一的全国性法律规范，《国有土地上房屋征收与补偿条例》及最高人民法院司法解释亦未作出明确规定。笔者通过法信网搜索全国各地地方性法规、规章、其他规范性文件，各地已有的对公房承租人征收补偿的规定主要有如下模式：一是按房改政策购房和产权调换混合模式，如吉林省、浙江省；二是按房改政策购房、货币补偿和产权调换混合模式，如北京市；三是产权调换和货币补偿混合模式，如上海市、天津市、吉林省长春市；四是只能货币补偿模式，如广东省广州市、江苏省南京市；五是只能产权调换模式，如山东省、云南省；六是房改与征收同步模式，如贵州省贵阳市。

表1　全国各地涉公房承租人征收补偿规定情况

地区	出台文件	主要内容	效力等级
北京	《北京市住房和城乡建设委员会关于国有土地上房屋征收与补偿中有关事项的通知》（京建法〔2012〕19号）	可按房改政策购买公房后直接作为被征收人；在期限内未购房的，房屋所有权人可以与承租人协商达成一致意见，通过货币补偿或其他房屋安置；未达成一致意见的，按照补偿方案确定的房屋价值补偿总额扣除房屋重置成新价后的部分进行补偿，亦可选择房屋安置，取得的补偿款与房屋安置的购房款之间的差额由承租人承担	其他规范性文件
上海	《上海市国有土地上房屋征收与补偿实施细则》	可选择货币补偿或产权调换；选择货币补偿的房屋价值部分为：评估价格×80%＋价格补贴	地方政府规章
天津	《天津市国有土地上房屋征收与补偿规定》	可选择货币补偿或产权调换；选择货币补偿的房屋价值部分为95%	地方政府规章
浙江	《浙江省国有土地上房屋征收与补偿条例》	按房改政策购房或解除租赁；若无上述情况，则自管公房承租人可选择产权调换后继续租赁，直管公房承租人政府另行提供房屋承租	地方性法规
广州	《广州市国有土地上房屋征收与补偿实施办法》	同意解除租赁关系的，给予房屋价值金额加奖励之和的30%的弃租补偿	其他规范性文件

续 表

地区	出台文件	主要内容	效力等级
山东	《山东省国有土地上房屋征收与补偿条例》	产权调换后继续租赁	地方性法规
南京	《南京市国有土地上房屋征收与补偿办法》	仅规定货币补偿，90% 支付给承租人	地方政府规章
沈阳	《沈阳市国有土地上房屋征收与补偿办法》	房屋补偿款与征收当时按照房改政策计算应当交纳的购房款之间的差额给予补偿	地方政府规章
长春	《长春市国有土地上房屋征收与补偿暂行办法》	一致选择货币补偿的，80% 支付给承租人；未一致的，产权调换后继续租赁	地方政府规章
贵阳	《关于印发贵阳市棚户区城中村改造 2014－2018 年行动计划实施方案的通知》	按房改政策购房后征收	其他规范性文件
郑州	《郑州人民政府关于国有土地上房屋征收和国有土地使用权收回有关问题的意见》	只能货币补偿，60% 支付给承租人	其他规范性文件
吉林市	《吉林市国有土地上房屋征收与补偿条例》	房改政策购置公房，若未在期内购房，则产权调换后继续租赁	地方性法规
云南省	《云南省国有土地上房屋征收与补偿办法》	产权调换后继续租赁	地方政府规章

梳理上述模式中的货币补偿规定可以看出，支付给公房承租人的房屋价值部分除广州市外，大多在 60% 至 95%。对此问题未有地方性规定的地区，法院在裁判时可以参考其他地区的相关规定，故而下文主要探讨未有规定地区法院应当如何具体裁判。

（一）最佳选择：按照房改政策出售后征收

根据法律规定，法院在审理行政补偿案件过程中可以组织调解。故而，对于公房承租人提起的行政补偿诉讼，法院可以从实质解决争议的角度出发，充分向各方当事人释明法律规定和法律原理，在不违反法律规定和政策的情况下，引导政府、公房承租人和公房产权人选择征收与房改同步模式，由产权人按照房改政策出售给公房承租人后，再按征收补偿方案进行安置。若三方均同意该方式，经庭外和解达成一致，待公房承租人撤回起诉后，法院可依法予以准许，从而真正实现案结事了人和。

说该方式为最佳选择，主要基于以下理由：一是彻底解决公房承租这一历史遗留问题。1998 年全国房改以来，绝大多数公房都已按照房改政策进行了房改，因种种原因未能房改的，已随着时间的迁移与现代产权制度有诸多不适应之处。通过房改与征收同步，可彻底解决这一问题可能带来的诸多矛盾，真正建立起“产权清晰、政企分开、责权明确、管理科学”的现代产权制度。二是该方式既可保障公房承租人、产权人合法权益，又能保障征收工作顺利进行，彻底化解因征收引发的各种社会矛盾，达到“三赢”的效果。

（二）稍次选择：产权调换后继续租赁

若不能按照上述方式处理，在公房承租人的诉讼请求仅为请求政府履行征收补偿职责的前提下，法院可询问公房承租人、产权人是否选择产权调换，若双方都选择在改建地段或就近地段回迁的方式进行产权调换，法院可依法判决政府向公房承租人履行产权调换以继续租赁的义务。采用这种处理方式，一是符合《民法典》第二百四十三条第三款①的立法精神，保障被征收范围内公房承租人住房条件不降低，保障其居住权利；二是符合征收补偿的损失填补原则，公房承租人对公房的长期占有、使用的权利因征收灭失，产权调换公房后继续租赁，又重新给予其对房屋的占有、使用的权利，公房承租人因征收灭失的权利足以得到弥补；三是容易为公房产权人所接受，产权调换后的房屋产权仍属于原产权人，公房产权人的权益较征收前亦没有受到损害，有利于国有资产的保值增值。因此，从尊重历史、维持现状并保持政策的一贯性来看，这种处理方式无疑是较好的选择。《贵州省住房和城乡建设厅等七部门关于推进城市和国有工矿棚户区改造工作的实施意见》（根据住建部等五部门建保〔2009〕295 号文制定，经贵州省人民政府同意）第三条第四项明确指出，“……对公有产权房屋，原则上按照房改政策予以回迁安

① 《民法典》第二百四十三条第三款规定：“征收组织、个人的房屋以及其他不动产，应当依法给予征收补偿，维护被征收人的合法权益；征收个人住宅的，还应当保障被征收人的居住条件。”

置……”也是持这种意见。

（三）不能产权调换的选择：公平合理判决货币补偿

若上述两种方式都不能实现，公房承租人坚持请求法院判决政府支付货币补偿，法院应当坚持公平合理补偿的原则，结合房改政策的精神就公房承租人应得的房屋价值部分、装修装饰补助、搬迁费、临时安置费、奖励性费用作出具体裁判。

1. 房屋价值

房屋价值部分在公房承租人和产权人之间如何分配，是审理公房承租人提起的行政补偿诉讼中的难点，也是实践中最大的分歧。笔者认为，要正确认识二者间如何分配，可将1998年房改时已房改的职工缴纳的款项与当时房屋的价值之比作为产权人分配比例的参考。因为房改时职工缴纳给产权人的价款，从某种程度上可以认为是当时的房改政策认定产权人在房屋价值中应得的份额。基于已房改和未房改职工之间的公平性考量，在征收未房改公房时，产权人应得的份额亦应与房改时一致。经调研当时房改时职工缴纳价款情况，笔者认为对于房屋价值部分，将10%支付给产权人，90%支付给公房承租人较为适宜。这再考虑，主要基于以下理由：一是与经济适用房上市时需缴纳的土地出让金相当。经济适用房作为面向低收入者的保障性、经济型、适用性住房，其所有权人享有的也是受限制的所有权，其在上市交易时需补交8%的土地出让金。公租房与经济适用房皆为社会保障性质住房，故经济适用房所有权人上市时需缴纳的土地出让金对认定公房承租人享有的征收补偿款份额具有一定的参考性；二是与全国部分省、市已规定的公房征收补偿份额分配情况相吻合。如上文所述，对于公房征收补偿款的分配比例，《天津市国有土地上房屋征收与补偿规定》对公房承租人的分配比例高达95%，居中的《上海市国有土地上房屋征收与补偿实施细则》规定给公房承租人的分配比例亦为“评估价格×80%+价格补贴”，最低的《郑州市人民政府关于国有土地上房屋征收和国有土地使用权收回有关问题的意见》也达到60%。因此，认定应将90%的征收补偿款支付给公房承租人也与当前全国大多数省、市的规定相一致。

2. 装修装饰补助

公房承租人为了长期生活居住的需要，必然会对承租的公房进行装修装饰，征收行为导致公房承租人不可分割的装修装饰全部损毁，公房承租人对此的投入难以收回；对于可以分割的装修装饰，如房屋门、铝合金护栏等，即使能够拆除，也会使其价值降低，且拆卸过程中难免会有损耗，故基于“谁损失、补偿谁”的原则，对于该部分补助，应当判决政府向公房承租人全额支付。

3. 搬迁费、临时安置费

该部分补偿费用与房屋本身的实体价值无关，是因为征收公房对承租人产生的生产和生活影响而给予的补偿费用。[①] 对于搬迁费，由于公房内实际居住的为承租人，产权人并不实际居住，根据特别牺牲理论和公平补偿原则[②]，公房承租人因公房征收导致其必须将包含生活用品在内的室内物品全部搬离，在搬迁的过程中亦会造成部分损坏，对于该部分损失，也应当判决政府直接向公房承租人支付。同理，因征收导致的临时安置受损失的也是公房承租人，与产权人无关，故亦应判决向公房承租人支付。

4. 奖励性费用

在征收过程，政府为了促进广大被征收对象积极配合征收工作，尽早签约、尽早搬迁后交付房屋给政府，专门设定了协议签约奖励、按期搬迁奖励等奖励性费用。因搬迁工作只涉及公房承租人，故而按期搬迁奖励应归公房承租人所有。但因公房征收的签约对象包括产权人和公房承租人两个主体，故而对于协议签约奖励可以参照房屋价值的分割比例在二者之间予以分配。

结语

近年来，随着城市化进程的快速发展，城市棚户区改造、国有工矿棚户区改造征收项目如雨后春笋般接踵而至。在我们感叹城市越来越好、越来越现代化的同时，征收项目背后的公房承租人这一特殊群体的合法权益保障亦值得我们去关注。征收公有住房，将会使得公房承租人不得不从赖以生存的、长期以低房租租住的公房中搬出，必然会使其长期享有的公房租赁权彻底消失，其具有值得法律保护的利益，因此提起行政补偿诉讼，应当向其打开诉讼之门，将此类案件纳入司法审查的轨道中来。

---

① 参见汤容滨：《公有住房征收补偿的分配》，载《上海房地》2015 年 8 月版。

② 参见袁钊：《房屋征收中承租人的行政诉权保障研究》，安徽大学 2019 年硕士学位论文。

对公房承租人提起的行政补偿诉讼，虽然现行全国性统一法律并没有明确规定，但法院绝不能以此为由拒绝裁判。法院审查此类案件，既要有坚守法治的底线思维，又要有敢于担当的民生情怀。当然，判决向公房承租人支付征收补偿款绝不能是无源之水、无本之木，其背后必须有相应的法律规范、法律原则和法律理念作为支撑。具体来说，判决公房承租人享有部分征收补偿款，首先就与行政诉讼实质解决行政争议的立法宗旨相符、为公房租赁的性质所决定，亦与公平原则相符、与民法典的“居住权”制度的立法精神相呼应，还有利于实现三个效果的有机统一。在对此类案件的具体裁判方式上，宜采用按房改政策出售后征收、产权调换后继续租赁、货币补偿的先后顺次进行裁判。唯有此，方能在保障公房承租人、产权人的合法权益上“两不误”，亦能顺利稳妥地推动征收工作、不断提高征收效率。

在此，特别需要说明两点：一是在征收公有房屋的过程中，因强制拆除公房导致的公房承租人提起的行政赔偿诉讼在司法实务中亦很常见。根据《国家赔偿法》第三十六条第八项规定，对财产权造成其他损害的，按照直接损失给予赔偿。由于强制拆除公房引发的公房承租人提起的行政赔偿诉讼大多系因征收而起，公房承租人在正常征收补偿程序中应当得到的利益损失，即为赔偿诉讼中的直接损失。换言之，公房承租人提起的行政赔偿诉讼中的直接损失与行政补偿诉讼中的合法损失弥补范围大致相当，仅是引起损害的原因不同而已。因此，研究解决公房承租人提起的行政补偿诉讼，法院应如何具体裁判，亦能为法院审理公房承租人提起的行政赔偿诉讼提供相应的参考与指引，从而为法院应如何审查公房承租人提起的行政赔偿诉讼打开智慧之窗。二是为从源头上减少行政纠纷的发生，作为征收主体的市、县级人民政府，在开展国有土地上房屋征收过程中，不仅应与公房产权人协商房屋征收事宜，更应与公房承租人认真负责地协商沟通，保障公房承租人的知情权、参与权，依法依规解决因征收公有房屋发生的纠纷，以实质化解行政争议，促进社会和谐稳定。

（作者单位：贵州省高级人民法院）

浅谈行民争议交叉案件的处理方式

——以一起房屋征收补偿案件为切入点

张晓鹏

【内容摘要】我国《行政诉讼法》第六十一条规定了一并审理民事争议制度，对于处理行民争议交叉案件具有很强的指导意义。但是，实践中，多数行政法官未能有效利用该制度妥善处理行民争议，导致未能充分实现该制度的立法初衷。本文以一起房屋征收补偿案件为切入点，通过对一并审理民事争议制度立法目的和法律规定、行民争议交叉案件类型、最高人民法院裁判观点、司法实践现实情况等综合考量，指出行民争议交叉案件应在适度考虑行政审判现实情况基础上，根据行民争议交叉案件类型，采取不同的处理方式。

【关键词】行民交叉　基础争议　裁判方式

审判实践中，部分行政案件既涉及行政争议，又涉及民事争议，出现行民争议的交叉，且两种争议的解决具有一定的关联性，这类行政案件就属于行民争议交叉案件。由于行政争议和民事争议各自对应的诉讼请求具有异质性，依法不能合并审理，但是考虑到诉讼效益原则和判决的确定性原则，法院可以并案的方式，将这些诉讼请求纳入统一审理过程。[①] 为妥善审理行民争议交叉案件，《行政诉讼法》第六十一条确立了一并审理民事争议制度，《最高人民法院关于适用〈中华人民共和国行政诉讼法〉的解释》（以下简称《行诉解释》）第一百三十七条至第一百四十四条为贯彻执行该制度作出了具体规定。但是，在审判实务操作中，对于何种情况下应当适用一并审理民事争议处理方式，何种情况下可以由民事诉讼另行解决相关民事争议，

---

① 江必新：《行政诉讼法疑难问题探讨》，北京师范学院出版社1991年版，第95页。

存在不同的理解和认识，尤其在民事争议作为行政争议解决基础的行政案件中，经释明，当事人另行提起民事诉讼，先行解决民事争议而中止行政案件审理的情况比较常见，而一并审理民事争议制度的适用率始终处于低位，并未展现出该项制度设立的预期效果。[①] 在此，笔者以一起房屋征收补偿争议引发的行政案件为切入点，对一并审理民事争议的相关问题进行探讨，以期有益于审判实践。

一、问题的提出

2018 年 9 月，某区政府发布《××项目二期房屋征收决定及补偿方案公告》，涉案加油站在征收范围内。某区政府作出房屋征收决定之前，向甲公司发出征收通知，并对加油站内的房屋等不动产设施进行了入户登记调查。后某区政府就涉案加油站占用土地上的房屋、附着物、加油站及加油站附属设施，与乙公司签订了《加油站征收补偿协议》，其中约定某区政府补偿乙公司 2000 万元，乙公司保证加油站占用土地上的房屋、附着物、加油站及附属设施无产权、债务等争议，如有他人向某区政府索要关于上述地块有关的任何补偿，由乙公司负责解决，某区政府不再支付任何补偿费用。补偿协议签订后，乙公司委托爆破工程公司将涉案加油站的相关设施拆除。甲公司认为其是涉案加油站的所有权人，某区政府未对其进行补偿违法，向法院提起行政诉讼，要求确认某区政府未履行补偿职责违法，并责令某区政府依法补偿。甲公司提供了其保存的加油站施工图纸，甲公司向乙公司转账 5 万元用于加油站建设的收据，甲公司购买油罐、加油机和地下地上消防器材、设施的收据，甲公司与乙公司签订的《房屋租赁合同》《土地租赁合同》和《补充协议书》等证据以支持其主张。法院受理后，依法追加乙公司为本案第三人。乙公司主张，其具有涉案地块的国有土地使用权，是涉案加油站的唯一产权人，对地上所有建筑物（包括但不限于加油站）享有完全所有权，某区政府与其签订补偿协议完全正确，并提供了某区计划委员会同意建加油站的批复、乙公司的固定资产明细账、其向涉案加油站施工单位支付工程款的收据、《房屋租赁合同》《土地租赁合同》等证据以支持其主张。

---

① 黄影颖：《实务研究：行政审判中作为被诉行政行为事实根据的基础民事争议审理路径探析——以地鸿公司诉南宁市邕宁区政府行政协议无效案为视角》，载《法律适用》2020 年第 6 期。

对于本案的处理，有三种不同意见：

第一种意见认为，本案应驳回起诉。理由是，《行政诉讼法》第二十五条第一款规定，行政行为的相对人以及其他与行政行为有利害关系的公民、法人或者其他组织，有权提起诉讼。故甲公司提起本案诉讼，应提供证据证明其与被诉行政行为存在利害关系。《国有土地上房屋征收与补偿条例》第二条规定，为了公共利益的需要，征收国有土地上单位、个人的房屋，应当对被征收房屋所有权人给予公平补偿。因此，涉案加油站的所有权人与某区政府的补偿行为存在利害关系，具有原告资格。本案中，涉案加油站占用土地的使用权人是乙公司，对此，各方均无异议。但是对于涉案加油站所属的房屋、加油设备、地上附着物等财产的所有权，双方各执一词，且均提供了大量证据材料证实自己的主张，显然，涉案加油站的所有权存在产权争议且尚未解决，涉案加油站的归属尚存在不确定性，而涉案加油站所有权的确定将是征收主体依法进行征收补偿的基础依据。因此，甲公司应先通过民事诉讼途径解决涉案加油站的产权争议，待涉案加油站的所有权明确后，方能确定甲公司是否有权提起本案诉讼，故本案应驳回甲公司的起诉。

第二种意见认为，本案应告知当事人申请一并审理民事争议或另行提起民事诉讼。《行政诉讼法》第六十一条规定：“在涉及行政许可、登记、征收、征用和行政机关对民事争议所作的裁决的行政诉讼中，当事人申请一并解决相关民事争议的，人民法院可以一并审理。在行政诉讼中，人民法院认为行政案件的审理需以民事诉讼的裁判为依据的，可以裁定中止行政诉讼。”本案实际上同时涉及甲公司与乙公司就涉案加油站所有权之间的民事争议和甲公司与某区政府之间就征收补偿责任的行政争议，且民事争议是行政争议的基础，行政争议的解决有赖于民事争议的解决，故法院应当告知甲公司申请一并审理民事争议或另行提起民事诉讼，如果甲公司申请一并审理民事争议，法院应依法就涉案民事争议和行政争议一并审理并作出裁判；如果甲公司另案提起民事诉讼，本案应中止审理，待民事诉讼裁判生效后，再据此审理本案行政诉讼。

第三种意见认为，本案应当直接进行实体审理。根据《行政诉讼法》的规定，法院对行政行为的合法性进行全面审查，包括对行政行为所依据的事实根据进行审查。涉案民事争议作为行政行为的事实根据，法院在对涉案行政争议进行全面审查时，必然会对其中涉及的基础民事争议进行审查，唯此，方能查明行政行为认定的事实是否清楚。本案中，涉案加油站所有权归属这一基础事实，是法院在审查某区政府是否依法履行征收补偿职责时必须审查的内容，只有查明该事实，才能评判被诉行政行为的合法性。因此，本案没有必要一并提起民事争议或另行提起民事诉讼，法院直接在行政诉讼中就甲公司是否属于涉案加油站的所有权人进行审理，在查明事实的基础上依法裁判即可。

笔者认为，本案涉及两种法律关系，一是涉案加油站与其所有者的民事法律关系，二是某区政府向涉案加油站所有权人支付征收补偿费用的行政法律关系。在涉案加油站征收补偿费用支付发生争议的情况下，本案实际上同时包含行政争议和民事争议，属于行民争议交叉案件。行民争议交叉案件如何审理，需要综合考量相关立法目的和法律规定、行民争议交叉案件类型、最高人民法院裁判观点以及司法实践现实情况，方能实现该类案件的最优处理结果。

二、行民争议交叉案件的综合考量

（一）相关立法目的和法律规定之考量

正如耶林所言："目的是全部法律的创造者，每条法律规则的产生都源于一种目的，即一种事实上的动机。"[①] 所有的程序设计，最终要为化解纠纷服务。在设立一并审理民事争议制度之前，民事审判与行政审判对于诉讼程序选择等问题存在不同认识，导致一些行民争议交叉案件在审判实践中存在互相推诿的情形，不仅增加当事人诉累，也不利于纠纷的有效化解。为解决上述问题，最高人民法院在借鉴刑事附带民事诉讼制度、总结地方法院探索经验的基础上，创设了一并审理行政争议制度。该制度的设立初衷，在于保护行政相对人的实体权利，提高审判效率，有效解决法院内部纷争，防止裁判冲突，实质性化解行政、民事争议，促进行政审判健康发展。[②] 因此，行政法官应当从是否有利于充分实现该制度立法目的角度出发，决定是否适用一并

① ［美］博登海默：《法理学——法律哲学与法律方法》，邓正来译，中国政法大学出版社 1999 年版，第 109 页。

② 最高人民法院行政审判庭编著：《最高人民法院行政诉讼法司法解释理解与适用》，人民法院出版社 2018 年版，第 644 页。

审理民事争议制度。

《行诉解释》第一百三十九条第一款规定了法院不予准许一并审理民事争议的情形，其中前三项规定是基于程序的要求，法院不宜一并审理的民事争议，而第四项是一条兜底性条款。为避免该兜底条款成为个别法院推诿、不受理当事人请求一并解决民事争议起诉的依据，对此不宜作扩大解释，应当将其限定在法院一并审理民事纠纷将会违反法律规定的情形。[①] 因此，可以这样理解，《行诉解释》确立了“一并审理民事争议为原则、不予一并审理为例外”的诉讼规则，一般情况下，行政法官在决定是否适用该制度时，应当严格贯彻执行该诉讼规则。

（二）行政争议与民事争议关系类型之考量

《行政诉讼法》第六十一条第一款规定：“当事人申请一并解决相关民事争议的，人民法院可以一并审理。”但是该条并未就何谓“相关民事争议”作进一步的阐释和规定。《行诉解释》对该问题也未给予回应。笔者认为，在法律没有明确规定的情况下，对两种争议相关性或者关联性的理解，应当从宽把握，只要两种争议在法律事实方面存在一定的联系，或者两种争议的处理结果互为前提或存在因果关系，且一并审理两种争议与一并审理民事争议制度的立法目的不冲突，即可以认定两种争议存在关联性。根据两种争议关联性的紧密程度和处理结果的因果关系，行政争议和民事争议的关系类型可以分为以下三种：第一种是民事争议构成行政争议的基础，即民事争议是两类争议的核心要素，民事争议的解决是行政争议解决的前提和基础，民事争议相对于行政争议具有“预决”作用，行政争议是由民事争议衍生而来，比如房屋买卖双方对买卖合同效力存在争议，卖方对不动产登记部门对买方的登记行为存在异议，这种情况下，同时存在民事争议和行政争议，并且民事争议是行政争议的基础，只有在解决房屋买卖合同效力争议的基础上，才能解决不动产登记争议。第二种是行政争议是民事争议的基础，民事争议的解决有赖于行政争议的解决，比如乙向银行贷款，并以甲所有的房屋作为抵押物向不动产登记部门作了抵押登记。甲认为乙提供虚假证明材料导致不动产登记部门错误登记，请求法院撤销该抵押登记，同时，甲向乙提出民事侵

---

① 最高人民法院行政审判庭编著：《最高人民法院行政诉讼法司法解释理解与适用》，人民法院出版社2018年版，第644页。

权损害赔偿。此时，抵押登记行政争议的解决是民事侵权损害赔偿争议解决的前提和基础。第三种是行政争议与民事争议相互独立，只是由同一法律事实或者法律关系将二者联系起来，二者之间虽然存在一定程度的关联，但是两类争议的处理互不影响，均可以独立处理，比如乙在甲房屋旁边建造房屋，甲认为乙建造的房屋影响了其采光和通行，既可以提起民事侵权诉讼，也可以要求规划部门对乙建造的违章建筑进行查处，提起行政诉讼，两种诉讼均基于乙建造房屋这一法律事实，但是两种诉讼相互独立，两种争议的处理可以并行不悖，无须以其一争议的解决为前提。

在处理行民争议交叉案件的时候，鉴于行政争议与民事争议的类型不同，处理原则自然也会有所不同，本文将在后续对此展开详细论述。

（三）最高人民法院裁判观点考量

在中国裁判文书网上，笔者以“民事争议　一并审理”作为关键词，检索最高人民法院自2015年5月1日至2020年8月1日审理的行政案件，共检索出56篇相关裁判文书，通过分析，发现最高人民法院对于审理行民争议交叉案件存在以下观点：一是对于当事人申请一并审理民事争议的，法院具有一定的裁量权，可以决定是否一并审理民事争议，但是最高人民法院并未阐释裁量应当考虑的因素，以及对法官裁量权应如何规制；[①] 二是民事争议的处理结果事关行政案件的原告是否具有诉权，关乎行政案件能不能受理，必须在行政案件立案前先行解决，故在当事人另行提起民事诉讼解决民事争议前，提起行政诉讼不符合法定起诉条件；[②] 三是民事争议作为行政争议解决基础时，不宜在基础民事争议尚未解决的情况下径行提起行政诉讼，一般应先行通过民事等途径解决基础民事法律关系发生的纠纷，或者依据《行政诉讼法》第六十一条规定申请一并解决相关民事争议；[③] 四是即使当事人未申请一并解决相关民事争议亦未另行提起民事诉讼，法院也可以在行政诉讼案件审理过程中，将与被诉行政行为相关联的民事争议一并进行审查，并对该民事争议作出裁断，以此为基础对被诉行政行为的合法性进行审查。[④]

---

① 参见最高人民法院（2019）最高法行申13376号行政裁定书。

② 参见最高人民法院（2017）最高法行申2926号行政裁定书。

③ 参见最高人民法院（2017）最高法行申8650号行政裁定书。

④ 参见最高人民法院（2017）最高法行申6349号行政裁定书。

根据上述罗列可见，最高人民法院在处理行民争议交叉案件，尤其是民事争议作为行政争议的基础事实时，观点并不统一，导致司法裁判标准尺度不统一，一定程度上加剧了下级法院适用的混乱。

(四) 司法实践的现实考量

根据《行政诉讼法》第六十一条规定可知，当事人申请一并解决相关民事争议的，法院可以一并审理，即法律赋予了法院决定是否一并审理民事争议的裁量权。有观点认为，法院在决定是否一并审理民事争议时，需依赖于对参加者的需要或者权益与既有当事人的可能性负担之间的权衡。如果一并审理民事争议会造成已有的行政诉讼过度迟延，则法院不应决定一并审理民事争议。[①] 笔者认为，上述观点值得肯定。除此之外，法院在决定是否一并审理民事争议时，还应从司法实践的现实考虑：一是行政案件合议庭尤其是主办法官的审判业务能力。《行诉解释》第一百四十条明确规定，除行政裁决案件涉及的民事争议外，一并审理民事争议案件的，应当对民事争议单独立案，由行政审判组织进行审理。之所以如此规定，是因为由同一审判组织审理，可以针对行政案件和民事案件作出更为协调一致的裁判，从而最大限度地维护裁判尺度的统一和稳定，同时可以避免不同审判组织对相同的案件事实进行重复调查，减少程序重叠，缩短办案时间，节约诉讼成本，提高司法效率。[②] 但是，众所周知，现阶段，我国大部分法院行政法官年龄结构偏大、民事审判专业能力不足，尤其是对于一些法律关系十分复杂的民事案件，由其一并审理民事争议明显超出其业务能力范畴。如果合议庭或主办法官认为其不适合一并审理民事争议，却要求其审理超过自身能力范围的案件，案件审判质效难以保证，这既是对民事案件当事人的不负责，也可能无法实现一并审理民事争议制度的立法初衷。二是是否能够实现诉讼经济和诉讼效益。关联民事争议是否需要另行解决，还要看该关联民事争议所涉及的民事问题在行政诉讼中解决是否确实存在困难。如果关联民事争议在行政诉讼中确实不易解决且又为解决行政争议所必需时，则该关联民事争议就不适合在行政

---

① 最高人民法院行政审判庭编著：《最高人民法院行政诉讼法司法解释理解与适用》，人民法院出版社 2018 年版，第 648 页。

② 最高人民法院行政审判庭编著：《最高人民法院行政诉讼法司法解释理解与适用》，人民法院出版社 2018 年版，第 665 页。

诉讼中一并解决，就需要中止行政诉讼，另循民事审判途径先行解决民事争议问题。如果关联民事争议在行政诉讼中很容易就能解决，从诉讼经济角度考虑，一般不必中止行政诉讼，而是可以选择在行政诉讼中一并审理。[①]

三、行民争议交叉案件的处理思路

通过上述分析可知，法院在审理行民争议交叉案件时，需要统筹考虑多种因素，在遵循制度设计立法目的和法律规定的基础上，坚持“一并审理民事争议为原则，不予一并审理为例外”的基本要求，适度考虑司法实践现实困难，按照行民争议交叉案件的不同类型，确立不同的处理规则：

（一）民事争议作为基础争议的处理规则

1. 当事人申请一并审理民事争议或另行提起民事诉讼的处理

虽然《行政诉讼法》第六十一条赋予法院决定一并审理民事争议的裁量权，但是，当相关民事争议是行政争议的基础时，如果不先行处理民事争议，则行政诉讼无从进行，或者即便强行进行，也难以查清案件事实，作出正确裁判，无法起到定分止争、案结事了的效果。故当基础民事争议属于必须一并解决或另案先行解决，当事人申请一并审理民事争议时，法院应当准许；当事人另行提起民事诉讼并已经立案的，法院应当中止行政案件审理。

《行诉解释》第一百三十八条第三款规定：“人民法院在审理行政案件中发现民事争议为解决行政争议的基础，当事人没有请求人民法院一并审理相关民事争议的，人民法院应当告知当事人依法申请一并解决民事争议。当事人就民事争议另行提起民事诉讼并已立案的，人民法院应当中止行政诉讼的审理……”根据上述规定可知，当民事争议作为行政争议基础时，法院有义务向当事人释明可以申请一并审理民事争议。如果法院未经释明，直接以需要先行解决民事争议为由裁定驳回起诉，则由于未履行释明义务，剥夺或限制了当事人的重要诉讼权利，构成重大程序违法。[②] 因此，当民事争议作为基础时，法院必须履行告知义务，否则属于程序严重违法，属于二审发还重

---

① 张明军：《行政诉讼对关联民事争议的一并审理——对新行政诉讼法第六十一条的理解与适用》，载《人民司法（应用）》2016 年第 7 期。

② 最高人民法院行政审判庭编著：《最高人民法院行政诉讼法司法解释理解与适用》，人民法院出版社 2018 年版，第 655 页。

审的法定理由。

当然，司法实践中，行政法官由于自身业务能力所限，为了保证民事案件的审判质效，告知当事人另行提起民事诉讼的，对该行为应予尊重。当事人提起民事诉讼并被有管辖权的法院依法受理后，行政案件应当中止。但是，如果民事案件管辖法院以民事争议应由行政诉讼审理为由拒绝受理或者受理后并未作出实体审理的，行政审判组织仍应告知当事人向其申请一并审理民事争议。

2. 当事人既未提出一并审理，也不另行提起诉讼的处理

审判实践中，可能由于法院未履行告知义务，或者当事人出于某种原因，既不申请一并审理民事争议，也不另行提起民事诉讼，只是在行政诉讼中对被告据以作出被诉行政行为的基础民事事实和民事关系的效力问题提出异议，对此，法院应当如何处理，法律没有明确规定。如前文所述，最高人民法院裁判文书反映出最高人民法院持有两种观点，一种观点认为在基础民事争议未解决之前，当事人不具有提起行政诉讼的原告资格，其要求解决行政争议的时机尚未成熟，法院应驳回其起诉；另一种观点认为法院可以在行政案件审理过程中，将与被诉行政行为相关联的民事争议一并进行审查，并对该民事争议作出判断，以此为基础对被诉行政行为的合法性进行审查。除上述两种观点外，还有一种观点认为，在民事法律争议直接影响案件的原告资格是否适格、所提之诉是否具备基本的事实根据等《行政诉讼法》第四十九条规定的案件受理条件的情况下，法院可以依法裁定驳回起诉；如果民事法律争议不涉及案件的受理条件，而只影响实体处理，法院可以依据现有证据材料所反映的事实依法裁判。①

上述三种观点的主要区别在于行政案件中对民事争议的审查强度或者审查深度认识不同，第一种观点认为不应当对民事争议进行审查，第二种观点认为应当对民事争议进行适度审查，第三种观点认为应当根据民事争议影响行政案件的不同阶段作不同处理，当民事争议影响行政案件立案条件时，对民事争议不作审查，当民事争议只影响行政案件实体处理时，作适度审查。笔者认为，如果认为行政法官在行政案件中可以直接审查民事争议，则似乎没有必要区分是立案阶段还是实体审理阶段，因为两个阶段均是对民事争议

① 阎巍、胡卉明：《集体土地征收案件裁判思路与裁判规则》，法律出版社 2020 年版，第 120 页。

进行审查，审查的力度、适用的证据标准并无区别，故按照民事争议影响行政案件不同审理阶段适用不同处理方式的观点缺乏足够的说服力。最高人民法院行政法官郭修江曾对第二种观点进行了详细阐述，他认为，由于行政诉讼是对行政行为的合法性进行全面审查，在以民事争议为基础的行政案件中，相关民事争议内容，就是行政行为的主要事实根据，对于基础民事争议中与被诉行政行为合法性相关联的事实和法律问题，法院在审理行政争议的案件时，将其作为行政案件的主要事实予以审理认定，并不超越法院的审判职权，但是对于与被诉行政行为合法性无关联的其他事实和法律问题，比如合同履行问题，法院无审理和裁判的司法职权。[①] 该观点与最高人民法院第一巡回法庭《关于行政审判法律适用若干问题的会议纪要》的观点基本一致，说明最高人民法院相当部分的法官对该观点予以认同。笔者认为，上述第二种处理方式符合《行政诉讼法》第一条所确定的立法目的，有利于公正、及时审理行政案件，解决行政争议，既可以提高审判效率，又可以实质性化解争议，减少当事人诉累，保障公民的合法权益，与当前最高人民法院倡导的避免程序空转、实质化解行政争议的司法导向相契合，有效解决了行政案件因民事争议未解决无法裁判与法院不得拒绝裁判之间的冲突，笔者对该观点表示赞同。

但是，任何事物都有两面性，该种处理方式可能会对与被诉行政行为无关的其他民事纠纷的后续处理造成障碍，即在法院对基础民事争议中与被诉行政行为合法性相关联的事实和法律问题作出必要审查后，对于与被诉行政行为无关的其他部分的民事纠纷，比如合同履行纠纷，当事人如若再行请求民事诉讼救济，该部分民事案件的审理和裁判是否应受行政案件对相关基础民事争议部分裁判的羁束，实践中可能存在不同认识；如果认为后续民事案件审理受其拘束，则当后续民事案件审理认为行政案件对该部分的审理确有错误时，只能依法通过审判监督程序纠正，不同层级、地域法院间纠错程序如何展开，这些都是实践操作中亟待解决又相当复杂的问题。从这个意义上讲，笔者认为，对于这种情况，应当给采用该种处理方式加一个前提条件，即只有当行政法官认为民事争议的法律关系相对简单，法律事实相对容易查

---

① 郭修江：《一并审理民行争议案件的审判规则——对修改后的〈行政诉讼法〉第六十一条的理解》，载《法律适用》2016 年第 1 期。

明，行政法官自认其业务能力能够处理时，才应当适用该种处理方式。如果行政法官认为民事争议疑难、复杂，不适宜直接在行政案件中予以认定的，则不应当适用该种处理方式。上述前提条件的把握相对自由，没有更加细化的操作标准，只能通过尊重行政法官的判断来实现，即不能认为行政法官未在行政案件中对民事争议进行审查属于违反法定程序。

不过，行政法官享有的上述判断权不适用于行政裁决类案件，在这类案件中，行政法官不能因为民事争议复杂而拒绝审查。原因是行政裁决案件中，当事人争议的核心本身就是相关民事权利的归属。原告不服行政裁决行为提起行政诉讼，其诉讼请求实质上包括其作为民事诉讼原告的民事请求，当事人的民事权益请求已经包含于并转化为一种行政诉讼请求，在此情形下，法院对行政裁决合法性进行审查，实质上就是对涉及的民事争议进行审查和判断，如果允许行政法官因民事争议复杂而拒绝审查，也就等于允许其对涉诉行政裁决拒绝审查，实际上等于放弃了行政审判职权，这显然违背了法院不得拒绝裁判的原则。

3. 上下级法院认识不同时的处理

如前所述，由于对民事争议是否疑难、复杂，是否适宜在行政案件中直接审理需要行政法官自主判断，由于不同行政法官对案件复杂程度认识不同，行政法官自身民事审判业务能力不同，必然会导致上下级法院行政法官对同一个案件应该选择何种处理方式有不同认识，此时应当如何处理？笔者认为，应当尊重一审法官的判断。即如果一审行政法官认为该民事争议应当另行提起民事诉讼解决，进而驳回行政案件起诉，二审没有特殊理由时应予维持一审结果；如果一审行政法官认为可以在行政案件中处理相关民事争议，二审应只就一审认定事实是否清楚、法律适用是否正确进行审理，不能以民事争议不适宜在行政案件中处理为由撤销一审判决，驳回起诉。这样处理，主要是考虑到一审法官直接面对当事人，可以了解到更多纸面材料背后的情况，对民事争议是否适宜直接审理更有判断权，二审很多时候是书面审查，对案件背后的情况了解不够，作出的判断有可能存在偏差。另外，一审法官对自身民事审判业务能力更加了解，如果二审认为一审驳回起诉错误，仍需要指令一审法院继续审理，但由于一审法官民事审判业务能力欠缺，客观上将无法保证审判质效。反之，如果二审维持驳回起诉的裁定，当事人仍可以另行提起民事诉讼，并不会对其合法权益造成实质影响，且由民事诉讼审理可能更有利于其权利的保护和争议的及时解决。

（二）行政争议作为基础争议和两种争议相互独立的处理思路

这两类争议，由于行政争议或是民事争议的前提和基础，或与民事争议相互独立，行政诉讼的审理与民事争议的审理关联不紧密，行政争议的解决不需要以民事争议的解决作为前提和基础，在解决行政争议时也就不需要另行提起民事诉讼。仅就行政争议的解决而言，没有一并提起民事审理的必要，或者说，仅是出于诉讼经济和减少当事人诉累考虑，两种争议才有一并审理的需求。因此，相较于民事争议作为基础的行民争议交叉案件而言，这两种行民争议交叉案件是否适用一并审理民事争议制度，行政法官理应具有更大的裁量权，并无强制性规定要求行政法官必须一并审理民事争议，故行政法官决定一并审理或不一并审理民事争议均不违反法律规定，不属于程序违法。同时，这两类案件中，当事人也有较大的选择权，可以选择申请或者不申请一并解决民事争议，即当事人对于民事争议的解决途径具有选择权，且需要民事争议的双方对于一并审理民事争议达成合意。如果行政争议与民事争议所依据的事实或者法律关系并不具有一致性，或者重叠性较小不足以产生相互矛盾的裁判时，则需要以案件当事人一致同意相关民事争议在行政诉讼中一并解决作为受理前提。① 因此，法院在这种情况下，也就没有告知当事人申请一并审理民事争议的义务，法院未告知的，不影响当事人的诉讼权利，不属于违反法定程序。

（三）对本文开篇案例的回应

开篇案例中，甲公司起诉要求确认某区政府未履行安置补偿职责违法，并要求某区政府履行安置补偿职责。该诉讼请求能否成立，应当取决于涉案加油站的所有权归属，即涉案加油站的所有权归属直接影响甲公司是否能够提起本案行政诉讼，其诉讼请求能否得到支持，故本案属于民事争议是行政争议解决基础的行民争议交叉案件。因此，原则上一审法院应当向甲公司释明，要求其申请一并审理民事争议，或者一审法院认为该民事争议疑难、复杂，更适宜另行提起民事诉讼解决的，告知其另行提起民事诉讼，但是应当

---

① 最高人民法院行政审判庭编著：《最高人民法院行政诉讼法司法解释理解与适用》，人民法院出版社 2018 年版，第 645 页。

注意，因涉案加油站已经被拆除，甲公司只能要求确认其享有涉案房屋的征收补偿权或违法拆除赔偿请求权，不能直接要求确认所有权。如果由于某种原因，甲公司未申请一并审理民事争议，也未另行提起诉讼，则一审法院应当在行政案件审理过程中，将被诉行政行为所依据的基础民事争议作为证据进行审查，并以此为基础对被诉行政行为的合法性进行审查，即应当根据双方提供的证据材料，按照民事诉讼优势证据规则，确定涉案加油站的所有权人是甲公司还是乙公司，并在此基础上判断某区政府不履行补偿职责行为的合法性。如果一审法院认为民事争议过于疑难、复杂，不适宜在行政案件中直接审理，可以驳回起诉，二审对该结果应予维持。

结语

本文从司法实践的角度对如何适用一并审理民事争议审理方式进行了探讨，以期增强该制度的可操作性，为广大行政法官适用该制度提供统一的规范指引。在当事人未申请一并审理民事争议或另行提起民事诉讼的情况下，允许行政法官有限度地决定是否直接审理民事争议，是基于当前行政法官整体业务能力不足所作的无奈妥协，仅为应对当前司法实践困难的权宜之计。可以预见的是，在越来越强调实质化解行政争议的大背景下，一并审理民事争议或者在行政案件中直接审理民事争议是大势所趋，期待广大行政法官不断增强自身业务能力尤其是民事审判业务能力，以适应新时代对行政法官的要求，充分发挥审判职能作用，实现行民争议的及时、实质化解，不断满足人民群众的司法需求，为我国经济社会的发展提供良好司法服务和有力司法保障。

（作者单位：河北省高级人民法院）

论多元解纷语境下行政诉讼法律援助制度的创新与完善

——基于南通行政诉讼法律援助实施情况的实证分析

张祺炜　陈　鲁

【内容摘要】 法律援助制度是国家保障弱势群体能够获得及时、便捷、完整和公正的司法救济的重要制度。长期以来，行政诉讼法律援助由于缺乏独立的理论体系和配套规定，其适用率比民事和刑事案件低，没有发挥应有的作用。2018 年年初，南通市出台《行政诉讼法律援助工作的规定》，通过扩大法律援助适用范围、大幅缩短申请流程、强化法援律师任职要求、探索异地派遣律师等机制，有效突破行政诉讼法律援助的瓶颈。从南通实践来看，行政诉讼法律援助制度仍存在法援条件的甄别机制还不完善、法援律师行政诉讼专业化水平有待提升、当事人对法律援助的接受度略显不足等问题。进一步完善行政诉讼法律援助制度的路径包括：明确法援律师职责定位，参与多元化解行政纠纷；明晰法律援助受援范围，细化法援条件审查机制；拓展法律援助主体范围，提供灵活多元法律服务；探索法援律师强制代理，保障诉讼程序有序进行；扩大受援对象主体范围，平等保护各类主体等。

【关键词】 多元解纷　行政诉讼　法律援助

行政诉讼的根本目的在于监督行政机关守法、预防和化解行政争议、保障相对人合法权益、维护社会和谐稳定。新行政诉讼法极大扩展了行政诉讼受案范围，将更多的行政行为纳入司法审查渠道，让相对人的合法权益得到全方位、无死角的保护。虽然行政诉讼的法律之门形式上向所有人平等敞开，但囿于诉讼程序的专业性以及法律服务的有偿性，导致并非人人都能实质上平等地实现诉讼权利。《法律援助条例》虽然设定了行政诉讼的法律援助，但囿于行政诉讼性质特殊以及援助范围过窄，行政诉讼法律援助的效果不太理想。[①] 作为“民告官”的行政诉讼，原被告之间的诉讼能力差异显而易见。无论审判能够怎样完美实现正义，如果付出的代价过于昂贵，则人们往往只能放弃通过审判来实现正义的希望。[②] 探索和完善行政诉讼法律援助制度，让法律援助在行政诉讼中发挥其应有的作用，对有效保障相对人合法权益、化解行政争议、提高司法效率，不断推进行政诉讼制度的全面发展均有重要意义。

一、进一步完善行政诉讼法律援助制度的必要性

法律援助（legal aid）制度是指由政府设立的法律援助机构，组织法律援助人员和社会志愿人员，为经济困难的公民或特殊案件的当事人提供免费的法律服务，以保障其合法权益得到实现的一项法律保障制度。[③] 行政诉讼法律援助通常包括直接介入案件提供代理服务和间接提供法律咨询以答疑解惑，本文讨论的是提供代理服务参加诉讼程序的法律援助。长期以来，行政诉讼法律援助由于缺乏独立的理论体系和配套规定，其适用率相对于民事和刑事案件相对较低，理论界及实务界亦多把行政诉讼法律援助纳入民事诉讼法律援助体系进行研究，甚至很多法院认为法律援助是司法行政机关的事务，与诉讼程序无关，从而对此缺乏应有的关注。2015 年 6 月，中共中央办公厅、国务院办公厅发布的《关于完善法律援助制度的意见》明确要求，要扩大民事、行政法律援助覆盖面，逐步将涉及劳动保障、婚姻家庭、食品药品、教育医疗等与民生紧密相关的事项纳入法律援助补充事项范围。行政诉讼作为独立于民事、刑事诉讼并且有自身特点的诉讼类型之一，其法律援助的侧重点亦不完全相同。因此，有必要进一步分析法律援助在行政诉讼中的价值定位，从而作出有针对性的制度设计。

（一）有利于保障相对人的程序权利，体现以人为本

让人民群众在每一个司法案件中感受到公平正义，首先表现为诉讼中两方的平等、程序的正义。行政机关与相对人具有天生的不平等性，正是要借

---

① 黄启辉主编：《行政法治的理想与现实——行政诉讼法律援助案例选编》，华中科技大学出版社 2014 年版，第 1 页。

② ［日］棚濑孝雄：《纠纷的解决与审判制度》，王亚新译，中国政法大学出版社 1994 年版，第 266 页。

③ 袁钢：《北京市法律援助体系实证研究》，中国人民大学出版社 2017 年版，第 1 页。

助行政诉讼制度，通过法院居中裁判，通过庭审质证辩论来恢复双方诉讼地位的平等。当事者仅仅参加了诉讼还不够，还要求他的诉讼活动具有充分的实质性内容，诉讼在制度上以两方当事者的对抗性辩论作为基本结构，双方以对等力量展开积极的攻击防御才构成程序的实质性内容。但是现实中双方的力量总是存在差距，尤其是在经济方面，由于财力的不同，往往导致一方当事者不能聘请律师代理从而产生法律上对决的不对等局面。[①] 行政相对人诉讼能力的欠缺，主要表现在：一是诉讼资源的欠缺，经济因素不是评价弱势群体的唯一标准，社会上有一部分所谓的“夹心阶层”，即经济收入高于当地法律援助经济困难标准，但又无力按市场价格支付法律服务费用的中等偏低收入的人群。[②] 这一群体并非真正意义上的低保户、特困户，但仍没有足够的财力支持旷日持久的诉讼。二是诉讼能力的欠缺，虽然法律规定被告对行政行为合法性举证，但由于原告缺乏相应质证、反驳的诉讼能力，使得这一规定的实效性打了折扣，公民的监督权也因之被弱化甚至虚化，故不能认为当事人有效地利用了诉讼手段来维护权利。通过法律援助律师帮助相对人参加诉讼，能够更准确反映当事人的实体诉求，补齐当事人行政法律知识欠缺、诉讼能力弱的短板，减轻诉讼负担，为当事人提出解决行政争议的法律途径和可行性措施，帮助当事人更便捷、更有效地维护合法权益。

（二）有利于推进诉讼程序的良性运转，提高司法效率

司法活动是当事人在法官引导下共同参与的诉讼活动，当事人的文化水平、法治精神、道德修养等都会影响其对诉讼活动的配合度，影响司法效率。就行政诉讼而言，在司法效率方面尤其存在两方面额外的负担，一是由于原告诉讼能力的弱化、虚化，法官需要在庭审中倾注大量的精力帮助原告确定诉讼请求，梳理法律规定，引导质证辩论；二是由于部分原告基于对政府施加压力等不良动机，把庭审看作“表演的舞台”，穷尽核对要求负责人出庭、申请回避等程序，法官需要花很多精力在消除对立情绪、维护庭审秩序等工作上。由于复杂且具有高度专门性的诉讼程序以规格化的反复的方式处理大

---

① ［日］谷口安平：《程序的正义与诉讼（增补本）》，王亚新、刘荣军译，中国政法大学出版社2002年版，第13页。

② 司法部法律援助工作司编：《健全法律援助制度调研报告汇编》，北京大学出版社2014年版，第139页。

量的案件，为了保证这种程序顺利进行，有熟悉法律并具有实务经验的专家参与就成为必要。[①] 法律援助律师提供的专业化法律服务，有助于弥合相对人与法官之间的鸿沟，引导和培育相对人的规则意识，保证诉讼程序依法、有序、高效进行。这也是行政诉讼法律援助摆脱“经济困难”这一限制条件的约束，将法律援助对象最大化地扩展到诸如拆迁户、上访户、失地农民等群体的原因所在。

（三）有利于实现行政纠纷的实质化解，维护和谐稳定

新时代“枫桥经验”的启示在于，构建以司法为中心的矛盾多元化解机制，努力将问题解决在基层，将矛盾化解在源头，实现法律效果与社会效果的统一。[②] 行政诉讼法律援助的精神内核与新时代“枫桥经验”所富含的人民主体、化解矛盾、法治为本的基本元素高度契合。实践中，行政案件“案结事不了，官了民不了”现象较为突出，有的当事人明知法院裁判不存在合法性问题，但仍然信“访”不信“法”，坚信不解决问题、诉讼不止、信访不止，反复缠诉缠访，不断质疑行政诉讼的终局性、权威性，导致司法负担急剧加重。法律援助律师精通法律知识，熟悉诉讼实际事务，且受特殊伦理规范的制约，因此，能够较为理智地接受行政诉讼解决行政争议的终局性。同时，由于律师能借助其专业知识，透过诉讼表象看到权利纷争的实质原因，也能够更好地配合法院、行政机关协调化解纠纷。法律援助律师参与和引导当事人的诉讼行为，对于减少盲目诉讼，避免无意义、无休止的缠诉缠访，从根本上改善行政诉讼环境有重要作用。

（四）有利于提升律师行政案件的代理水平，助推依法行政

律师是监督行政机关依法行政的重要力量。从司法审查的角度看，各种规章制度、政令以及管理举措是否合乎法律的问题，往往是针对具体事实和个案审理提出来的，因而特别需要律师来组织和反映分散的诉求、刺激利用法律手段在体制内解决问题的意愿和行为。[③] 实践中，专业从事行政审判的

---

① ［日］谷口安平：《程序的正义与诉讼（增补本）》，王亚新、刘荣军译，中国政法大学出版社2002年版，第70页。

② 中国法学会“枫桥经验”理论总结和经验提升课题组：《“枫桥经验”的理论构建》，法律出版社2018年版，第43—44页。

③ 季卫东：《通往法治的道路——社会的多元化与权威体系》，法律出版社2014年版，第46页。

律师很少，当事人委托代理行政案件的律师，很多仍以民事、刑事为主业。在诉讼过程中，律师采用民事诉讼的思维从事代理行为，对于行政诉讼特殊性知之甚少的情况屡见不鲜，难以适应专业化诉讼程序的需要。由此带来的负面效应，一是引发当事人对律师的不信任，进一步将当事人推向不委托代理人或者委托公民代理的境地；二是不利于诉讼程序的推进，法官需要将更多的精力放在释明和对证据的取舍上；三是对行政机关不能形成有效的对抗，监督依法行政的作用难以实现。放宽行政诉讼法律援助的条件，意味着更多的律师将参与到行政诉讼中来，即使这些律师的主业仍是民事、刑事案件，但能让更多的律师了解和参与行政审判，掌握行政诉讼代理技巧和方法，借此带动律师向行政诉讼拓展代理业务，提升律师的行政诉讼代理水平。律师水平的提高，同时也意味着对行政行为的监督力度更强，对法治政府、法治社会的建立具有深远的现实意义。

二、2018 年以来南通行政诉讼法律援助制度运行情况

2017 年 8 月，最高人民法院出台《关于进一步保护和规范当事人依法行使行政诉权的若干意见》，提出通过法律援助、司法救助等方式，让行使诉权确有困难的当事人顺利参与诉讼。随后，南通市被最高人民法院确定为全国唯一试点城市。2018 年 2 月 1 日，南通市中院、市司法局、市政府法制办在深入调研论证的基础上，结合南通行政审判及法律援助工作实践，联合出台了《南通市行政诉讼法律援助工作的规定（试行）》（以下简称《规定》），在现有法律援助制度的基础上，对行政诉讼法律援助制度进行了细化和完善，从而成为继行政机关负责人出庭应诉制度后推动官民平等对簿公堂的另一驾“马车”。

（一）南通行政诉讼法律援助的基本态势

2018 年，法院共发送 146 份法律援助建议函，实际达成援助 119 件，其中，原告胜诉 9 件，经协调原告撤诉 11 件。2019 年，法院共发送 279 份法律援助建议函，实际达成援助 168 件，其中，原告胜诉 13 件，经协调原告撤诉 14 件。2020 年，法院共发送 333 份法律援助建议函，实际达成援助 249 件，其中，原告胜诉 21 件，经协调原告撤诉 13 件。

1. 2018—2020 年一审行政案件情况

表 1　2018—2020 年一审行政案件情况

时间	审结数	发送建议数	实际达成数
2018 年	1553	146	119
2019 年	1582	279	168
2020 年	1561	333	249

根据上表可见，南通行政诉讼法律援助案件量不断上升，但绝对值相对于案件总量仍较低，法律援助案件量仍有很大的提升空间。

2. 2020 年实际达成的法律援助案件主要类型

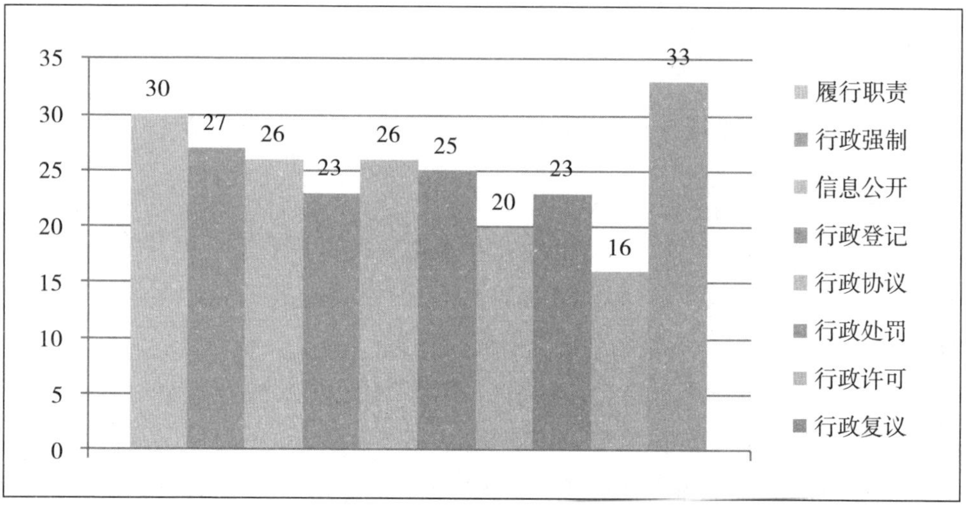

图 1　2020 年实际达成的法律援助案件主要类型

根据上图可见，给予法律援助的案件几乎涵盖了所有常见行政案件类型，有效地突破了行政诉讼法律援助范围较窄的瓶颈。

3. 2020 年一审案件原告委托代理人情况

表 2　2020 年一审案件原告委托代理人情况

类型	自聘律师	法援律师	法律工作者	近亲属、工作人员等	无代理人	合计
数量	53	25	18	20	61	177
占比	29.9%	14.1%	10.2%	11.3%	34.5%	100%

根据上表可见，在行政诉讼中，原告自己聘请律师或者不请代理人的情况仍较为突出，其中，超过三分之一的案件中原告既不请代理人，也不接受法律援助。

（二）南通行政诉讼法律援助的创新与特点

1. 扩大法律援助的适用范围，明确申请法律援助基本条件

《规定》明确“因经济困难或者诉讼实施能力较差，且诉讼请求具有一定事实和法律依据的，可以向有关法律援助机构申请法律援助”，在全国率先将“诉讼实施能力较差”作为行政案件法律援助条件，有效突破了行政案由和经济条件限制，扩大了行政诉讼法律援助范围，几乎将所有的行政案件纳入法律援助范围，是全国扩大行政诉讼案件法律援助覆盖面力度最大的一个。[①] 同时，将“适用简易程序审理的、明显属于滥用诉讼权利、明显不符合受理条件及其他不适宜法律援助情形”的案件排除在外，避免法律援助资源的浪费，提高法律援助资源的利用率。

2. 建立二级审查机制，大幅缩短申请流程

现有法律援助制度中，主要采取“当事人申请——法律援助机构审查”的形式，法律援助机构审核的重点在于当事人的经济情况，限制比较严格，使很多确实需要法律援助但不符合条件的当事人被挡在法律援助的大门之外。在南通模式下，当事人向法院提起行政诉讼的，由法院主动审查当事人是否委托律师，未委托律师的，如符合法律援助条件，征得当事人同意后，法院向当事人及法律援助机构发送《建议给予法律援助函》。法律援助机构则在接到申请之日起 3 个工作日内作出是否给予法律援助的决定。被指派的律师在 3 个工作日内与当事人取得联系，办理委托手续。由于法院对当事人的了解不仅限于经济状况和案件类型，还包括与纠纷相关的其他情况，因此，对当事人是否需要法律援助有更加充分的了解，有助于进一步扩大法律援助覆盖面，同时，还能保证申请流程进一步“瘦身”，援助效率大幅度提速。

3. 强化法援律师任职要求，提升法律援助水平

《规定》第九条规定，法律援助机构应当根据案件情况、受援人意愿等因素，指派具有 3 年以上执业经验且业务水平和责任心较强的律师承办行政

---

① 吴彩丽、顾建兵：《让当事人感受司法温度——南通市中级法院推进“民告官”法律援助纪实》，载《江苏法制报》2018 年 9 月 20 日第 001 版。

诉讼法律援助案件。由于专业从事行政诉讼的律师较少，为了避免律师事务所指派执业年限较短、经验较浅的律师提供法律援助，《规定》对律师任职年限提出了一定要求，对初期提高法律援助服务的质量，确保该制度落地生根，得到有效贯彻落实，起到了重要作用。

4. 探索异地派遣律师机制，消除律师代理顾虑

长期以来，很多律师不愿意代理行政案件，除代理费较低、案源较少外，不愿意和政府“作对”也是重要原因之一。虽然《规定》没有关于异地派遣法律援助律师的规定，但是，南通法院及司法局借鉴南通行政诉讼异地管辖、集中管辖的成功经验，通过协调相关行政机关、律师事务所等，探索性实现法律援助律师异地代理机制。主要模式为，对于开发区法院审理的一审案件，由原告向其相邻住所地的县市区法律援助机构申请并指派律师，如海门和启东交叉、如皋和海安交叉等，既打消了律师的顾虑，也最大限度地减少了当事人的交通成本；对于市中院审理的案件，既可以由当事人继续申请原法律援助律师代理，也可以由市司法局法律援助机构指派市区所在地的律师代理。

三、现阶段行政诉讼法律援助制度存在的主要问题

行政诉讼法律援助制度从全国范围来看，主要存在适用范围较小、限制较多、配套机制及理论体系不完善等问题。任何改革都不是一蹴而就的，南通对行政诉讼法律援助制度的探索和创新，在有效解决了上述部分问题，积累了大量可资借鉴的经验的同时，也发现了许多亟待解决和需要进一步完善的地方。

（一）对是否符合法律援助条件的甄别机制还不完善

虽然《规定》明确了由法院对当事人是否符合法律援助的条件进行初步审查，并向法律援助机构发送建议函。但由于案件数量多，承办法官或者合议庭难以一一有效甄别每个当事人的诉讼能力以及法律援助的必要性。而法律援助机构对于法院发送建议函的，一般不作进一步审查而直接给予法律援助。这样的结果是，一方面，导致了一些不符合法律援助条件的当事人接受法律援助，如在周某某诉启东市公安局治安处罚案[①]中，由于周某某对南通行政诉讼法律援助制度有一定了解，一、二审均主动要求法律援助，法院仅

① 详见南通经济技术开发区人民法院（2018）苏0691行初516号行政判决书。

能通过其身份证了解到其年纪大约为50岁，遂向其提供法律援助，但在办案过程中才了解到，周某某系某企业管理人员，妻子、小孩均在国外，具有一定经济能力，其在诉讼过程中不仅不配合律师工作，还以各种理由向法律援助机构投诉律师，严重影响了法律援助的效果。另一方面，虽然有的申请人经济困难，但其案件经深入审查后才能发现并不符合法援条件，这些申请人接受法律援助后，法院未经开庭便以不符合起诉条件为由裁定驳回其起诉，不仅未能发挥法律援助的应有作用，也可能导致申请人对法律援助制度存有误解。

（二）法律援助律师的行政诉讼专业化水平和应诉能力有待提升

目前，虽然当事人申请法律援助都能得到指派律师，但是，律师代理案件的效果仍或多或少存在以下问题。一是专业化水平有待提高，专业从事行政诉讼的律师较为稀缺，法律援助机构只能随机指派法律援助律师，有的法律援助律师很少代理行政案件，对行政诉讼的理论及相关法律知之甚少，难以满足专业化的诉讼需要。二是法律援助律师介入案件的时间偏晚，且具有临时性，较之于原告自己聘请的律师，法律援助律师在原告起诉后才开始接触案件、了解案情，因而调查取证、准备诉讼材料的时间有限，在一定程度上影响了代理效果。三是法律援助服务范围较小，很多法律援助律师仅在庭审过程中提供法律服务，在其他诉讼流程及实质性化解纠纷方面效果不彰、作用难显。

（三）当事人对法律援助的接受度略显不足

虽然《规定》致力于不断扩大行政诉讼法律援助的受援对象，但实践中，仍有很多当事人对法律援助制度的了解度、信任度略显不足。主要体现在：一是认为法律援助律师是由政府为其提供的，不会真正帮助其维权，更有甚者认为法律援助律师和政府是“一伙”的，提供法援律师主要是为帮助法院做撤诉工作，很多上访老户，常年复议、诉讼的当事人通常以此为由拒绝接受法律援助；二是认为法律援助律师的专业水平不高，应诉能力不强，因行政案件原告的胜诉率本就不高，驳回的案件占比较大，原告的这种“偏见”往往也为裁判结果所“验证”，从而加深了原告对法律援助制度的误解；三是行政诉讼法律援助制度的公众知晓度较低，一些案件的当事人在提起诉讼之前就已经聘请了律师。当事人拒绝接受法律援助的结果可能就是诉讼程序的空转。如张某国诉南通市崇川区政府行政复议案①中，张某国坚持申请复议的《异议核查告知书》对其权利义务不产生影响，崇川区政府对其复议申请不予受理，并在复议决定中明确指引其应当针对《认定告知书》向南通市政府申请复议，但张某国拒不接受而提起诉讼，在诉讼过程中，法院建议其接受法律援助，同时再次释明救济途径，但其仍不予同意，本案审结后，张某国继而又提起上诉，导致程序空转，浪费司法资源。

四、进一步完善行政诉讼法律援助制度的路径

现代意义上的法律援助，不再局限于作为一项司法程序的辅助型措施，而在于追求宪法层面人权保障更为广阔的价值内涵，法律援助已发展成为当事人的一项保障人权实现的程序意义上的权利。② 随着司法改革的不断深入，法律援助在行政诉讼体系中的地位将会更加重要，作用也将更加凸显。从南通实施行政诉讼法律援助制度的状况来看，基本实现了法律援助“有没有”的问题，下一步则需要解决“好不好”的问题，才能让这项制度的生命力更加旺盛，实现可持续发展。笔者认为，虽然完善行政诉讼法律援助制度是一个整体性、系统性的工程，有些问题也不是单凭一个部门、一个地区、一个阶段就能彻底解决的，但是，就目前情况而言，可从以下几个方面对这项制度作进一步的探索和突破。

（一）明确法援律师职责定位，参与多元化解行政纠纷

多元化纠纷解决机制绝不是靠法院单兵突进能够实现的，法院要注重与党政、人大、仲裁、公证、调解组织、社会团体等有关部门的沟通，加强与行政机关、仲裁机构、人民调解组织、商事调解组织、行政调解组织的对接，完善调解、仲裁、行政裁决、行政复议与诉讼的有机衔接，调动各方积极性，构建共建共治共享的社会治理格局。③ 律师行业作为一种安身立命的职业，具有商业属性，但这并不代表律师就可以只顾商业性而摒弃公益性。律师也有责任防止第三方受到不必要的伤害，促进法律体系的公正和有效，尊重法

---

① 详见南通市中级人民法院（2019）苏06行初145号行政判决书。

② 马栩生：《当代中国法律援助：制度与理论的深层分析》，人民出版社2010年版，第13页。

③ 李少平：《传承“枫桥经验”创新司法改革》，载《法律适用》2018年第17期。

律体系所赖以建立的诚实、公正、诚信等核心价值。[①] 在多元化解行政纠纷过程中，律师是不可缺少的一员，法律援助律师在充分保障当事人诉讼权利的基础上，有必要引导当事人合理行使诉讼权利，遵守诉讼规则，将化解行政争议作为提供法律服务的重要目的，而不是单纯帮原告“胜诉”。法律援助律师提供法律服务不局限于庭审，而应尽可能参与行政纠纷协调化解全过程，对于当事人诉求明显不成立或者提交证据明显没有事实根据的，可以指引其撤诉，如果存在其他救济途径的，帮助当事人选择合适的救济途径。

（二）明晰法律援助受援范围，细化法援条件审查机制

扩大法律援助的覆盖面是法律援助制度永恒的发展方向，但是，法律援助制度毕竟是对当事人经济能力和诉讼能力的一种补充性制度，不能滥用，在扩大受援对象覆盖面的同时，有必要建立科学、合理的法律援助审查机制，这种机制既要最大化地保障当事人权益，也要方便法律援助机构及法院对申请条件的审查与识别。笔者建议，可以通过以下几个途径完善法律援助条件的审查机制。一是明确“经济困难、诉讼实施能力较差”的标准。杨海坤教授结合有关弱势群体的学说及分类提出，目前我国社会中可以认定以下几类群体为弱势群体：1. 老、幼、病、残、孤；2. 失业者、企业下岗职工；3. 社会特困人口；4. 农民及进城民工；5. 当下社会的焦点弱势人群如强制拆迁户、“专业”上访户等。[②] 以上分类可作为受援对象的参考标准。二是对“诉讼请求具有一定事实和法律依据”进行全面考量。行政纠纷时常出现复杂性、反复性、诉访交织的情况，在此情况下，考虑到一审案件有长达 6 个月的时间，法院可以等到被告答辩后，根据被告的答辩情况，对案件的来龙去脉，是否存在超过期限、重复起诉、信访问题通盘考虑后，再决定是否提供法律援助。三是法律援助机构对是否符合法律援助条件进行补充审查。法律援助机构接到法院的建议函后，可以对被援助人的相关情况进行适度审查，如果认为其明显不符合条件或者出现法院未了解的其他情况时，应当及时与法院沟通，协调确定是否给予援助。

---

① ［美］德博拉·L. 罗德：《为了司法/正义：法律职业改革》，张群等译，中国政法大学出版社 2009 年版，第 110 页。

② 杨海坤、赵玮等：《弱势群体权益的公法保护》，中国人事出版社 2015 年版，第 25—26 页。

（三）拓展法律援助主体范围，提供灵活多元法律服务

《最高人民法院关于建设一站式多元解纷机制一站式诉讼服务中心的意见》提出，要完善社会力量参与诉讼服务机制，引入专家学者、律师、心理学家、公证员、鉴定员、志愿者等第三方，为人民群众提供多元服务。加强与高校对接，为在校学生参与司法实践活动提供广阔平台。从目前来看，《规定》对法律援助律师的硬性要求是具有 3 年以上执业经验的律师，随着行政案件的增长及资历较深的律师业务量较大等原因，导致法律援助机构选派法律援助律师时常捉襟见肘，有的律师也因精力有限而难以提供全方位法律服务。《南通市完善法律援助制度的实施办法》第二条规定的法律援助人员既包括法律援助机构专职人员和律师，也包括基层法律服务工作者以及法律援助志愿者等。笔者认为，引入除律师外的其他法律职业者及社会力量参与行政诉讼法律援助，对这项制度的可持续发展有重要意义。首先，就法律工作者而言，法律工作者相对于律师更加"接地气"，收费也相对较低，对一些乡规民约、基层纠纷的解决方式具有丰富的实践经验和独特的理解方式，在化解诸如农村土地纠纷、相邻权纠纷中，具有一定优势。其次，就高校学生而言，高校利用自身资源或与政府合作开展的法律援助，是对政府法律援助的有效补充，在为社会弱者提供法律服务的过程中，学生所学知识得以灵活运用，并不断获得新知识、新信息等创新资源，实践能力和竞争实力得以提高，学会了作为一名合格的法律工作者应当具备的基本义务技能。[①] 与职业法律人重视财产性权利不同，高校法律援助更加重视受援者平等权、就业权等其他看似抽象却关乎公平正义的权利的维护，故高校法律援助可以结合自身特点，将法律援助重点放在进城务工农民、外来打工者等群体上。考虑到志愿者的身份可能不符合行政诉讼代理人的条件，可以通过提供"庭外法律援助"的模式，对当事人的起诉、举证、陈述意见进行全程指导。

（四）探索法援律师强制代理，保障诉讼程序有序进行

国家出钱为那些自己不能选择辩护人的嫌疑人、被告人选任律师的制度的设置，不仅是出于保护被告人个体利益的考虑，还是从律师的存在对实现

① 郭烁、符尔加：《法律援助的故事》，中国法制出版社 2016 年版，第 134 页。

公正的程序必要性这样一个公益角度进行的考虑。[①] 推进行政诉讼法律援助制度目的既在于保护当事人权益，同时，司法资源、司法效率也是重要的考量方面。很多符合法律援助条件的当事人基于各种目的，既不委托代理人，也不接受法律援助，由此不仅导致诉讼程序难以顺利开展，当事人也往往在败诉后继续缠访缠诉，案结事不了。在此情况下，有必要对部分案件当事人采取法律援助律师强制代理制度。《中共中央关于全面推进依法治国若干重大问题的决定》提出，对不服生效裁判、决定的申诉，逐步实行强制律师代理制度。将聘请不起律师的申诉人，纳入法律援助范围。最高人民法院、最高人民检察院、司法部联合制定的《关于逐步实行律师代理申诉制度的意见》，进一步规定了对不服司法机关生效裁判和决定的申诉逐步实行由律师代理制度的相关条件和程序。上述司法政策将当事人的申诉行为纳入行政诉讼强制律师代理制度范围内，意味着在政策的层面上为我国诉讼程序强制律师代理制度的构建迈出了第一步，为探索行政诉讼强制律师代理制度提供了发展空间。关于行政诉讼强制代理制度国外亦有立法例，如德国《行政法院法》第六十七条第一项规定："提出申请的参与人，必须委托律师或德国高校老师在联邦行政法院及高等行政法院作为其全权代理人。这一规定也适用于提起法律审上诉及普通上诉，针对不允许提起普通上诉，以及本法第 99 条第 2 款规定的情况的普通上诉，法院组织法第 17 条第 4 款第 4 句，适用于请求批准普通上诉以及请求批准普通上诉的抗告。"[②] 由于各种条件所限，我国要求所有行政案件均强制律师代理条件尚不成熟，但行政诉讼被告恒定是行政机关，纠纷也是因行政管理而引发，由政府财政提供一定程度的支持，尽快解决纠纷，对政府而言，既是责任，也是义务。因此，在行政诉讼法律援助中率先探索强制代理制度具有一定可行性，当然，要求所有案件均提供法律援助显然不现实，而是由法院根据当事人的诉讼实施能力、是否存在缠诉缠访、是否涉及群体性纠纷、是否涉及公共利益等情况综合考量后，决定是否强制律师代理。

（五）扩大受援对象主体范围，平等保护各类主体

《法律援助条例》将法律援助的对象限定为公民，主要是因为，法律援助表现为国家对公民的一种义务，且通常情况下，只有自然人才存在经济困

---

① ［日］森际康友：《司法伦理》，于晓琪、沈军译，商务印书馆 2010 年版，第 137 页。

② ［德］平特纳：《德国普通行政法》，朱林译，中国政法大学出版社 1999 年版，第 278 页。

难，或者具备盲、聋、哑人或者未成年人等其他情形。而且，从一般人的认知来看，法人或者其他组织都具备一定的经济能力和诉讼能力，能够独立参加诉讼或者聘请律师代理参加诉讼。但是，随着“大众创业”成为经济社会的一大亮点，以及公司设立门槛的降低，越来越多的小微企业如雨后春笋般出现，有的企业经济基础脆弱程度有如自然人，不再是传统意义上强势的经济主体。尤其是一些农村的砖瓦厂、养猪场，虽然名义上是有限公司，实际上就是普通作坊、养殖户，在诉讼过程中，有时已经负债累累，更遑论高额的律师费用，而且这类企业通常涉及征地拆迁等矛盾尖锐的领域，更需要尽可能实现纠纷的实质性化解。除企业外，还存在大量欠缺诉讼能力的其他组织。在适当的条件下，有必要对上述企业和组织提供法律援助，这也是充分发挥政法机关职能作用，依法保障和服务民营企业健康发展的必然要求。例如，在南通市通州区某小区业主委员会、海安市某兔业专业合作社作为原告的行政案中，原告均得到了法律援助，诉讼效果均较为明显。

（六）完善相关配套机制，全面保障法援工作

法律援助律师提供法律服务的效果受两个重要因素制约，一是经费的多少，二是人员的水平，对于这两个重要因素，有必要通过相关配套机制的不断完善，从而提供可靠的保障。目前，南通市行政诉讼法律援助案件补贴为1500元/件（跨地区办案补贴标准上浮），2020年市财政用于保障行政诉讼法律援助办案的经费支出超过180万元，应当说，南通市行政诉讼法律援助的经费是较为充足的，鉴于律师办案补贴的标准受多种因素的限制，不可能随意增加，因此，可以通过其他途径最大限度地降低律师成本，提高其法律服务水平。一是建立动态的律师费用支付机制。有学者指出，我国基本上采取的还是援助金额“一刀切”的救助模式，“不管案件性质、标的大小以及相对方的支付能力，而标准只有一个，要么全额援助，要么一分钱不给，显然太过死板”。[①] 因此，有必要根据实际情况对律师费用设置灵活多样的分担机制，以保证法律援助经费物尽其用。二是法院向法律援助律师提供更多便利。在确定法律援助律师后，承办法官可以通过建议律师登录相关网站，通过检索同类案件裁判、观看庭审直播的方式，更加客观、公正地评估所代理案件

---

① 吴建军、赵萍：《城镇化进程中法律援助体系建设的几点思考》，载《中国司法》2014年第2期。

诉讼成功的可能性，全面了解法院庭审程序，有针对性地收集新证据，组织辩论材料。对于法律援助律师需要复制卷宗材料的，应当免收材料费。三是加强对法律援助律师的培训与宣传。法院、司法局、律师协会通过建立相关机制，定期选派资深法官、律师开展行政诉讼业务培训，提升律师行政诉讼的理论知识与应诉技巧。适时组织律师旁听、观摩行政案件庭审，熟悉法院行政诉讼流程。通过媒体、网站、微信公众号等途径，经常性表彰、宣传法律援助典型案件、优秀律师，不断增强法律援助律师的荣誉感，扩大行政诉讼法律援助制度的影响力。

（作者单位：江苏省南通市中级人民法院、江苏省南通市司法局）

学术自治抑或司法自制：学位授予纠纷司法介入的边界及审查规则

刘华飞

【内容摘要】 梳理学位授予纠纷的有关判决样本，可以发现学位纠纷形成的缘由多样，原告的诉求相对较为集中，司法对被告行为的评价以程序审查为重点，且逐渐向全面审查发展。实践中存在着对“学术自治”范围认定的争议，尤其是学位评价标准较为繁杂，导致司法介入的程序较难把握，特别是对学生品行因素评价标准的判断相互龃龉。司法审查学位授予权的边界不清，使得相对人的救济权受限，原告利益实现有时力不从心。司法干预学位授予的强度应结合学位授予的过程，依照学术水准不予审查、管理事项有限审查、程序遵循严格审查的标准来把握。应从事实是否清楚，校规是否符合上位法，行为依据是否符合校规，是否遵循法定程序、比例原则及不当联结禁止原则进行审查。

【关键词】 学位纠纷　学术自治　学位授予

学位授予纠纷是教育行政诉讼领域的重要话题，作为一种特殊的行政行为，学位授予是法律授权的组织按照法定权限和程序对学生品行与学业综合评判，并予证明且确认其身份和能力的一种行政确认行为。“田永案”叩开了中国教育行政诉讼的大门，使得学生与高校可通过司法途径解决涉及学位、学籍等争议，同时确定了三条重要的规则：一是高等学校具有行政诉讼的被告资格，二是授予学位问题是行政诉讼的受案范围，三是高校的校规合法性属于司法审查的范围。此后该类案件数量日趋攀升。通过司法裁判的实践考察，划定学术自治与司法审查的界限，确立司法审查的具体规则，对教育行政类案件的正确处理具有重要的现实意义。

一、现状观察：学位授予纠纷司法实践的样态描摹

对学位纠纷案件进行梳理，能通过司法实践对诉讼请求的回应窥探学位授予案件的司法镜像。

（一）判决审视：学位授予纠纷案的样本呈现

通过中国裁判文书网、无讼案例、法信等方式检索1999年以来学位授予纠纷的实践案例138个。主要呈现如下特点：

1. 引发纠纷的缘由多样。包括学力因素与品行因素。（见图1）

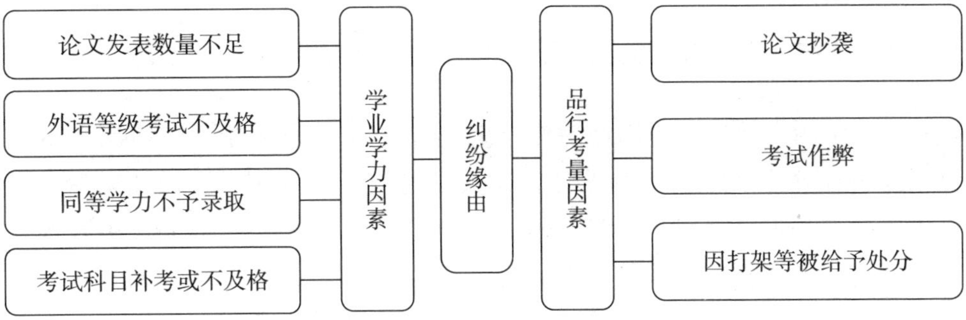

图1　引发学位授予纠纷的缘由

2. 原告诉讼的请求集中。诉请包括要求被告履行授予学位职责、对是否符合授予学位条件进行处理、确认高校不予颁发学位的行为违法并补发学位证书、责令撤销或重新作出是否授予学位的决定，以及因被告行为导致的损害赔偿。此外，有要求退还学费①，确认拒绝以同等学力身份申请学位非法②，更正毕业成绩单上的错误，按规定审核确认申请学位的资格，赔偿延误就业的经济损失赔偿金、精神损害抚慰金，并赔礼道歉③。

3. 合法评价的程序偏向。在不予授予学位案件中，法院判决被告履行法定职责的主要理由是被告作出的行政行为“未说明根据和理由”“未听取陈述和申辩”“未向被告送达有关决定”“未告知其救济权利”，只有少数案件对于授予学位的条件进行了实质性审查。

---

① 参见北京市高级人民法院（2017）京行申721号驳回再审申请通知书。

② 参见北京市第一中级人民法院（2016）京01行终1038号、（2016）京01行终1037号行政裁定。

③ 参见北京市第二中级人民法院（2016）京行终1637号行政判决。

4. 审查步骤的维度扩展。学位授予案件的司法审查一般是三个维度，并且逐渐向全面审查扩展。第一，对校规的合法性审查。通常是审查大学制定的规范性文件是否与上位法相抵触。第二，程序性审查。通常从正当法律程序的角度对不予授予学位的决定是否履行了法律程序以及正当程序进行审查。第三，对行政决定的全面审查。通常包括对作出不予授予学位决定的事实依据、裁量理由及裁量正当性进行审查。

（二）标准检视：学位授予纠纷案的裁判思路

在实践中主要是对高校行政行为是否符合法定（正当）程序进行审查，大多数的案件对于引发纠纷的基础的审查存在相互龃龉的观点。以因作弊不授予学士学位的案件为例，可一窥法院在审查中的标准。

1. 实质审查+程序审查

典型案例：章某与沈阳航空航天大学案。章某在大学二年级因考试作弊被校教务处给予留校察看处分，并依据该校有关规定，取消章某的学位授予资格。一审法院认为考试作弊是较为严重的学术道德问题。被告规定在校期间有考试作弊行为者不授予学士学位，并未违背上位法的精神，故被告据此不授予原告学位符合法律规定。二审法院则认为，有权决定是否授予学士学位的是学位评定委员会，被告教务处显然无此权限，其在章某还在大学二年级时即对之作出“取消学士学位授予资格”系滥用职权，属于无效行为。故判决被告限期对原告应否授予学位重新作出审查处理。① 同样，高某某与苏州大学应用技术学院案中，法院对被告的“学位授予工作实施细则”的合法性问题作了评价，并对学校作出不予授予学位的程序合法性进行了审查。②

裁判思路：该案不仅对学位授予的法定职责履行情况进行了审查，对导致学校不予授予学位的“处分”本身的合法性进行了审查，还对学校作出的处分与学位授予的关联性作了实质性审查，认为“取消学士学位授予资格不是法定的处分形式”。

2. 程序审查

典型案例：高某与中山大学案。高某因在考试中作弊，被被告处以严重

---

① 参见辽宁省沈阳市中级人民法院（2017）辽行终335号行政判决。

② 参见江苏省张家港市人民法院（2017）苏0582行初56号行政判决。

警告处分。原告多次向被告提交学士学位授予的申请，但被告一直未作出书面答复。法院以被告行为违反法定程序为由，判决被告限期对高某关于授予学士学位的申请作出处理。[①]

裁判思路：法院认为被告行使不授予学位的权力时，应当合法、审慎，程序正当和处理得当，保障受教育者在教育管理活动中享有的最低程序性权利。被告未授予原告学士学位，亦未书面作出是否授予决定，未说明具体事实依据，也未说明所依据的法律规定，怠于履行学位授予中的法定职责。

3. 实质审查

典型案例：刘某某与中山大学新华学院案。刘某某因在考试中违反考场纪律，被给予严重警告处分，后学校以其考试作弊且作弊后学习期间学分绩点排名靠后为由，未授予其学士学位。法院认为，学位授予作为一种行政确认行为，不予授予学位并非规章规定的纪律处分，该校学位授予细则对于考试舞弊学生提出相比普通学生更加严格的学术评价标准，实际上是将不予授予学位作为一种惩戒措施，这种做法与学位授予制度的目的与性质不符，既进行处分又不授予学位，缺乏必要且有违教育与处罚相结合的法律原则，学校作出的不予授予学位决定，显失公正。故判决撤销被告的决定，判决学校限期重新作出是否授予学位的决定。[②]

裁判思路：法院对学校依据的“工作细则”进行了全面的评价，对于考试作弊行为的性质及由此导致提高学术评价标准，不予授予学位是否涉及对学生的重复惩戒，一次考试作弊就对学生的道德品行给予否定性评价是否有失公允等进行了实质性审查。

（三）规范检视：学位授予的法律依据

涉及学位授予的法律依据主要包括法律、相关部门的解释性规范性文件及校规。（见表1）

---

① 参见广州铁路运输第一法院（2017）粤7101行初4047号行政判决。

② 参见广东省广州市天河区人民法院（2015）穗天法行初字第669号行政判决。

表 1　学位授予的相关法律依据

法律位阶	法律性质	具体条件
法律	教育领域一般法	一定学术水平或者专业技术水平①
	教育领域特别法	学业水平达到国家规定标准②
	学位授予基本法	政治考量及一定学术水平③
规范性文件	学位授予具体实施办法	对学位授予具体要求做了原则性规定④
	对学位标准“遵纪守法”与“道德品行”解释答复	肯定学位授予标准的丰富内涵中包含法纪和道德的标准，并认为相关规定对学术水平、遵纪守法、品行端正的标准作了规定⑤
规范性文件	具体要求	各学位授予单位制定的各种校规

通过对相关法律规范的梳理可以看出，大学作为学位授权单位，作出是否授予学位的决定，应以法律规范、行政规范以及自治规范三个位阶的规范为依据，其本身制定的规范不能与上位法相抵触。

① 《教育法》第二十三条规定：“国家实行学位制度。学位授予单位依法对达到一定学术水平或者专业技术水平的人员授予相应的学位，颁发学位证书。”

② 《高等教育法》第二十二条规定：“国家实行学位制度。学位分为学士、硕士和博士。公民通过接受高等教育或者自学，其学业水平达到国家规定的学位标准，可以向学位授予单位申请授予相应的学位。”

③ 《学位条例》第二条规定：“凡是拥护中国共产党的领导、拥护社会主义制度，具有一定学术水平的公民，都可以按照本条例的规定申请相应的学位。”

④ 参见《学位条例暂行实施办法》（国发〔1981〕89 号）。

⑤ 参见《国务院学位委员会关于对〈中华人民共和国学位条例〉等有关法规、规定解释的复函》（学位〔2003〕65 号）和《国务院学位委员会、教育部关于做好应届本科毕业生授予学士学位准备工作的通知》（〔81〕学位字 022 号）。

二、实践反思：学位授予纠纷案件的司法困境

学业成绩与学位论文是学术自治的范畴，是否符合相应学位的要求，是高校可独立进行学术评价的内容。但目前对于学术诚信、纪律处分、大学英语四六级考试等内容作为不予授予学位的理由存在较大的争议，现实中对此出现了相互对立的判决。

（一）评价标准不一：对学生品行评价的审查标准相互抵触

以学生纪律处分为例，引发处分的原因主要有学生打架、留宿他人、考试作弊等。在实践中对受到纪律处分是否影响授予学位的审查存在着霄壤之别的观点。一种观点认为，对考试作弊者不授予学位的规定符合社会公知的学术评价标准，属于高校行使教育管理自主权的体现。[①] 相反，另一种观点则认为，《普通高等学校学生管理规定》并未将不授予学士学位作为一种纪律处分，因此将纪律处分与是否授予学位挂钩是提高了受处分学生的学术评价标准，且与教惩结合的原则不符。[②]

（二）权力性质交叉：高校自主管理权的范围认定立场分歧

高校在法律法规授权的范围内享有一定的管理自主权已经是理论和实践中的共识，但学位授予权的性质是行政权还是高校自主权尚存在争议。一种观点认为，"学位授予权作为国家管理学位事务的权力，它实质上是一种行政权。因为学位授予权不仅是一种具有国家强制力的法定权力，而且是一种以公共利益为出发点的自由裁量权"。[③] 另一种观点认为，学位授予权是一种高校的自主管理权，若学位授予是一种行政权，则每个高校授予学位的标准应当是相同的，否则违反公权力行使的平等对待原则。[④]

（三）学位标准繁杂：学位授予标准的合法性评价类型多样

从实践中看，司法机关对高校设定学位标准的评价存在三种情形：

第一，法院对高校学位设定的标准虽有异议，但认为其属于学术自治权，应予以充分尊重。例如，在柴某某诉被告上海大学要求履行法定职责案中，

---

① 参见天津市高级人民法院（2004）高行终字第（44）号行政判决。

② 参见广东省广州市天河区人民法院（2015）穗天法行初字第669号行政判决。

③ 周光礼：《论学位授予行为的法律性质》，载《科技进步与对策》2004年第3期。

④ 丁伟、阎锐：《以论文发表数量作为学位论文答辩前提的法理追问》，载《政法论坛》2008年第2期。

法院认为上海大学有权制定博士学位授予的相关细则，且认为虽然发表论文数量和期刊载体方式有争议，但此属高校学术自治范畴，法院应予尊重。①

第二，法院认为高校学位设定标准违反上位法规定，直接撤销引起不予授予学位事项的事实依据。例如，在王某某诉武汉理工大学案中，法院认为因王某某考试舞弊受到处分拒绝颁发学士学位证书的被告所依据的武工大学字〔1999〕39 号文件与《学位条例》第三条抵触而无效，故撤销武汉理工大学关于对王某某留校察看一年的处分决定，该校在判决生效起 60 日内召集本校的学位评定委员会，对王某某的学士学位资格进行审核并作出决定。②

第三，法院对于不予授予学位的事实及理由进行审查，对不予授予的理由只在个别案件中作出评价。在杨某某诉济南大学案中，法院认为应当区分学生受到处分的违纪事实是否与学位授予相关，若相关联则可审查该纪律处分是否影响授予学位，若纪律处分与法定授予学位无关，则该事实不能作为是否授予学位考虑的条件。而打架属于因学术水平问题及相关思想品德之外的其他不当行为而受到的处分，与《学位条例》第四条和《暂行实施办法》第三条规定的授予学士学位的条件无关。被告对于纪律处分的事由不加甄别，认定其不符合学位授予条件，作出行政行为的主要证据不足。故撤销被告作出的决定，要求限期履行法定职责。③

（三）司法救济受限：原告诉讼利益的彻底实现力不从心

实践中对不予授予学位案件的裁判方式有裁定驳回起诉、判决驳回诉讼请求、判决确认违法并撤销不予授予学位决定，且限期要求重新作出是否授予学位的决定。确认违法和撤销决定对当事人的救济有限，如果只确认违法并要求高校重新作出新的行政行为，而不对引起不予授予学位的理由进行审查，则可能出现高校依照程序重新作出不予授予学位决定的情形。另，法院对于高校的学位授予权在一定程度上要予以尊重，通常是判决限期履行对学位授予条件进行审查，直接判决高校颁发学位证会造成难以执行或陷入司法干预行政的尴尬局面。例如，在吴某诉南京航空航天大学案中，吴某三次诉

---

① 参见上海市浦东新区人民法院（2019）沪 0115 行初 362 号行政判决。

② 参见高欣整理《武汉王某某诉武汉理工大学案》，载正义网 http：//news. jcrb. com/jxsw/201004/t20100423_ 347756. html，2020 年 8 月 10 日访问。

③ 参见山东省济南市中级人民法院（2011）济行终字第 29 号行政判决。

讼，学校均以同样的事实及理由作出相同的行政决定。法院在该类案件的强制执行中有些力不从心，一般是通过协调、司法建议等手段进行，因为司法不能代替行政对是否符合学位授予的条件进行审查。[①] 因此，应当对于高校作出授予或者不授予学位的行政决定进行全面的审查。

三、类型区分：学位授予案件的裁判分析

学位授予纠纷的类型及原因纷繁复杂，梳理司法实践中裁判的类型，通过一些代表性案例能窥探司法裁判的基本思路，有助于厘清司法裁判的基本逻辑。

（一）学位授予纠纷案件的判决方式

司法实践中学位授予单位败诉的案件中，法院的判决方式主要有确认违法判决、撤销不予授予学位的决定（包括各类不予授予学位的文件）、撤销原决定和重新作出决定（含重新对是否符合授予学位条件进行审查）、确认违法和履行审查义务、履行法定职责。（见表 2）

表 2　学位授予纠纷案件法院判决方式

判决类型	案号	裁判理由	判决结果
确认违法	（2019）沪 0115 行初 362 号	被告通过学院秘书以微信告知的方式驳回原告学位申请，缺乏事实和法律依据，但在审理过程中，被告已经履行了法定职责。	确认被告对原告提交的学位申请未组织学校学位评定委员会予以审核评定的行为违法。
确认违法 + 重作	（2017）陕 71 行终 580 号	作出不授予决定未向被告说明解释，未告知被告救济方式，被告实质上失去了陈述和申辩权，程序违法。	确认被告不颁发学位的行政行为违法，责令被告重新审查原告是否具备学位授予条件，并书面告知原告。
撤销判决	（2018）新 0105 行初 51 号	被告对原告作出的留校察看纪律处分，同时取消学士学位授予资格处分决定，事实不清，证据不足，程序违法。	撤销被告给原告的纪律处分，同时取消学士学位授予资格处分的行政行为。

① 参见《作弊受处分大学生三次诉讼讨学位证最终胜诉》，载 2009 年 7 月 30 日《工人日报》。

续 表

判决类型	案号	裁判理由	判决结果
撤销 + 重作	(2016) 粤 7101 行初 2515 号	作出不予授予学位决定前，未事先告知原告，未向原告说明根据和理由，未听取陈述和申辩。作出决定后，没有向原告送达。	撤销被告所作的关于原告授予学位的回复，被告重新对原告申请进行回复。
撤销 + 履行实体义务	(2013) 吉中行终字第 96 号	作弊事实不能成立，且程序违法，被告作出的行政行为没有依据。	撤销被告作出的“撤销学位”决定，判决被告在 60 日内颁发学位证书。
履行法定职责	(2018) 粤 71 行终 297 号	被告不授予学位的依据不充分，且程序违法。	判决被告在 60 日内对是否颁发学位重新审查处理。

（二）程序违法评价的类型区分

在以程序审查为重点的形式审查中，对程序的合法性审查而言，程序违法主要存在违反法定程序、违反正当程序、程序轻微违法等几种情形。（见表 3）

表 3 程序违法的类型及对判决的影响

程序违法情形	案号	裁判理由	判决结果
违反法定程序	(2018) 新 0105 行初 51 号	未听取陈述和申辩，径行作出处分决定，不符合法定程序。	撤销被告不予授予学位的行为。
违反正当程序	(2016) 粤 7101 行初 2515 号	未说明根据和理由，未听取陈述和申辩，未送达行政决定，被告作出的“回复”不符合正当程序原则，没有事实依据，适用法律错误。	撤销被告不予授予学位的回复，要求被告重新作出回复。
程序轻微违法	(2015) 四行终字第 12 号	处分决定未书面送达，但在学校官网予以公布。有关程序上的瑕疵，不足以改变原所作具体行政行为结果的可能，应属行政程序瑕疵，对此可不按行政违法定案，可视为行政程序基本合法。	驳回原告的诉讼请求。

四、边界厘定：学位授予纠纷司法审查的规则构建

学位授予是一种依申请的行政确认行为，学位授予单位作出是否授予学位的决定是一种裁量行为。从高校作出不予授予学位决定的实践来看，有的高校将不予授予学位作为学生受到纪律处分的一种行政处罚，有的高校以学生学业评价未达到授予学位的条件为由拒绝对学生的学业水平作出确认。考虑到学位授予涉及法律授权的复杂性、学术学业评价的专业性以及相对人影响的重要性，对于不予授予学位的情形，应当结合不予授予学位的具体情形和类型，从审查强度、审查范围、审查程序和原则等方面建立相应的规则。

（一）审查强度：司法介入学位纠纷的边界

大学与学生的关系中，大学通常行使的是两种权力，具有管理和评价的内涵，具体来讲，则是教育行政管理权和学术学业评价权。教育行政管理权包括学籍管理、教学生活日常管理及惩戒等。学术学业评价权包括制订教学学业计划、学生学业评价及学位授予等。有学者认为，“法规范授权的管理行为属于行政行为。是否授予学位以及评价标准高低是学术自主权判断行为”。[①] 在承认高校拥有上述两种权力的前提下，不可否认的是，法院对于行使行政权力的行为具有审查的义务和权力。这种审查的权力主要是为了防止高校滥用管理权和学术评价权，保障相对人的合法权利。

笔者以为，应当参照学位授予的整体过程，结合学位授予的具体条件来确定司法审查边界。（见图2）

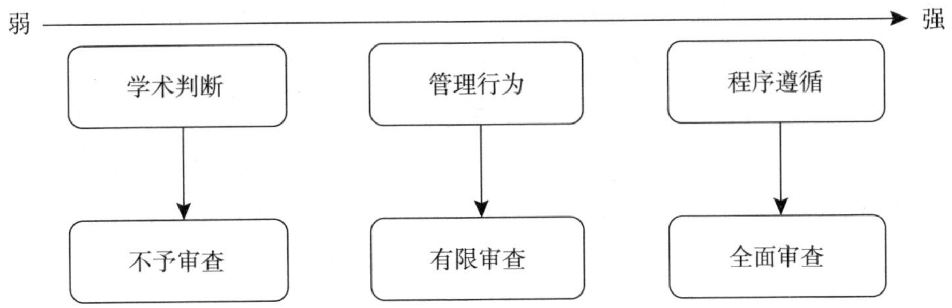

图2　司法介入学位纠纷的审查限度

① 徐靖：《高校校规：司法适用的正当性与适用原则》，载《中国法学》2017年第5期。

1. 学术水准不予审查。不予审查主要针对的是涉及专业判断的事项。例如，对于学位论文是否达到授予学位的水准，以及具有何种外语水平方可授予学位，这些均是学术权力的“自留地”。

2. 管理行为有限审查。管理性事项主要指的是学位授予的条件中，除学术水平外的其他的事项。例如，对于受到惩戒的学生是否能够获取学位，学校是否对于品行问题进行扩大解释。对于类似的问题，法院在审查中需要进行个案评价，并有限度地进行审查。

3. 程序遵循全面审查。高校在行使行政管理或学术权力时，尤其是作出对学生不利的决定时，是否遵循了法定的程序和基本原则。对程序的全面审查，既符合现代行政法治的基本要求，也未超出司法机关的能力范围，同时能够实现对权力滥用的有效控制。

（二）审查范围：司法审查学位纠纷的规则

行政案件司法审查通常以合法性审查为重点，对学位纠纷而言，需要从以下几方面来进行审查。

1. 事实依据：不授予学位依据的事实必须清楚

“从微观的行政决定过程来看，行政机关首先认定要件事实（主要证据），对是否符合法定要件作出判断，进而根据其他因素，作出是否处理、如何处理的选择。”① 在张某诉新疆医科大学教育行政管理一案中，法院认为“虽然巡考老师发现原告桌面上折叠起来的白色纸张并终止其考试，但对纸张的来历及原告是否实施作弊行为等问题认定事实不清”，② 故以被告作出的行政行为事实不清、证据不足、程序违法为由，撤销了被告作出的纪律处分以及不予授予学位的决定。对他人作出不利行政行为时，应当基于事实充分的前提。

2. 法律适用：符合上位法及校规的规定、原则和精神

学位授予单位作出不予授予学位决定的依据是法律规定及法律授权其制定的校规。高校关于学位的授予采取了抽象标准和具体条件相结合的路径，法院也需通过将这些关于学位授予的规范与上位法的规定进行对比进而作出裁判。“在判决中，这些法律规范获得了怎样的价值内涵值得探究。在某种意

① 王贵松：《行政裁量的构造与审查》，中国人民大学出版社 2016 年版，第 1 页。

② 参见新疆维吾尔自治区乌鲁木齐市水磨沟区人民法院（2018）新 0105 行初 51 号行政判决。

义上，判决对法律规范的适用和解释形成了运行中的学位制度。”①

“高校在国家立法设定的学位授予标准框架下，有权根据人才培养的风格，实现特定的教育理念，维系大学品质，自主制定学位授予的条件及细则。”② 学校制定的规范性文件须符合上位法的规定，不能与上位法相抵触，对于学生作出的不利决定必须符合校规的规定、精神和原则。因为法律关于学位授予的条件和标准是原则性的，校规关于是否授予学位的条件和情形相对较为具体，故有必要对高校自身制定的授予或不予授予的校规等规范性文件作出审查，审查其是否与上位法的规定及精神相抵触，是否存在通过制定规范限制或减损相对人权利的情形。

在法律依据的审查方式上，法院对于高校作为依据的校规的审查既可以是主动审查，亦可以是附带审查。

第一，主动审查。法院在审理该类案件时，应当对被告适用法律是否准确作出评判，且法院可主动对高校所依据的规范性文件是否符合上位法的规定及精神进行主动审查，对其本身的“合法性”作出判断。

第二，依申请附带审查。法院可依据原告的诉讼请求对高校规范性文件进行附带审查。经审查认为该规范性文件不合法的，不作为认定行政行为合法的依据，并向制定机关提出处理建议。

3. 程序正当：严格、全面的审查

法律程序和正当程序是行政主体作出行政行为的基本遵循。对于相对人作出的不利行政行为应当遵循基本的正当程序要求。根据我国《行政处罚法》及相关的法律规定，在作出对相对人不利的行政行为时，要听取当事人的陈述和申辩、说明理由、通知、听证、告知复议诉讼权利等。

若程序轻微违法，通过补正可以治愈，且不影响相对人的实质权利，可以视为瑕疵程序，认为被告的行为基本合法。若程序违反法定程序，影响到事实的认定及相对人的实体权利的，应当依据具体情况作出不同的处理。（详见图 3）

---

① 陈越峰：《高校学位授予要件设定的司法审查标准及其意义》，载《华东政法大学学报》2011 年第 3 期。

② 伏创宇：《大学生考试作弊与学位授予挂钩的合法性反思》，载《法律适用》2017 年第 12 期。

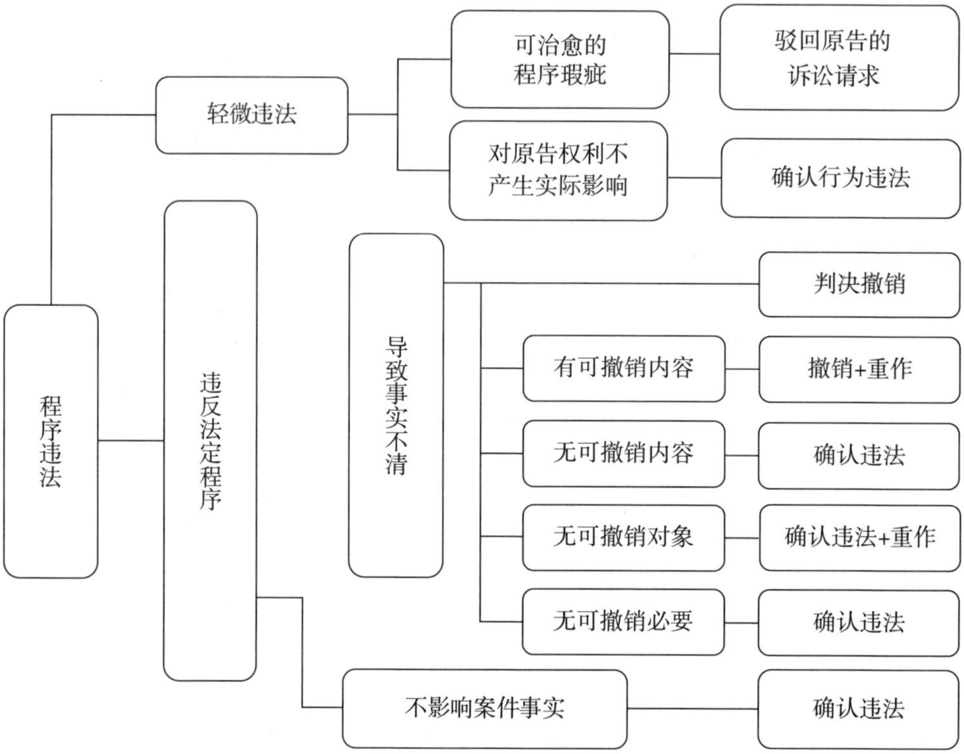

图 3　程序违法程度对案件判决方式的影响

（三）审查原则：比例原则和不当联结禁止原则

1. 比例原则

比例原则要求公权力在作出对私主体不利益之行为前，充分考虑行政相对人的利益，采取伤害最小的的行政手段达成行政目的。① 就学位授予蕴含的两种关系来讲，培养人才是目的，教育管理和学术评价是手段。教育管理和学术评价的手段应当符合培养人才的目的，因此，作出惩戒或者对学位授予的不利决定应当以必要和妥当为限。

2. 不当联结禁止原则

不当联结禁止原则是指行政行为对当事人课以义务或者造成其他不利益时，因此采取的手段与其追求的目的需有合理的联结关系，以保障相对人的

① 参见江国华、彭珮：《法治原则在大学治理中的适用——于艳茹诉北京大学撤销博士学位案检视》，载《江汉大学学报（社会科学版）》2018 年第 2 期。

合法权益，并使当事人能够接受。[①] 笔者以为，“考试作弊不予授予学位”或“受到纪律处分不予授予学位”均是一种不当联结。司法实践已对该类行为作出回应。例如，在朱某某诉辽宁石油化工大学履行法定职责案中，法院认为被告依据自身制定的“因考试违纪受到记过及以上处分者不得授予学士学位”的规定将学士学位授予与学生考试作弊的处理直接挂钩，混淆了学士学位授予与学生管理的边界，有悖学位授予的根本目的。[②] 在杨某某诉济南大学案中，法院认为被告制定的文件“笼统而不加甄别地将‘受到行政纪律处分’作为不授予学士学位的条件，与《学位条例》和《学位条例暂行实施办法》规定的精神不符”。[③]

结语

“在现代社会，任何领域的自治都需要法治作为其最后保障，没有法治的自治必将陷入无秩序的混乱状态。”[④] 在不予授予学位相关案件的裁判中，法院面临着“学术自治”原则的拷问，同时也谨慎地避免陷入“司法代替行政”的尴尬境地，这种担忧是必要的，但也不能因此丧失对行政行为合法性审查的基本职责的履行。合法性审查包括对行政主体的法定职责或权限的审查、行为的正当程序审查以及行为是否符合相关行政法治的精神和原则等全面的审查。是否授予学位是一种依申请的裁量行为，学术授予单位在作出对相对人不利益的行为时，须遵循法治原则。司法机关在该类案件中应当对其学术评价与教育管理行为加以区分，切断学术评价和相关管理行为的不当联结，真正实现教育领域的法治和自治。

（作者单位：天津市河西区人民法院）

① 参见郭庆珠：《论不当联结禁止原则对行政管理创新的规制——以创新的法律界限为归宿》，载《学术探索》2010 年第 6 期。

② 参见辽宁省抚顺市新抚区人民法院（2019）辽 0402 行初 17 号行政判决。

③ 参见山东省济南市中级人民法院（2011）济行终字第 29 号行政判决。

④ 江国华、彭珮：《法治原则在大学治理中的适用——于艳茹诉北京大学撤销博士学位案检视》，载《江汉大学学报（社会科学版）》2018 年第 2 期。

行业协会规范性文件附带审查研究

黄玉文　王明辉

【内容摘要】部分行业协会享有公私权混合性质的管理权，可在一定范围内制定行政规范性文件。将行业协会规范性文件纳入行政诉讼附带审查范围具有必要性和可行性，可以从程序准入条件、条款锁定方式和审查标准构建三个核心层面，进行具体制度构造。行业协会规范性文件应从核心属性和构成要件层面进行认定，依据性关联应坚持多元、宽松的认定标准，条款锁定应适用折中模式，裁判文书说理样式可进行类型化区分，审查逻辑和审查标准可坚持“双层四步”顺序逐次进行。

【关键词】规范性文件　附带审查　行业协会

在现代国家治理体系中，以律师协会、证券业协会、会计师协会等为代表的部分行业协会享有公私权混合性质的管理权，发挥着行政治理和行业自治的双重功能，均可在一定范围内制定规范性文件。规范性文件附带审查制度（简称附带审查制度）的确立，是国家治理体系现代化建设的重要一步，形成了“政府内部监督牵头、人大立法监督主导、司法附带审查补缺”[①] 的基本规范治理格局。但是，该制度对行业协会规范性文件附带审查问题不置可否。从进一步建设国家治理体系现代化的视角出发，应当将行业协会规范性文件纳入附带审查范围，确定科学合理的审查规则，在保障行业自治的同时，补漏附带审查制度盲区。

一、行业协会规范性文件附带审查的理论证成

所谓行业协会规范性文件，是指由经法律、法规和规章授权的具有管理

---

① 江国华、易清清：《行政规范性文件附带审查的实证分析——以947份裁判文书为样本》，载《法治现代化研究》2019年第5期。

公共事务职能的行业协会依照法定权限、程序制定并公开发布，涉及公民、法人和其他组织权利义务，具有普遍约束力，在一定期限内反复适用的公文。①

（一）行业协会规范性文件附带审查的主要分歧②

关于附带审查范围的问题，部分法院认为，行业协会规范性文件具有公权属性，且位阶低于规章，可纳入附带审查范围。如娄某诉济南市历城区司法局行政答复和济南市历城区政府行政复议案，娄某要求附带审查山东省公证协会制定的《山东省公证机构公证复查办法》第二十三条，认为该条第二款规定的“被撤销的公证书不能收回的，应当在公告中予以说明”与《公证程序规则》第六十三条第二款规定的“被撤销的公证书应当收回，并予以公告，该公证书自始无效”相抵触，山东省济南市历城区人民法院进行了附带审查，认为该条款内容和制定主体合法，能够作为辖区内各公证机构开展与公证相关业务的依据。

也有部分法院认为，因制定主体和规则性质构成阻却事由，行业协会规范性文件不可纳入附带审查范围，但可进行法律适用审查。如王某某诉上海市律协不予受理执业实习申请案，王某某要求附带审查《上海市律师协会预备会员规则》第五条第六项的规定。上海市高院认为，市律协为社会团体而非行政机关，涉诉规则不属于附带审查范围。又如叶某、冯某某诉北京市司法局行政答复和司法部行政复议案，叶某、冯某某要求附带审查北京司法鉴定业协会制定的《北京市司法鉴定便民服务站管理意见（试行）》，北京市西城区人民法院认为，该意见属于行业自律规定，不属于附带审查范围。

总体而言，对行业协会规范性文件附带审查，法院系统存在动力不足、标准多元、程序模糊等问题。造成该局面的原因，既有分析层面的概念不清、理论不足，又有规范层面的制度缺失、标准阙如，还有实践层面的司法行政化和科层化权力结构局限。

---

① 《关于加强行政规范性文件制定和监督管理工作的通知》（国办发〔2018〕37 号）对“行政规范性文件”的界定即包括由经法律、法规授权的具有管理公共事务职能的组织依照法定权限、程序制定并公开发布，涉及公民、法人和其他组织权利义务，具有普遍约束力，在一定期限内反复适用的公文。

② 本部分选取的三则典型案例分别源于山东省济南市历城区人民法院（2019）鲁 0112 行初 115 号行政判决书、上海市高级人民法院（2017）沪行申 877 号行政裁定书和北京市西城区人民法院（2017）京 0102 行初 1122 号行政判决书。

（二）行业协会规范性文件附带审查的必要性

将行业协会规范性文件纳入附带审查的范围是推动附带审查制度落地、统一行政诉讼制度体系和推进国家治理体系现代化的必由之路。

第一，机制必要性——将行业协会规范性文件纳入附带审查范围是兑现附带审查制度价值的必要环节。行政审判具有规制公权、保障私权、维护法治等多重功能。附带审查制度不仅是为了化解个案纠纷，还是为了推动“规范性文件不规范”问题的解决，以实现对同类行政行为的源头监督。在法律→法规→规章→其他规范性文件（包括行业协会规范性文件）的链条传递过程中，法律的辐射力逐步减弱，“土政策”却逐渐增多[①]，属于需要法院审查的“核心区”。如果法院不能有效监督包括行业协会规范性文件在内的最后环节，便无法有效确保法令统一，也会使行政相对人权利受损几率增大。比起发现文件违法却秘而不宣，将文件违法之处公之于众，并提请相关主体注意，更有利于实现附带审查的制度价值。

第二，系统必要性——将行业协会规范性文件纳入附带审查范围是统一行政诉讼制度体系的客观需要。《行政诉讼法》第二条第二款规定，可诉行政行为既包括行政机关作出的行政行为，也包括被授权组织作出的行政行为。既然行政行为可诉性并未区分行政机关和被授权组织，则只要不逾越位阶即可，规范性文件的附带审查同样不应区分行政机关和被授权组织，否则不利于保障行政诉讼制度的统一。有学者便指出，《行政诉讼法》第五十三条规定的规范性文件的制定主体显然包括被授权组织。[②] 在实践中，如果行业协会规范性文件确系被诉行政行为的依据，且其合法性与行为合法性具有密切联系，则为充分保障权利救济，应允许对其附带审查。

第三，政治必要性——将行业协会规范性文件纳入附带审查范围是推进国家治理体系现代化的应然要求。当前，国家治理主体正由单一向多元转变。各类行业协会通过法律提供的途径和形式参与公共治理，甚至获取国家向社会转移的公权，直接成为公共行政主体。国家在将政府行为逐步缩小到有限范围的同时，让渡给行业协会更多权力，形成了政府、社会、公民共治的格

---

① 参见王庆廷：《隐形的“法律”——行政诉讼中其他规范性文件的异化及其矫正》，载《现代法学》2011 年第 2 期。

② 参见程琥：《新〈行政诉讼法〉中规范性文件附带审查制度研究》，载《法律适用》2015 年第 7 期。

局，使得行业协会的部分行为呈现出浓厚的公权色彩。[①] 与多元的公共管理范式一致，法院理应紧跟国家治理模式变革潮流，对行业协会规范性文件进行适当审查，以构建更完备的附带审查制度，避免该部分权力游离于司法监督之外，成为国家治理体系的缺憾。

（三）行业协会规范性文件附带审查的可行性

将行业协会规范性文件纳入附带审查范围，在制度空间、机构能力和审查限度方面具有可行性。

第一，制度空间宽松。附带审查制度实质是宪制层面的创造，是审判权相对于行政权的扩展，是审判权监督行政权的迂回纵深推进。[②] 诚然，在现有体制框架下，法官受科层化思维和政策实施导向影响严重，使附带审查面临体制化压力。[③] 但是，这种压力主要是“向上”而非“向下”的。既然行政诉讼法排除了法院对规章的附带审查，相当于设定了“天花板”，默示了法院可在规章以下大展拳脚。行业协会规范性文件附带审查并没有突破该整体框架，推行空间相对宽松。

第二，机构能力过硬。受政治、行政、社会和经济等嵌入因素影响，我国司法决策具有“嵌入式”特征[④]，在政策性、经济性、技术性、行业性等方面的知识构成和机构能力确有局限。但是，附带审查的核心标准是合法性标准，而非合理性或科学性标准。在“法律帝国”里，法官与其他主体相比，具有明显的专业优势，理应且有能力掌握话语权，能够对行业规范性文件进行有效的合法性审查。退一步讲，如果认为法院无力对行业协会规范性文件进行有效审查，那也是法院应当继续加强自身建设以匹配现实需求的问题，而非消极逃避附带审查职责的理由。

第三，审查限度可控。比起体制性压力和机构能力局限，行业协会规范性文件附带审查的更大阻碍在于侵犯行业自治的风险。审判权应对行业自治予以充分尊重，不宜强加干涉。但是，通过明确界定审查范围、确立合理的

---

① 参见湛中乐、赵玄：《国家治理体系现代化视野中的司法审查制度》，载《行政法学研究》2014年第4期。

② 参见江国华、易清清：《行政规范性文件附带审查的实证分析——以947份裁判文书为样本》，载《法治现代化研究》2019年第5期。

③ 参见余军、张文：《行政规范性文件司法审查权的实效性考察》，载《法学研究》2016年第2期。

④ 参见卢超：《规范性文件附带审查的司法困境及其枢纽功能》，载《比较法研究》2020年第3期。

审查标准、严格控制审查强度，可以使保护行业自治和监督行政管理并行不悖。因此，是否侵犯行业自治与是否允许附带审查关系不大，更多是审查对象、审查标准和审查强度是否合理的问题。

二、行业协会规范性文件附带审查的准入条件

将行业协会规范性文件纳入附带审查范围，并未从本质上改变附带审查制度的框架设计，只是拓展了其涵射空间。因此，可比照《行政诉讼法》第五十三条第一款设置准入条件——公民、法人或者其他组织认为行政行为所依据的行业协会规范性文件不合法，在对行政行为提起诉讼时，可以一并请求对该文件进行审查。

（一）附属性维度：附带审查成立的前提条件

由于行政诉讼法并没有对附带审查设立独立的裁判方式，也没有赋予法院对规范性文件的直接处理权，这就排除了在裁判主文对规范性文件有效性作出裁判的可能。因此，“规范性文件附带审查请求不是一项独立的真正意义上的诉讼请求，而只是依附于行政案件的诉讼请求，具有准诉讼请求的性质”①，不能单独提起。

就附属性维度而言，行业协会规范性文件附带审查与其他规范性文件附带审查一致。第一，存在对行政行为的起诉。这里的行政行为，既包括行政作为，也包括行政不作为。诚然，在“不履行法定职责”的行政不作为案件中，很难将不作为与某文件进行“依据性”挂钩，但行政不作为不等于无行政行为，应当允许在行政不作为案件中进行附带审查。第二，对行政行为的诉讼满足起诉条件。对行政行为的诉讼不存在被驳回起诉的情形，能够进入实体审理。否则，附带审查无从谈起。第三，有明确的文件名称。在程序准入阶段，不宜对当事人提出过高要求，其能列明具体条款最好，但即使仅列明文件名称，也不应妨碍起诉成立。具体审查条款可待起诉条件成就后锁定。

（二）规范性维度：行业协会规范性文件的性质认定

附带审查的对象是行业协会规范性文件，该类文件的性质可从核心属性和构成要件两方面加以认定。

---

① 王红伟、廖希飞：《行政诉讼中规范性文件附带审查制度研究》，载《行政法学研究》2015 年第 6 期。

第一，核心属性。行业协会规范性文件具有公共行政属性，其上位概念是“公共行政文件”。一般而言，行业协会文件可以分为自主型文件和传接型文件。前者系行业协会基于成员合意或同意，制定的自我约束性文件，可细分为无公权力确认和经公权力确认两种；后者则是指根据法律、法规或者规章授权，在特定权限范围内制定的公共管理文件，包括依国家行政权转让制定和依政府行政权委托制定两种。① 一般而言，在四类文件中，除了无公权力确认的自主型文件，其他三类因有公权力不同程度的介入，均可被纳入“公共行政文件”范畴。

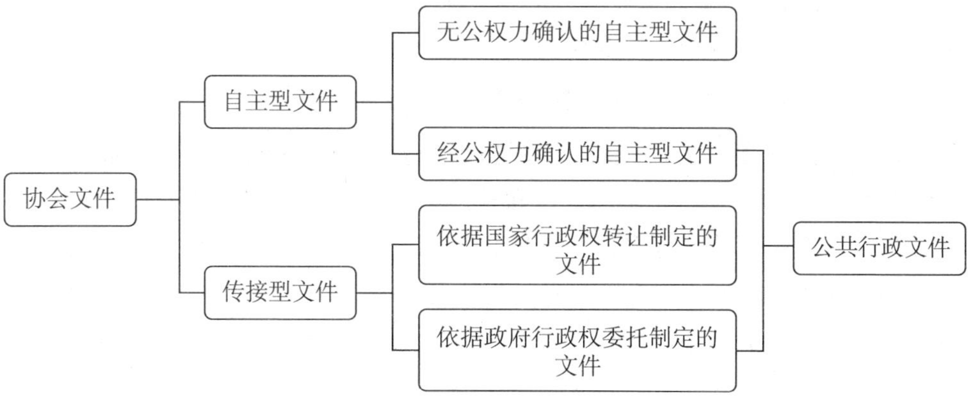

图 1　行业协会文件核心属性分类

第二，构成要件。行业协会规范性文件除了具备公共行政属性，还应当符合以下条件：一是主体特定性。制定主体须为经法律、法规和规章授权的具有管理公共事务职能的行业协会。二是外部规范性。文件的制定权限和程序有严格规定，须公开发布，涉及公民、法人或其他组织权利义务。三是普遍约束性。文件一经发布，调整范围内的主体须共同遵守。四是对象不特定性。文件调整对象涉及不特定的人或事。五是反复适用性。文件针对未来事项在一定期限内能够反复适用。由此，行业协会规范性文件的认定可分为四步：文件由行业协会制定→制定文件的行业协会具有公共行政职权→文件具有公共行政属性→文件具有外部规范性、普遍约束性、对象不特定性和反复适用性。

---

① 参见方洁、周兴：《社团规章的行政法法源性论说》，载《行政法学研究》2006 年第 1 期。

需要特别注意，具有外部性是认定行业协会规范性文件的重要标准。一般而言，不涉及行政相对人或利害关系人权利义务的工作制度、工作程序、表彰奖励、人事任免、保密、保卫等内部事务文件，以及行业协会对具体业务进行计划、总结、检查、部署的文件等不属于附带审查范围。① 但是，对行业协会规范性文件的认定不能简单以“内部事务”为由进行阻却。以律协为例，虽然所有律师均为其会员，但并不代表所有事务皆为其内部事务。源于律师法授权，律协不再是单纯的自治组织，而类似于垄断性组织——如果没有律协，国家则需要自己对律师行业进行管理；正是国家公权的“退居幕后”，才使律协拥有了广泛的公共职权；况且，要么接受律协管理，要么不能从事律师活动，律师并没有选择。

（三）依据性维度：多元、宽松的依据性关联标准

附带审查制度要求规范性文件与行政行为之间形成依据性关联。何谓“依据”？可从形式要件、实质要件和自由裁量要件三方面加以认定。

第一，形式要件非特定化。在形式层面，行业协会规范性文件是否必须被“明确援引”？是否必须“在行政行为作出时”被援引？是否必须“在行政行为作出的结论部分”被援引？如果未被援引，那么被告作为证据提供的行业协会规范性文件能否认定为依据？被告承认行业协会规范性文件为依据时能否直接认定为依据？被告未否认行业协会规范性文件的依据性能否认定为依据？被告不承认行业协会规范性文件是行政行为的依据，但实际可能是依据又该如何认定？为防止行政行为主体为逃避附带审查而隐瞒规范性文件，故意不明确告知其作出行政行为的依据，建议确立依据性关联的客观性认定标准②，不在形式上作特定化要求。即使行业协会规范性文件未被明确援引（毋宁说在行政行为作出时被援引，或者在行政行为作出的结论部分被援引），也并不当然否定该文件与行政行为间的依据性关联。对于某行业协会规范性文件，如果行政行为主体在行政程序中告知或在诉讼程序中举证、答辩，明确将其作为行政行为的依据；或者虽未明确告知或承认，但并不否认将其作为行政行为依据；或者虽否认将其作为行政行为依据，却提不出其他依据的，均可认定该文件与行政行为间存在依据性关联。

---

① 参见程琥：《新〈行政诉讼法〉中规范性文件附带审查制度研究》，载《法律适用》2015 年第 7 期。

② 王红伟、廖希飞：《行政诉讼中规范性文件附带审查制度研究》，载《行政法学研究》2015 年第 6 期。

第二，实质要件非绝对化。在实质层面，行业协会规范性文件是否必须构成行政行为的实质性依据？是构成直接依据还是相关依据？是否必须有强关联？可否是转引叙述、参考理由、或然性支撑以及部分关联等形式的弱关联？附带审查制度是为了对规范性文件进行更好的监督。因此，对依据性关联的理解要立足宽泛角度，“无须满足唯一性、全面性、直接性的要求”①。附带审查的规范性文件既可以是行政行为的全部依据，也可以是部分依据；既可以是直接依据，也可以是相关依据；既可以是强关联，也可以是弱关联。只要该文件能够在职权、内容、程序和形式等一个或几个方面为行政行为合法性提供支持，就可以认定为行政行为的依据。② 一般而言，依据性关联的判断可以从三个方面考察：规范性文件具有拘束行为的规范能力，行政主体在文书中、思维中或过程中有“概念涵摄—效果选择”的“适法”行为，以及“适法”结果处于规范性文件文意射程内。

第三，自由裁量有倾向化。在各方就是否是行政行为依据存在争议时，法院应当从保护原告和有利于监督依法行政的立场去认定③——除非明确不具有依据性关联，就应当依照依据性关联来对待，为推动更多的违法行业协会规范性文件合法化创造条件。事实上，如果设置过高的准入门槛，在依据性关联认定问题上限制过死，可能使法院连对行业协会规范性文件审查的机会都没有，从而引发制度性危机。

三、行业协会规范性文件附带审查的条款锁定

虽然仅明确规范性文件名称即符合起诉条件，但法院进行附带审查，应锁定待审查条款。法院对规范性文件的审查并非独立、抽象、全面审查，不应审查规范性文件中与行政行为无关的内容，以免从根本上违背附带审查制度精神，使法院陷入司法资源、司法能力和民主性、专业性不足的窘境。④ 条款锁定并非单独的环节，而是嵌入准入条件分析环节，判断文件和行政行为之间是否存在依据性关联的核心。

---

① 王春业：《论行政规范性文件附带审查中“依据”的司法认定》，载《行政法学研究》2019 年第 3 期。
② 王红伟、廖希飞：《行政诉讼中规范性文件附带审查制度研究》，载《行政法学研究》2015 年第 6 期。
③ 王春业：《论行政规范性文件附带审查中“依据”的司法认定》，载《行政法学研究》2019 年第 3 期。
④ 王红伟、廖希飞：《行政诉讼中规范性文件附带审查制度研究》，载《行政法学研究》2015 年第 6 期。

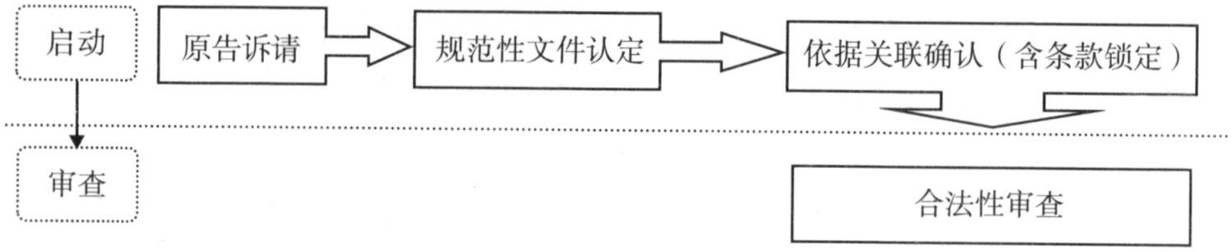

图 2　行业协会规范性附带审查主要环节

（一）条款锁定的主体之争

具体审查条款应由谁负责锁定？是由原告负责，严格按照其诉请条款进行审查，还是由法院负责，就行政行为真实依据条款进行审查？

第一，原告锁定模式。原告锁定模式采取主观诉讼原则，由原告负责明确附带审查条款。此时，可能出现原告未明确条款，或要求附带审查的条款与实际依据条款不一致的情形。在原告未明确条款时，以“没有明确条款”为由，阻却附带审查程序；在原告错列条款时，以“不构成依据”为由，阻却附带审查程序；在原告漏列条款时，仅审查原告要求审查的条款；在原告多列条款时，仅对依据条款进行审查，对多列条款，则以“不构成依据”为由不予审查。原告锁定模式以原告个人意愿为指针，能够更加方便地明确诉讼请求和审查对象，避免附带审查制度异化为主动审查和全面审查；但其将依据识别的责任完全苛予原告，推卸了法院责任，不利于真实依据的锁定，从而错过了审查可能违法之文件的机会。

第二，法院锁定模式。法院锁定模式采取客观诉讼原则，由法院负责明确附带审查条款。只要原告要求对规范性文件进行附带审查，则只需要明确文件名称，然后由法院依职权锁定行政行为依据的条款，并进行附带性审查。原告未列、错列、漏列或多列条款，均不影响法院对附带审查条款的锁定。法院锁定模式以法院专业化为支撑，能够更加准确、有效地锁定附带审查对象，更好地监督依法行政和实现规则之治，从而从真正意义上发挥附带审查制度的功效；但其容易使原告产生诉判脱节的印象，不利于回应原告诉求和推动矛盾化解，也容易使附带审查制度异化为主动审查和全面审查。

（二）条款锁定的“枢纽功能”

对法院而言，在原告没有提出附带审查请求的情况下，如果依据行业协会规范性文件作出行政行为，法院也会对该文件进行审查，若不合法，法院没有义务公开述评，只要选择适用上位法依据进行裁判即可。此时，法院对行业协会规范性文件的审查模式可以归结为“条款锁定 + 合法性审查（系柔性审查 + 选择适用）”。但若原告提出附带审查请求，则直接产生两个作用：一是提示作用，提示法院对特定文件进行附带审查；二是督促作用，督促法院将审查结论从内心外化。法院必须履行公开述评的义务，且当文件不合法时，也不能仅仅不予适用，而是必须对该文件能不能作为行政行为的依据进行公开表态。此时，法院对行业协会规范性文件的审查模式可以归结为“原告诉请 + 条款锁定 + 合法性审查（系刚性审查 + 公开述评 + 承认效力或不予适用）”。

可见，无论原告是否明确具体条款，法院均应对行政行为依据的条款进行锁定。只不过在附带审查背景下，法院不再是单向锁定审查对象，为合法性审查奠定基础，而是双向考量，在确定附带审查对象的同时，增加了尊重和回应原告诉请的任务。换言之，条款锁定是连通原告诉请和合法性审查的枢纽，它在一定程度上受原告诉请拘束，却不能完全为其所限，还要确保合法性审查有效展开。

（三）条款锁定的折中模式

条款锁定的枢纽功能决定了法院在确定审查条款时应坚持折中模式：既要坚持客观认定原则，依职权确定行政行为所依据的具体条款；又要尊重原告的诉请，并进行必要回应。原因在于：首先，附带审查制度更多是对公民的授权性规范，而非对法院的限制性规范；行政诉讼法并无必须以原告诉请为限进行条款锁定的规定。对法院而言，回应原告诉请是义务，但并不意味着只能以原告的诉请为审查限度。其次，对规范性文件进行审查和适用正确的法律均属法院职权，应当趋于职权主义模式。法院有权根据实际，审查行政行为适用的依据是否合法，这与行政诉讼法客观诉讼的基本构造一致。最后，附带审查制度旨在实质性化解行政争议，并促进规则之治。如果明知审查条款与实际依据不符，法院径直放过对实际依据条款的审查，相当于架空了附带审查制度。折中模式的具体构建如下：

第一，未明确条款情形的处理。原告未明确审查条款时，法院应进行释明，要求原告明确。若原告不予明确，法院应依职权查明有无依据条款，并进行审查；若原告予以明确，则将诉争条款与法院确定的依据条款进行一致性比认。在原告自行或经释明后明确条款，且该条款确实构成行政行为依据，并与法院确定的依据条款一致的情况下，法院应审查该条款。

第二，漏列条款情形的处理。原告自行或经释明后明确条款，且该条款确实构成行政行为依据，但并未包含全部依据条款，存在漏列条款现象时，法院应进行释明，告知实际依据条款，允许原告补充条款。若经释明，原告予以补充，则法院应对依据条款进行审查；若原告不予补充，则法院应对依职权确认的所有依据条款进行审查，但应对原告申请审查部分条款和依职权查明部分条款的合法性分别评述。

第三，错列条款情形的处理。原告自行或经释明后明确条款，但存在错列条款现象，即虽然行政行为确系依据该规范性文件作出，但依据条款并非原告要求审查的条款时，法院应进行释明，告知实际依据条款，允许原告变更条款。若经释明，原告予以变更，则法院应对依据条款进行审查，但若原告不予变更，则法院不因此免除附带审查义务，除了应对行政行为实际依据条款进行审查，还应对错列条款为何不构成依据进行回应。

第四，多列条款情形的处理。原告自行或经释明后明确条款，但存在多列条款现象，即仅部分条款构成行政行为依据时，法院应进行释明，告知实际依据条款，允许原告变更条款。若经释明，原告予以变更，则法院对依据条款进行审查，但若原告不予变更，则法院除了应审查实际依据条款，还应对多列条款为何不构成依据进行回应。

表1　条款锁定的裁判文书表述样式

实际情况	文书表述样式
无依据条款，原告亦未明确条款	1. 原告要求对《××规则》进行附带审查，但未明确具体条款。经审查，未发现该文件有条款与被诉行政行为构成依据性关联……（公开述评原因）
无依据条款，但原告要求审查某条款	2. 原告要求对《××规则》第三条进行附带审查。经审查，该条款与被诉行政行为不构成依据性关联……（公开述评原因）；本院亦未发现该文件其他条款与被诉行政行为构成依据性关联……
有依据条款，但原告未明确	3. 原告要求对《××规则》进行附带审查，但未明确具体条款。经审查，该文件第三条与被诉行政行为构成依据性关联……（公开述评合法性审查结论）

续 表

实际情况	文书表述样式
原告明确条款与法院识别一致	4. 原告要求对《××规则》第三条进行附带审查。经审查，该条款与被诉行政行为构成依据性关联……（公开述评合法性审查结论）
原告漏列依据条款	5. 原告要求对《××规则》第三条进行附带审查。经审查，该条款与被诉行政行为构成依据性关联……（公开述评合法性审查结论）除此之外，该文件第四条、第五条与被诉行政行为亦构成依据性关联……（公开述评合法性审查结论）
原告错列依据条款	6. 原告要求对《××规则》第三条进行附带审查。经审查，该条款与被诉行政行为不构成依据性关联……（公开述评原因）；但是，该文件第四条与被诉行政行为构成依据性关联……（公开述评合法性审查结论）
原告多列依据条款	7. 原告要求对《××规则》第三条、第四条进行附带审查。经审查，该文件第三条确与被诉行政行为构成依据性关联……（公开述评合法性审查结论）；但是，该文件第四条与被诉行政行为不构成依据性关联……（公开述评原因）

四、行业协会规范性文件附带审查的标准建构

对行业协会规范性文件的合法性审查标准包括形式有效性审查和实质合法性审查双层结构；而实质合法性审查又包括权限合法性审查、程序合法性审查和内容合法性审查。行业协会规范性文件附带审查应当遵循先整体后部分、先抽象后具体、先形式后内容、先有效性后兼容性的逻辑，按照“形式有效性→权限合法性→程序合法性→内容合法性”的“双层四步”顺序逐次进行。

第一，形式有效性审查。即审查行业协会规范性文件在行政行为作出时的生效情况——考察其是否存在未生效、因有效期满失效、因废止失效或被撤销而无效或失效等非生效情形。若文件生效且未失效，则进入实质合法性审查阶段；若存在非生效情形，则不需要进行实质合法性审查，行政行为自然不能以该文件作为依据。

第二，权限合法性审查。即审查行业协会规范性文件是否超越了法律、

法规和规章的授权范围。其主要内容是事务权限审查和规范权限审查[①]——前者要求文件规范的事务属于该行业协会的管理领域、地域、级别，与文件制定协会的法定职权具有对应性；后者则要求文件不能僭越法律、法规和规章保留事项——若法律、法规和规章明确表示保留而排斥其他主体规定的事项，则可视为行业协会规范性文件的限度，越权即无效。[②]

第三，程序合法性审查。即审查规范性文件制定和发布程序。有学者提出，鉴于规范性文件制定程序的复杂性、法院审查的附带性及司法资源的有限性，不宜将程序合法性纳入附带审查范围。[③] 诚然，法院全面审查行业协会规范性文件的制定程序存在困难，但不审查却于理不合。鉴于行政协会规范性文件的制定程序并无明确、统一的法律规定，对程序合法性的审查可主要坚持“重大明显违法排除”审查标准[④]，依据正当程序原则和一般原理，重点审查文件是否履行了法定批准、备案和公开发布程序，是否存在严重违反制定程序的情形。对于其他非重大程序性事项，可不纳入审查范围。

第四，内容合法性审查。即审查行政行为依据条款的规定是否合法。在上位法有明确规定的情况下，审查行业协会规范性文件合法性的标准相对清晰，主要采用“不得与上位法相抵触”和“不得违法增加义务和减损权益”标准，即是否与法律、法规和规章等上位法规定相抵触；是否没有上位法依据，违法增加行政相对人或利害关系人的义务，或者减损其合法权益，构成侵益性条款。对于行业协会规范性文件最易涉及的行业处罚和行业准入条款，上述两项原则可被称为附带审查的“黄金准则”。[⑤]

在没有上位法规定或规定不明确的情况下，判断行业协会规范性文件的

---

① 参见李成：《行政规范性文件附带审查进路的司法建构》，载《法学家》2018 年第 2 期。

② 参见方洁、周兴：《社团规章的行政法法源性论说》，载《行政法学研究》2006 年第 1 期。

③ 王红伟、廖希飞：《行政诉讼中规范性文件附带审查制度研究》，载《行政法学研究》2015 年第 6 期。

④ 参见霍振宇：《规范性文件一并审查行政案件的调查研究——以新行政诉讼法实施后北京法院审理的案件为样本》，载《法律适用》2018 年第 20 期。

⑤ 一般而言，行业协会规范性文件不合法主要体现在以下方面：缩小了上位法规定的权利主体范围，或者违反上位法立法目的扩大了权利主体范围；限制或者剥夺了上位法规定的权利，或者违反上位法立法目的扩大了权利范围；扩大了行政主体或其职权范围；延长了上位法规定的履职期限；以参照、准用等方式扩大或者限缩上位法规定的义务或者义务主体范围、性质或者条件；违反上位法规定增设或者限缩适用条件；扩大或者限缩上位法规定的给予行政处罚的行为、种类和幅度的范围；改变上位法已规定的违法行为的性质；超出上位法规定的强制措施的适用范围、种类和方式，以及增设或限缩其适用条件；设定不符合行政许可法的行政许可，或者增设违反上位法规定的行政许可条件，等等。

合法性比较困难。一般而言，应考虑三项因素：一是上位法明确授权行业协会自由裁量，还是严格限制行业协会自由裁量？二是相关规定可能侵犯的法益类型及程度如何？是否可能对生命、健康、人身自由和信仰自由等较高法益构成严重侵犯？三是相关事实的确认是否高度依赖行业协会专业知识和经验？

第一，对行业协会的自由裁量规则可坚持如下审查尺度：在上位法设定了自由裁量范围的情况下，规范性文件不得超越该范围；在上位法已对某种法律后果的选择作出禁止规定时，规范性文件不得选择该法律后果；在上位法确立了公共行政基本原则时，规范性文件不得违背该原则。如果行业协会规范性文件违背了上述自由裁量尺度，则属于违法。

第二，对于关涉生命、健康、人身自由、信仰自由等高度价值法益或具有侵害性的条款，需要严格审查。在上位法不明，禁止规则抵触标准无法适用的情况下，应当适用禁止原则抵触标准，而非盲目尊重协会的“专业判断”[①]，即从立法目的、原则阐释、利益衡量等角度介入，考察规范性文件的制定目标是否符合公共利益需要、手段是否有助于目的的实现且是否必要、手段所欲保障的公共利益与可能侵害的个体权益之间是否具备合理性和均衡性。[②] 与上位法保障生命、健康、人身自由、信仰自由等高度价值法益基本原则相抵触的规范性文件，亦应属于违法。

第三，对于不关涉生命、健康、人身自由、信仰自由等高度价值法益或不具有侵害性（甚至具有授益性）的条款，抑或与行业治理密切相关的技术性、专业性、实务性条款，在不损害国家、社会公共利益及第三人利益的情况下，法院一般应保持一定程度的尊重，不宜过度介入。确有必要时，可借助专业第三方实现有效的附带审查，如按照法定程序选聘相应领域专家担任陪审员，邀请专家举行“专家论证会”或提交“专家意见书”等。[③] 由此，尊重行业协会专业判断和探究规范性文件内容理性并不冲突，可以并存。

另外，法官进行附带审查容易陷入两种思维泥淖：一是立足于审查的

---

① 参见李成：《行政规范性文件附带审查进路的司法建构》，载《法学家》2018 年第 2 期。

② 参见霍振宇：《规范性文件一并审查行政案件的调查研究——以新行政诉讼法实施后北京法院审理的案件为样本》，载《法律适用》2018 年第 20 期。

③ 参见朱远军：《论行政规范性文件司法审查的缺位》，载中华人民共和国最高人民法院行政审判庭编：《行政执法与行政审判》（总第 76 集），中国法制出版社 2019 年版，第 67 页。

"起点"，从法条主义出发，仅关注文件的规范面向，严格按照法律规则进行审查；二是立足于审查的"终点"，从后果主义逆推，仅关注文件的事实面向，考虑文件的政策性价值和社会效应，并反制附带审查的思路。[①] 显然，二者均不可取。对行业协会规范性文件的审查既要考虑规范层面的概念建构和逻辑自洽，也要考虑行业协会制定该文件的政策背景，以及司法裁判可能引起的社会效应，不能将法律规范要求和法律规范外的事实和价值考量肢解开来。

余论

除本文讨论的问题，如何细化整体程序设计、完善事后处理手段、强化制度配套措施也是构建行业协会规范性文件附带审查制度的重要课题，有待进一步研究。

（作者单位：重庆市江北区人民法院）

① 参见周乐军：《规范性文件司法审查的"后果考量"及其补充规则》，载《安徽大学学报（哲学社会科学版）》2020 年第 2 期。

超龄劳动者工伤认定问题研究

吴林轶

超龄劳动者即超过法定退休年龄但仍在用人单位工作的劳动者，他们是我国新增劳动力供给之一，但受限于教育水平、职业技能等因素，大多在建筑、环卫、安保、家政等行业就业，而这些行业中工伤事故对劳动者造成的伤害带有一定普遍性。超龄劳动者的工伤认定问题历来是理论界关注的焦点，也是行政执法和司法实践的难点。本文就此问题进行研究，以求能给我国立法、行政执法和司法实践提供可供参考的解决方案。

一、发现冲突：超龄劳动者工伤认定权益保护的规范考察

根据《工伤保险条例》的规定，认定工伤的前提是职工和用人单位存在合法劳动关系。就超龄劳动者而言，因其已超过法定退休年龄而享有退休权，那么是否还享有合法劳动权、能否和用人单位建立合法劳动关系，就成为研究其工伤认定权益的一个不容回避而且需要首先探明的问题。

（一）超龄劳动者的合法劳动权应受法律同等保护

劳动权是人权的重要内容之一，所有劳动者的合法劳动权都应当得到平等保护。我国宪法对劳动权作了原则性、根本性立法，宪法的下位法如劳动法、劳动合同法等根据宪法规定也分别作了配套立法，形成了一定的保护体系。从我国《宪法》第四十二条第一款规定看，劳动既是我国公民的宪法权利，也是我国公民的宪法义务。就劳动的权利一面而言，法律应当是保护性限制，而非限制性保护。《劳动法》第十五条第一款规定禁止用人单位招用未满 16 周岁的未成年人，即是为了保护未成年人合法权益而对未成年人劳动权作了一定保护性限制。纵观我国有关劳动权保护的所有法律法规，并未对超龄劳动者劳动权作出任何限制性规定。非但如此，1996 年《老年人权益保

障法》还充分体现出鼓励老年人积极参加劳动的立法旨趣。因此，超过法定退休年龄的我国公民具有合法劳动权，其劳动权益理应得到和适龄劳动者同等的保护。

（二）排除劳动关系认定的法律法规、司法解释及规范性文件

基于我国的退休制度，我国《劳动合同法》及其实施条例，还有最高人民法院相关司法解释，则对超龄劳动者与用人单位之间的劳动关系作出了排除性规定。

1. 立法。《劳动合同法》第四十四条第一款第二项规定："有下列情形之一的，劳动合同终止：……（二）劳动者开始依法享受基本养老保险待遇的……"该规定将享受基本养老保险待遇的超龄劳动者排除在劳动关系法律保护之外。而作为细化《劳动合同法》实施问题的《劳动合同法实施条例》，在其第二十一条中连超龄劳动者是否享受养老保险待遇都不再考虑，而是硬性规定"劳动者达到法定退休年龄的，劳动合同终止"。

2. 司法解释。2010 年《最高人民法院关于审理劳动争议案件适用法律若干问题的解释（三）》（以下简称《劳动争议解释三》）第七条规定："用人单位与其招用的已经依法享受养老保险待遇或领取退休金的人员发生用工争议，向人民法院提起诉讼的，人民法院应当按劳务关系处理。"则是在法律适用层面进一步固化了劳动合同立法关于超龄劳动者不能和用人单位建立合法劳动关系的规定，将用人单位与其招用的已经依法享受养老保险待遇或领取退休金的人员的用工争议"按劳务关系处理"。2020 年 12 月最高人民法院根据《民法典》出台的《最高人民法院关于审理劳动争议案件适用法律问题的解释（一）》，在第三十二条第一款中仍然沿用了 2010 年《劳动争议解释三》第七条的规定，内容基本未作更改。

3. 规范性文件。负责全国工伤认定行政职能的人力资源社会保障部于 2019 年 7 月 24 日，针对十三届全国人大二次会议第 6979 号中关于撤销《劳动合同法实施条例》第二十一条的建议，作出人社建字〔2019〕37 号《人力资源社会保障部对十三届全国人大二次会议第 6979 号建议的答复》，在该答复中，人社部认为："劳动合同法实施条例第二十一条的规定，主要考虑是：劳动者达到法定退休年龄，不再符合劳动法律法规规定的主体资格，即不具备建立劳动关系的条件，劳动合同自然终止……但由于我国劳动法律法规对

劳动者权益的保障是建立在劳动关系的基础上，司法实践中，为保障超龄劳动者的权益，特别是妥善解决职业伤害问题，导致了对超过法定退休年龄但未享受基本养老保险待遇的劳动者与用人单位之间的法律关系认定不一致的问题……我部也在积极与最高人民法院交换意见，拟对此问题加强裁审衔接。为了更好地保障超龄劳动者的权益，尽可能避免裁审衔接不畅问题，我部《关于执行〈工伤保险条例〉若干问题的意见（二）》明确，符合一定情形的超龄劳动者，由用人单位承担工伤保险责任，但未明确超龄劳动者和用人单位存在劳动关系。下一步，我们将加强对此问题的研究，适时向立法机关提出完善劳动合同法律制度的建议，以更好地保障超龄劳动者的合法权益。”

（三）凸显的冲突

1. 现有法律法规体系下劳动权和退休权的冲突。劳动关系与劳务关系最本质的区别在于是否具有从属性，如果超龄劳动者自愿与用人单位建立劳动关系，接受用人单位的管理和安排从事劳动，并获取劳动报酬，那么就完全符合劳动关系的特征，应当被认定为合法劳动关系。而根据前述劳动合同立法及司法解释，公民达到法定退休年龄，就不能再和用人单位建立合法劳动关系，这样，遭受事故伤害的超龄劳动者申请认定工伤就有了一个难以逾越的障碍，即无法证明与所在单位存在合法劳动关系，难以纳入劳动法的保护范畴，自然也不能再享有基于弱势地位而受到的劳动者工伤保险权益保护。虽然最高人民法院司法解释的用语表述是“按劳务关系处理”，但仍然不可避免地和超龄劳动者合法劳动权保护的法律规范产生了冲突。

2. 冲突的法理分析。首先，劳动自治作为意思自治在劳动关系领域的反映，体现了劳动权的契约自由，应允许符合劳动伦理的劳动力自由交易行为，在宪法和劳动法未作禁止性规定的情况下，国家应当尊重并保护超龄劳动者的劳动需求和用人单位招用超龄劳动者的用工自由。其次，对弱势劳动群体提供倾斜性保护是劳动权分配的一个重要原则。我国超龄劳动者尤其是60岁以上的农民之所以再就业，更多是出于维持自身生存和改善生活条件的考量，不应排除其劳动权的行使，其与适龄劳动者相比在劳动法律关系中地位更为弱势，应受到与适龄劳动者同样的法律保护，其因劳动而引发的工伤认定权益不能因年龄变化而受到限制。最后，基本养老保险待遇和工伤保险待遇可以兼得，工伤保险和基本养老保险是分别针对劳动者不同侧面的保护，超龄劳动者因工伤亡的，工伤保险待遇与基本养老保险待遇当然可以兼得。以劳动者已经享受基本养老保险待遇为由，将其拒之劳动法调整范围之外，显然不合法理。且不说超过法定退休年龄的农民工，即使是返聘的职工，也不应本末倒置地认为享受基本养老保险待遇是认定劳动关系的制约条件。综上，现行劳动合同立法和司法解释对超龄劳动者不能与用人单位建立合法劳动关系的规定，已经成了对公民劳动权这项宪法权利的不当限制。

二、能动填补：超龄劳动者工伤权益保护指引

超龄劳动者在工作中遭受事故伤害后寻求行政救济、司法救济是一种理性化选择，在法律规范存在冲突的情况下，最高人民法院和行政机关针对该问题陆续作出相应的裁判和行政处理指引。

（一）最高人民法院的三个答复

最高人民法院行政庭自2007年以后，陆续针对重庆、山东、江苏高级法院关于超龄劳动者工伤认定权益保护的具体案件法律适用请示进行了答复。其中，2007年答复是针对现工作单位已经为受聘的离退休人员缴纳工伤保险费的情况，认为应当适用《工伤保险条例》。2010年和2012年答复针对的则是超龄务工农民，回避了前述劳动合同法律法规、司法解释中关于超龄务工农民与用工单位之间能否成立劳动关系的规定，而是直接给出“应当适用《工伤保险条例》”的结论性意见。我们认为，上述答复是最高人民法院为了保护弱势群体、解决超龄劳动者工伤认定权益保护问题，不再纠结于劳动关系还是劳务关系的区分，明确对相关情形适用《工伤保险条例》，属于准用性规定，充分体现了主观能动性和司法智慧。

（二）工伤行政执法新动向

《工伤保险条例》颁布实施后，全国不少地方也结合本地情况细化了实施规定，从公开查询的资料看，其中根据劳动合同法及实施条例的规定，不认定超龄劳动者与用人单位成立劳动关系，从而不支持超龄劳动者因工伤亡适用《工伤保险条例》的有江苏、辽宁、河南、宁夏、重庆、广东、浙江、青海等地。

但在最高人民法院行政庭有关答复下发后，部分地方对于超龄劳动者工伤认定权益的行政执法态度开始有所变动，如青海省政府2014年《关于修改

部分省政府规章的决定》中将2011年《青海省实施〈工伤保险条例〉办法》第十八条明确不支持适用的条款规定删除。重庆市人社局于2015年印发通知，明确对于没有享受养老保险待遇和没有办理退休手续的超龄劳动者，由用人单位按照《工伤保险条例》承担用工主体责任。江苏省人社厅于2016年将之前规定对超龄劳动者不适用《工伤保险条例》的意见予以废止。

三、分歧依旧：工伤认定及相关问题的司法实践

虽然最高人民法院和行政机关陆续对超龄劳动者工伤认定问题作了一定的调整，但具体实施情况如何还需要进行实证考察。

（一）对民事裁判的考察

在工伤认定行政实务中，人社部门为规避自身对超龄劳动者和用人单位之间劳动关系判断的法律适用困境，往往会要求申请人通过劳动仲裁、民事诉讼途径先行确认其和用人单位之间的劳动关系。因此，在对超龄劳动者工伤认定权益保护进行行政司法考察前，有必要先就劳动关系争议的民事裁判情况进行考察。

我们依托中国裁判文书网，针对2018年、2019年两个年度高级法院层面有关超龄劳动者与用人单位劳动关系争议民事案件总计39件进行了实证考察。通过考察发现：

1. 司法认定的不统一

认为超龄劳动者和用人单位是劳动关系或事实劳动关系的16份，占到样本总量的41%；而按照《劳动争议解释三》第七条规定按劳务关系处理的23份，占到样本总量的59%。

通过对文书样本的考察，我们发现：一是虽然《劳动争议解释三》作出了规定，但全国法院范围内对于该问题的民事裁判并不统一，如广东省高级人民法院统一认定为劳务关系，而福建省高级人民法院则统一认定为劳动关系；二是同一高级法院内部不同法官对于该问题的民事裁判亦不统一，如样本库中共有江苏省高级人民法院7份裁判文书，其中3份认定为劳动关系，4份认定为劳务关系。

2. 不同的裁判理由

认定为劳动关系的典型裁判文书是（2018）鲁民再162号，其理由是：

目前劳动法和劳动合同法并未对劳动者年龄上限作出禁止性规定，曹某已超过法定退休年龄，经人介绍到招远市政公司的工地从事修路、铺设管道等工作，双方虽未签订劳动合同，但曹某从事招远市政公司安排的工作，接受其管理，双方存在劳动关系，原审判决的认定并无不当。

认定为劳务关系的典型裁判文书是（2018）粤民再100号，该案原一审、二审均认定了劳动关系，但广东省高级人民法院在再审程序中作出了相反的认定。其理由是：对于已达法定退休年龄的人员与用人单位之间的劳动争议纠纷，司法裁判既不能突破现行有效的劳动法律法规，如果没有充分理由也不能无视现行有效部门规章中有关调整养老保险等劳动保障关系的规定。因此，从现行劳动法律法规及其具体实施体系来看，无论已达法定退休年龄继续就业者是否享受基本养老保险待遇，应以认定为劳务关系为宜。

（二）对行政裁判的考察

我们依托中国裁判文书网，以超龄劳动者因超龄问题是否符合工伤认定申请受理条件或是否应当被认定为工伤为案件争议焦点的案件进行了检索，共检索出有效裁判文书样本3440份。经统计，我们发现案件数量逐年增长，除2016年增幅为11.1%外，其余年份每年增幅都在20%以上。

在总计3440份生效判决书中，法院认为人社部门应当受理超龄劳动者工伤认定申请和应当被认定为工伤的2793份，占比81.2%；认为超龄劳动者不符合工伤申请受理条件和因超龄不应当认定工伤的647份，占比18.8%。通过对这部分生效裁判文书再进行年度细分，我们发现司法机关在对待超龄劳动者工伤认定权益保护方面的裁判逐步趋向统一，生效判决书不支持保护该项权益的案件数量每年都在减少。

虽然目前全国各级法院行政审判部门关于超龄劳动者工伤认定权益的裁判尺度渐趋统一，但直至2019年仍然有31份生效裁判文书作出否定超龄劳动者工伤认定权益的裁判，其裁判依据仍然是前述劳动合同法律法规、司法解释和各地工伤认定具体规定。观点分歧主要表现在是否认定为劳动关系、如何理解“基本养老保险待调”和最高人民法院行政庭有关答复的适用性二个方面，其中是否认定为劳动关系分歧理由和前述民事裁判并无不同，不再赘述。

1. 如何理解“基本养老保险待遇”

达到法定退休年龄并已经享受基本养老保险待遇的劳动合同终止，这是现行《劳动合同法》规定。那么，在我国基本养老保险包括城镇职工基本养老保险、城镇居民养老保险、新型农村居民养老保险的情况下，城镇居民养老保险和新型农村居民养老保险是否属于“基本养老保险待遇”，不同法院的认识也不相同。一种裁判观点认为城乡居民社会养老保险属于“基本养老保险待遇”；另一种裁判观点则认为超龄劳动者所享受的新型农村居民养老保险不属于“基本养老保险待遇”。其理由是：农村居民养老保险和职工养老保险存在巨大区别，一是保障对象不同，分别是针对农村居民和城镇职工；二是农村居民养老保险是自愿参保，职工养老保险是国家强制规定；三是在如何缴费方面，前者可以自由选择不同档次，后者则由法律法规硬性规定；四是筹资来源不同，前者主要来源于政府财政，后者则主要来源于职工所在单位；五是养老金组成结构也不同。城镇居民社会养老保险和上述新型农村居民养老保险制度基本一样，这两种居民养老保险虽然和职工养老保险一样被称为“养老保险”，但其保险待遇远低于职工养老保险，不能认为是《劳动法》《劳动合同法》和《工伤保险条例》中所称的法律意义上的基本养老保险。

2. 关于最高人民法院行政庭有关答复的适用性问题

一种裁判观点认为，最高人民法院行政庭有关答复作为最高法院对下级法院的指导意见，具有普适效力，至少可以参照适用。另一种裁判观点则认为，根据最高人民法院关于司法解释工作的相关规定，这一答复并不属于司法解释，只应用于所请示的个案和与请示案件案情一致的案件，而不具有普遍适用的效力，更不能参照扩大适用。

四、妥当安放：超龄劳动者工伤认定权益保护的立体构建

如果不给予超龄劳动者基本的劳动权法律保障，其因工伤亡不能享受工伤保险认定权益，不仅违背了宪法的人权保障原则，而且损害了国家社会治理的正当性，不利于社会的和谐稳定和经济的健康发展。为彻底消弭超龄劳动者工伤认定权益法律保护冲突，必须从立法、行政执法和司法方面全面发力，才能形成对超龄劳动者工伤认定权益的立体保护。

1. 司法先行。一是对司法解释进行修订和清理，超龄劳动者工伤认定案件中的一个关键障碍是最高人民法院关于审理劳动争议案件的司法解释，如前所述，我们认为对这种情况应以劳动关系或事实劳动关系予以认定，因此

对该条规定宜予尽早废除或修订。二是制定有关超龄劳动者工伤权益保护的专门司法解释，从实证研究情况看，最高人民法院行政庭的三个答复已经成为绝大多数法院裁判此类行政案件的参考依据，但答复毕竟不是司法解释，因此可根据行政执法和司法实践中行之有效的超龄劳动者工伤权益保护经验和共识，针对该问题制定专门的司法解释。三是及时发布相关指导性案例、典型案例，给地方各级法院判决提供参照。对此，《最高人民法院关于案例指导工作的规定》明确指出，最高人民法院发布的指导性案例虽然没有法律拘束力，但是法院审理类似案件时可以作为参照。

2. 行政联动。首先，劳动关系确认权是人社部门在工伤认定程序中的法定行政权限，因此其不能回避问题和矛盾，一味将劳动关系确认权推向法院，要有宪法法律思维，参照最高人民法院的相关规定，以劳动事实为依据，准确认定劳动关系，进而作出工伤认定决定。其次，因目前社会保险经办部门并没有为超龄劳动者办理参保手续的制度设计，即便用人单位愿意为超龄劳动者缴纳工伤保险，也会因制度设计空白而无法实施。基于该现状，工伤保险费经办机构要及时增加相应征缴科目，为用人单位给超龄劳动者缴纳工伤保险提供途径，以分担企业用工风险。

3. 立法为本。在全面依法治国的大背景下，对超龄劳动者涵盖工伤保险权益在内的所有合法权益的保护，最终还应通过立法的形式纳入法治化轨道。首先是修改劳动合同法及实施条例，目前《劳动合同法》第四十四条、《劳动合同法实施条例》第二十一条是超龄劳动者工伤认定的主要法律障碍，对此，人社建字〔2019〕37 号《人力资源社会保障部对十三届全国人大二次会议第 6979 号建议的答复》也表示："……我们将加强对此问题的研究，适时向立法机关提出完善劳动合同法律制度的建议，以更好地保障超龄劳动者的合法权益。同时，我部将按照十三届全国人大常委会立法规划的要求，对已纳入第三类需要继续研究论证的'基本劳动标准'立法项目开展深入研究论证，积极推动尽早出台《劳动基准法》，为难以纳入现行劳动保障法律法规调整的劳动者的基本劳动权益保障提供法律依据……"因此，我们建议应在《劳动合同法》下一次修订时对相关规定予以删除，并增设一条解释性规定：劳动者包括与用人单位存在用工关系的任何年满 16 周岁的人。同时，还要修改《工伤保险条例》，在《工伤保险条例》中增设规定：用人单位应当为超龄劳动者缴纳工伤保险。

结语

我国现有行政执法和司法实践固然已经充分展现出对超龄劳动者工伤权益保护的倾向性态度和做法，但在解决行政争议时，也只能是在已有法律框架内采取权宜之计，避重就轻回避劳动关系这个核心问题，治标难治本。只有多管齐下，由立法机关对劳动法律作出修改和完善，国务院根据法律修改对相应行政法规作出调整，最高人民法院废除不适当的司法解释制定新的司法解释并及时发布指导性案例，才能实现对超龄劳动者包括工伤权益在内所有合法权益的切实保护，从而弥补现有社会保障制度的不足，积极应对人口老龄化加速的严峻挑战，促进经济社会健康发展。

（作者单位：郑州铁路运输中级法院）

执法重心向街道办事处下移的法律供给研究

——基于法律文本与败诉案件的分析

潘 伟　　邢 黎

【内容摘要】执法重心向街道办事处下移，是实现治理能力和治理体系现代化的重大部署。有效的法律供给是改革的内在要求，也是衡量改革成效与治理水平的重要指标。实证研究发现，执法任务向街道办事处高度集聚，但法律供给不足、供给无效等问题比较突出，衍生了法定职权与现实需求、执法任务与配套机制、专业执法与综合执法、执法规范与执法资源、社会变迁与法律滞后等矛盾。为解决上述问题，需要明确街道办事处执法资格、突出核心职能、强化繁简分流、优化立法技术，系统构建街道办事处执法的支撑体系，确保街道办事处有足够的能力应对执法重心下移改革。

【关键词】执法重心下移　街道执法　法律供给

引言

党的十九届四中全会提出，推动执法重心下移，提高行政执法能力水平。2019 年，中共中央办公厅、国务院办公厅印发《关于推进基层整合审批服务执法力量的实施意见》，提出推进行政执法权限和力量向基层延伸和下沉，强化乡镇和街道的统一指挥和统筹协调职责。整合现有站所、分局执法力量和资源，组建统一的综合行政执法机构，按照有关法律规定相对集中行使行政处罚权，以乡镇和街道名义开展执法工作。

执法重心下移，对于打通执法“最后一公里”，解决执法权配置错位的意义不言而喻。不容忽视的是，一方面，以街道为被告的行政诉讼案件数量越来越多，反映了街道治理任务越来越重；另一方面，行政诉讼中街道办事处败诉率明显高于其他行政机关。无论是行政法官还是一线执法人员，都对此颇为忧虑。如何为执法重心下移提供有效的法律供给，是实现基层治理体系与治理能力现代化必须回答的问题。法律规则与经济学在用以描述或规范人的理性选择行为方面，具有深刻的一致性。① 本文借鉴经济学领域供给结构分析的方法，分别从法律规范和败诉案件两个层面分析供给和需求，厘清街道办事处执法所面临的法律供给不足、供给无效等问题，并试图提出解决的思路。

一、规范分析：街道办事处执法的法律供给现状

关于街道办事处的立法始于1954年的《城市街道办事处组织条例》（已废止）。至2020年，以“街道办事处”“派出机关”② 为关键词，在“北大法宝”法律法规库进行全文检索，现行有效的法律、法规、规章及规范性文件达58150件，规定之多、街道职权之广泛可见一斑。按照上述方式进行检索并剔除重复文本，国家层面、J省及该省省会N市共有171部关于街道办执法的规范性法律文件，本文以此为样本进行分析，考察从中央到地方关于街道办事处执法的法律规范性法律文件供给现状。

（一）立法层级视角

在171部规范性法律文件中，涉及民政、卫生、户籍、应急、人社、计生、环境、资源等39个行政管理领域。其中，法律12部、行政法规23部、部门规章21部、省级地方性法规46部、省政府规章15部、市级地方性法规33部、市政府规章21部。地方立法的数量约为国家立法的2倍，特别是2010年以后，地方立法频率明显提高。

---

① ［美］罗伯特·考特、托马斯·尤伦：《法和经济学》，史晋川等译，上海人民出版社1994年版，第2页。

② 我国的派出机关包括行政公署、区公所、街道办事处等，但近年来实际运行的派出机关主要是街道办事处。为避免检索时遗漏法律文本，本文同时以“街道办事处”和“派出机关”为关键词搜集样本。

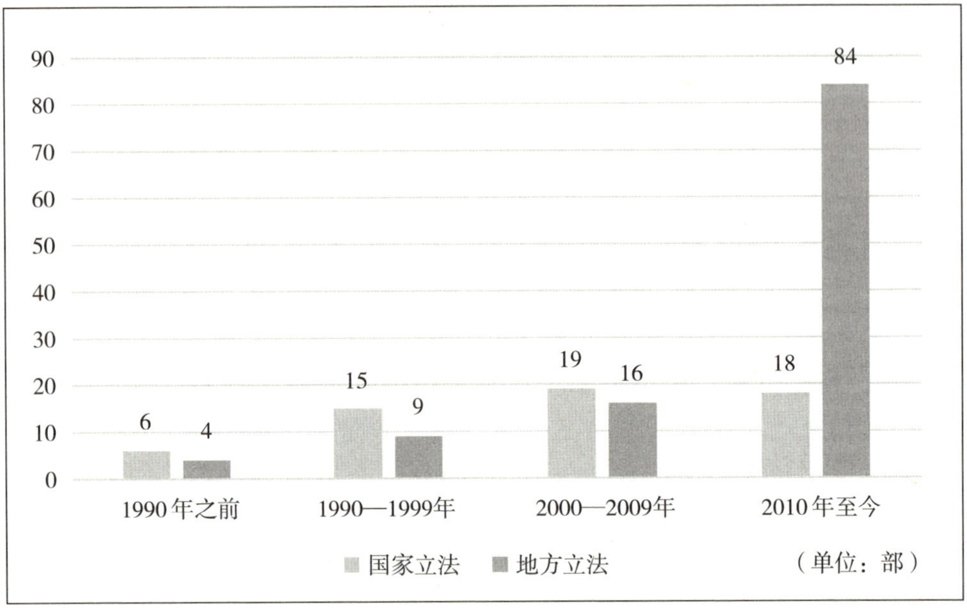

图1 涉街道办事处立法变化情况

从国家立法与地方立法的关系看，只有计划生育、安全生产、物业管理等少数领域是地方立法对国家立法的层层细化，大部分地方立法是在不断拓宽街道办事处职权范围，特别是在城市管理等领域，如《J省食品小作坊和食品摊贩管理条例》第六条规定，乡镇人民政府、街道办事处应当依照条例和上级人民政府的规定，做好辖区内食品小作坊和食品摊贩的监督管理工作。《N市城市治理条例》第七条规定，街道办事处、镇人民政府负责组织落实辖区内城市治理的具体工作。

（二）法律体系视角

以调整内容的不同进行分类，行政法体系可以分为行政法总论与部门行政法，总论又可分为行政组织法、行政行为法、行政救济法。在本文考察的样本中，有6部行政组织法、1部行政救济法，其余164部均为部门管理法，形成了以部门管理法为绝对主体的法律体系。

行政组织法与部门管理法的强烈反差不仅体现在数量上，更体现在内容上。《地方各级人民代表大会和地方各级人民政府组织法》（以下简称《地方组织法》）关于街道办事处仅有一个条文，即第六十八条第三款规定“市辖区、不设区的市的人民政府，经上一级人民政府批准，可以设立若干街道办事处，作为它的派出机关”，只解决了街道办事处机构设置的合法性，而没有规定其职权范围及运行方式，在实践中，《地方组织法》难以为街道执法提供直接的法律依据。

（三）职权类型视角

依行政样态、内容及目标之不同，行政可以分为干预行政与给付行政，二者受法律保留原则约束程度不同。[①] 在本文采集的样本中，干预类行政职能共73项，主要涉及计划生育、市容管理、物业管理等方面，占42.69%；给付类行政职能共68项，主要涉及民政、应急、教育、未成年人保护等方面，占39.77%；此外，还有30项职能对行政相对人权利义务不直接产生实际影响，如出具证明以及组织经济普查、人口普查等宏观行政职能，占17.54%。

需要说明的是，街道办事处干预性质的行政职权所占比例虽然较多，但大多没有强制力，立法上使用“帮助”“协助”“配合”“指导”等不具有强制力的表述多达47处，如《安全生产法》第九条第三款规定“协助人民政府有关部门或者按照授权依法履行安全生产监督管理职责”，《人口计划管理暂行办法》第十七条规定“乡、镇人民政府和城市区人民政府的街道办事处负责指导村民（居民）委员会的人口计划管理”等。

（四）职权独立性视角

街道办事处职权主要由部门管理法规定，故其与其他行政主管部门的关系，是考察街道办事处职权体系的重要视角。按照职权是否独立及独立程度的不同，对搜集的171部立法进行分类，可分为以下五种情形：一是独立型，即街道办事处独立行使职权，共48项，占28.07%，主要包括市容管理、计划生育、环境资源保护、对妇女、儿童等特殊群体的保护等职能。二是共治型，即在确定主管部门的同时，规定街道办事处按照“属地管理”负责其辖区内的监管职责，共55项，占32.16%。三是协助型，即街道办事处协助其他行政机关履行行政管理职责，如协助安全生产管理、噪声防治、消防等，共41项，占23.98%。与共治型职能不同的是，协助型职能不以街道的名义作出行政行为。四是过程型，即街道办事处负责接收申请、初步审核等过程

① 参见翁岳生主编：《行政法》，中国法制出版社2002年版，第29—31页。

性行为，主管部门作出最终的行为，共 24 项，占 14.04%。五是委托型，街道办事处受委托履行行政职能，共 3 项，占 1.75%，涉及安全生产、社会抚养费征收、救灾物资管理等领域。明文规定可以委托街道办事处的例子较少，但实践中大量存在，比较常见的如房屋征收部门委托街道办事处作为征收实施单位。

表 1　街道办事处职权独立性分类

类型	立法示例	法条表述
独立型	《城市居民委员会组织法》	不设区的市、市辖区的人民政府或者它的派出机关对居民委员会的工作给予指导、支持和帮助。居民委员会协助不设区的市、市辖区的人民政府或者它的派出机关开展工作。
共治型	《J 省食品小作坊和食品摊贩管理条例》	县级以上地方人民政府食品药品监督管理部门对本行政区域的食品小作坊和食品摊贩实施监督管理。 卫生计生、工商行政管理、质量监督、城市管理行政执法、农业、环境保护、公安、民族事务等部门在各自职责范围内，承担与食品小作坊和食品摊贩有关的监督管理工作。 乡镇人民政府、街道办事处应当依照本条例和上级人民政府的规定，做好本辖区内食品小作坊和食品摊贩的监督管理工作。
协助型	《食品安全法实施条例》	乡镇人民政府和街道办事处应当支持、协助县级人民政府食品安全监督管理部门及其派出机构依法开展食品安全监督管理工作。
过程型	《自然灾害救助条例》	居民住房恢复重建补助对象由受灾人员本人申请或者由村民小组、居民小组提名。经村民委员会、居民委员会民主评议，符合救助条件的，在自然村、社区范围内公示；无异议或者经村民委员会、居民委员会民主评议异议不成立的，由村民委员会、居民委员会将评议意见和有关材料提交乡镇人民政府、街道办事处审核，报县级人民政府应急管理等部门审批。
委托型	《安全生产违法行为行政处罚办法》	安全监管监察部门根据需要，可以在其法定职权范围内委托符合《行政处罚法》第十九条规定条件的组织或者乡、镇人民政府以及街道办事处、开发区管理机构等地方人民政府的派出机构实施行政处罚。

（五）总结

综上所述，街道办事处执法的法律供给现状呈现以下特点：

一是体系庞大、数量多、层级完整，从全国人大常委会立法到市政府规章，都有关于街道办事处职权的规定，几乎触及所有行政管理领域。

二是部门管理法是街道办事处职权的主要来源。行政组织法高度稳定，《地方组织法》关于街道办事处的规定已历30余年而未修改，《N市街道办事处工作暂行规定》于1987年制定后也未曾修改。与之不同，部门管理法的立法及修订则十分活跃，街道办事处的职权范围也随之不断拓展。

三是街道办事处法定职权呈现“弱行政”特点。一般仅规定街道办事处的“职”，却很少将“权”赋予街道办事处，管理权与执法权相分离是普遍现象，不具有强制力的职能占较大比例。

四是街道办事处对其他行政主管部门的依存度高。街道办事处通过行政协助、行政委托、阶段性行为等方式与其他行政主管部门共同履职的情形占72.51%。理顺街道办事处与其他行政机关之间的衔接机制，是提高行政效能的关键。

二、实践检视：执法重心下移改革的法律需求

行政机关败诉案件是透视法治化治理水平的重要窗口。本文以N市2017年至2019年审结的190件街道办事处败诉案件为样本，检视法律供给的充分性、有效性问题。

（一）基本情况

2017年至2019年，N市共审结一审行政诉讼案件6425件，其中以街道办事处为被告的案件1056件，占16.43%，主要涉及集体土地征收、国有土地上房屋征收、民政、人社、物业管理、市容管理、城建等领域。判决行政机关败诉的生效判决712件，败诉率为11.08%。其中，以街道办事处为被告的败诉案件190件，败诉率为17.99%，占败诉案件总数的26.69%。街道办事处无论是涉诉率还是败诉率都高于其他行政机关，亟待予以重视。

纵向来看，2017年至2019年，街道办事处败诉案件分别为43件、73件、74件，在当年败诉案件占比分别为18.78%、26.35%、35.92%，无论是绝对数量还是案件占比，都呈上升之势。

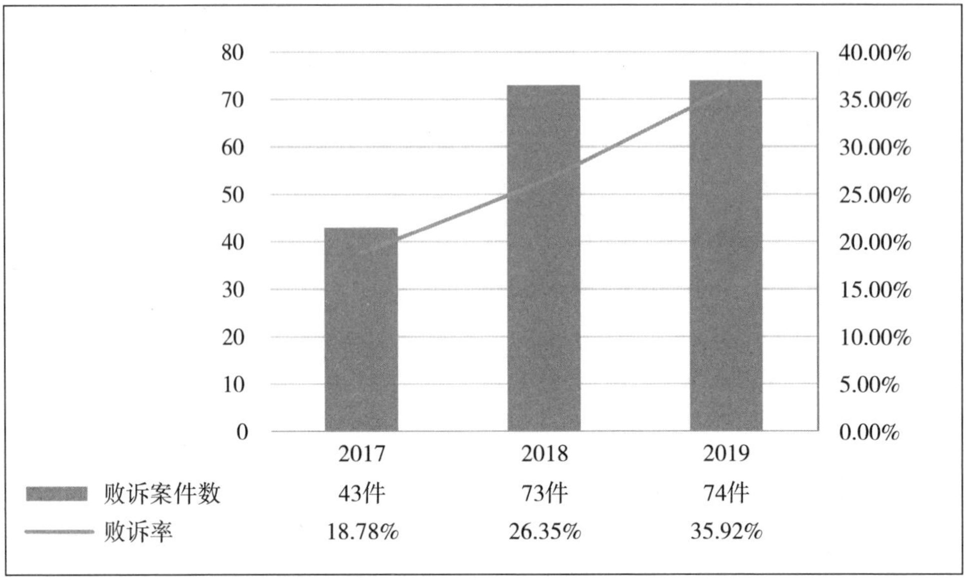

图 2　街道办事处败诉案件变化趋势

（二）败诉案件类型化分析

为准确分析街道执法面临的突出问题，本文从以下角度进行类型化分析：

1. 按照败诉原因分类。首先，超越职权或不履行法定职责是街道败诉最常见的案件类型，共 86 件，占败诉案件总数的 45.26%，包括超越职权类案件 55 件、不履行法定职权类案件 31 件，主要是超越职权拆除违法建筑、对行政给付申请不作出处理等；其次，为证据不足，共 57 件，占 30%，如进行业委会备案时未尽到审查职责、没有证据证明是在行政相对人自愿交付的情况下拆除房屋等；再次，为适用法律错误，共 31 件，占 16.32%，该类案件中，街道办事处只能提供规章以下规范性文件的现象比较突出；从次，程序违法类案件 14 件，占 7.37%，包括超过法定期限、未听取陈述申辩、执法人员不具备相应资格等；最后，还有不履行行政协议的案件 2 件。

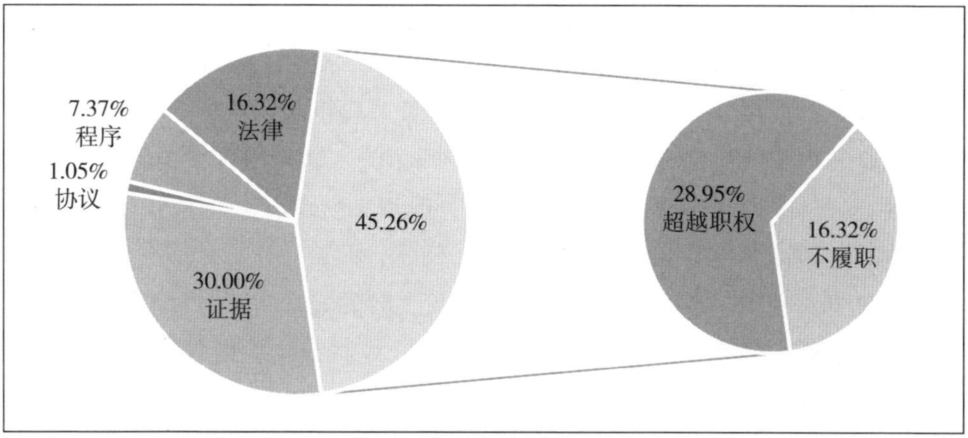

图3　街道办事处败诉原因分析

2. 按照行政管理领域分类。街道办事处败诉案件涉及面较广，涵盖城建、环境、资源、人社、民政、水利等行政管理领域，但同时也高度集中，城建类案件共152件，占败诉案件的80%，具体包括违建治理、集体土地征收、国有土地上房屋征收、物业管理、协议搬迁等。

3. 按照行为类型分类。街道败诉案件涉及行政强制、信息公开、行政补偿、行政赔偿、行政确认、行政许可、行政协议、不履行法定职责等。其中，数量最多的为行政强制类案件，共89件，占46.84%；其次为政府信息公开类案件，共46件，占24.21%；行政赔偿类案件18件，占9.47%；不履行法定职责类案件16件，占8.42%；其他类型案件比较分散。

4. 按照行政区域分类。N市11个行政区街道败诉案件数量极不均衡，从高到低分别为72件、45件、14件、12件、10件、9件、8件、7件、5件、5件。败诉案件数最多的两个区，占总数的61.58%。

（三）小结

综合上述分析，可以发现街道败诉案件主要有以下特点：

一是败诉原因和败诉领域高度集中，在没有法律、法规和规章授权的情况下强制拆除违法建设，是街道办事处败诉的主要类型。其原因是，街道办事处负责违建治理有利于提高效率，但地方政府主要以规范性文件为街道办事处设定事权，没有解决好职权依据问题。

二是行政强制类案件败诉比例较高。行政强制类案件是街道办事处涉诉的主要类型，也是其败诉的重点领域。该类案件中，街道办事处几乎完全无法提供证据和法律依据证明合法性，败诉率达 91.75%，根本原因在于法律、法规和规章未授权其实施行政强制行为，举证或提供法律依据成为无源之水。

三是败诉案件比例与城乡建设进程密切相关。易言之，城市化进程较快的地区，败诉案件也较多。以 N 市为例，近年来城市化进程最快的两个区，街道办事处败诉案件占 11 个区总数的 61.58%，而城市化比较成熟的行政区，虽然人口更为密集、行政管理事务更为繁重，败诉案件却相对较少。

四是败诉案件类型因经济社会结构而异。在城镇化程度较高的区域，败诉案件以国有土地上房屋征收、物业管理等领域为主，在城镇化程度较低的区域，则主要涉及集体土地征收、社会保障等领域，反映了法治需求与经济社会发展状况的密切关联。

三、供需矛盾：执法重心下移的法律困境

正如经济领域供需失衡容易导致国民经济不能正常运行，在执法实践中，如果不能为执法活动提供有效的法律供给，就会形成执法机关进退失据、行政相对人权益受损的局面。

（一）存在的问题

1. 职权法定与现实需求的矛盾

依法行政原则分为法律优越及法律保留二项次原则。在法律保留原则之下，行政行为不能以消极的不抵触法律为已足，尚须有法律之明文依据。[①]但是，随着信息化、城镇化、市场化进程不断加快，经济社会格局急剧调整，在维护城市秩序、改善人居环境以及制止违法行为等方面的执法需求日益增长，部门为主、多头治理的格局无法满足社会治理需要。街道办事处在发现违法行为、迅速回应执法需求等方面具有优势，却没有相应的执法权，囿于法律修订程序的复杂性，地方政府大量通过规范性文件实现执法权转移。基层部门的行政执法本质上是追求政府立场与民间态度的一致协调，即要求法律规则回应真实的生活需求，并成为人们生活内容和生活方式的一部分。[②]

---

① 吴庚：《行政法之理论与实务》，中国人民大学出版社 2005 年版，第 52—53 页。

② 王锡锌：《中国行政执法困境的个案解读》，载《法学研究》2005 年第 3 期。

超越职权执法固然不应得到支持，但不得不承认，无论是基于解决社会治理难题的考虑，还是为应对上级考核，街道办事处都有着“无法律亦需执法”的现实压力。有街道办事处在应诉时无奈表示，为了完成上级的部署，有时不得不以违法为代价完成行政任务。

2. 职权广泛与配套不足的矛盾

行政职权的行使需以行政处罚权等国家强制力为后盾。但是，街道办事处的职权常常仅限于行政检查、协助有关部门执法，而没有执法权。如《J省河道治理条例》第六条规定了街道办事处“加强日常巡查，制止违法行为”的职权，但是在法律责任一章中责令停止违法行为、作出行政处罚、吊销行政许可等执法权均授予县级以上地方人民政府行政主管部门，令人困惑街道办事处如何制止违法行为。类似立法例不一而足，形成了法律规定多、有效供给少的局面。

3. 专业执法与综合执法的矛盾

随着执法重心下移，街道办事处的执法任务广泛涉及城管、环保、安监、交通、违建治理、食品安全等领域。在违法建设、市容管理等执法领域，便于发挥街道办事处属地管理的优势，但是，在食品安全、环境资源保护、安全生产等专业性强、技术标准多的领域，更需要条线指导强化专业执法，街道办事处并不具备执法优势，而且可能导致同一事项在不同街道之间有不同执法标准，过分割裂法律的统一性，形成制约经济社会发展的行政壁垒。

4. 执法规范与执法资源的矛盾

程序缺失、效率不高、执法人员资格等问题一向是基层执法备受诟病的问题。究其原因，既有法治观念、人员素质、考核导向等主观因素，也有执法资源的客观限制。“上面千条线，下面一根针”是对街道办事处事多人少现状的经典描述。街道办事处职能涉及39个行政管理领域，几乎是“有管理即有街道”，再加上规范性文件下派的行政任务，执法压力在街道层面聚集，如北京市政府出台《关于向街道办事处和乡镇人民政府下放部分行政执法职权并实行综合执法的决定》，下放超过400项执法权。然而，上级部门下放事权时，优质执法资源未必能够同步下放，街道办事处事多人少问题十分突出，兼顾规范与效率成为执法难题。

5. 社会变迁与法律滞后的矛盾

在街道办事处败诉案件中，有两类案件日益增多——一是协议搬迁引起的纠纷，二是物业管理引起的纠纷。前者是指在征地方案获批前先行通过协商完成搬迁、土地房屋交付等程序，提高征地效率；后者是随着城市化发展，居民自我管理意识不断强化后的产物。两者都是随着城市化产生的新类型案件，很多问题在现行法律框架下难以找到答案，行政机关不知如何行政或者违法行政。例如，在《最高人民法院关于审理行政协议案件若干问题的规定》颁布前，行政相对人不履行协议的情况下，行政协议没有强制执行力，行政机关又无法提起诉讼解决争议。有的街道办事处在无法解决僵局的情况下为完成任务实施强制拆除被判决败诉，不仅没有实现公私合作新治理模式的效果，反而激化了社会矛盾。该司法解释颁布后，明确了行政机关可以向法院申请强制执行，以强制搬迁等方式促使行政相对人履约的案件大幅减少，体现出充分有效的法律供给对于依法行政的助推作用。

（二）原因剖析

1. 行政组织法体系不完善。《地方组织法》没有规定街道办事处的具体职权及运行方式，产生以下影响：一是影响执法权威。学界对街道办事处执法资格问题争论不休，即使通过地方立法解决执法资格问题，也有学者认为面临与《行政处罚法》相矛盾的问题。[①] 二是职权碎片化。通过部门管理法规定街道办事处的职权，有利于将职权与具体的执法情境相融合，强化立法的针对性，但缺点是街道职权散见于各类规定，难以清晰把握。三是职权不稳定性。从全国人大立法到市级政府规章，以及不计其数的规范性文件，都实际发挥着调整街道办事处职权的作用。街道办事处需不断调整执法体制以适应改革，行政相对人则难以知悉哪些公法上的权利可以向街道办事处主张。

2. 部门立法格局的局限性。部门立法不可避免地带有部门本位色彩，表现在职权分配上，则是街道办事处承担属地管理责任，执法权由县级以上人民政府职能部门行使。部分地方存在机械化或简单化倾向，将“重心下移”想当然地理解为责任与任务的下派，把各类公共管理、公共服务和公共安全事务一刀切，都甩给街道乡镇。[②] 一定程度上出现了街道办事处职权无序扩张、区县政府部门从执法者变成监督者的趋势。

3. 执法程序繁简分流机制不足。目前的执法程序问题可谓规范不足与简

---

① 参见王敬波：《相对集中行政处罚权改革研究》，载《中国法学》2015 年第 4 期。

② 金国坤：《基层行政执法体制改革与〈行政处罚法〉的修改》，载《行政法学研究》2020 年第 2 期。

化不足并存。一方面，重实体、轻程序的倾向比较明显，如在违建治理活动中，不听取行政相对人的陈述申辩，在复议诉讼期限尚未届满的情况下就实施强制拆除；另一方面，执法规范化要求与行政效率之间存在紧张关系，主要是简易程序适用范围过窄，“执法人员不得少于两人”等程序性规定与高度集聚的执法任务不相适应。

4. 立法技术不够成熟。2015 年《立法法》修改后，为地方赋予更大的立法空间。但是，地方立法的功能没有得到充分发挥，不同程度上存在针对性不足、实用性欠缺等问题。比如，对于违法建设等城市治理比较迫切的需求，地方立法并没有很好地进行回应，没有法律规定或者规范比较宽泛。又如，立法中“负责”“组织”“相关工作”等抽象模糊概念较多，没有发挥明确具体职责、为执法活动提供指引的作用，在行政管理与司法实践中容易产生争议。如《J 省物业管理条例》第十五条规定了街道办事处“组织成立首次业主大会筹备组”的职责。有街道办事处在应诉时提出，“组织”是一个宽泛的、综合性行为的统称，难以把握组织到何种程度才属于履行了法定职责。

四、制度构建：执法重心下移的法律保障

强化法律供给，是确保重大改革于法有据，实现街道执法能力与执法体系现代化，落实执法重心下沉改革的应有之义。目前来看，可以从执法资格、职权范围、程序管控、立法技术等方面立体构建街道办事处执法的法律保障体系。

（一）完善组织法明确执法资格

行政组织法未受到充分重视并非我国的独特现象，在德国、日本及我国台湾地区也存在类似现象。主要原因是传统观点认为行政组织法规不具有法律效力，只有内部法效果。[①] 与域外相比，我国街道办事处职权更为宽泛，通过规范性文件下放的执法任务尤其多，如果放任街道办事处职权非制度化增长，将产生新一轮的执法权配置错位，影响行政权整体运行的有效性。

行政组织法应当发挥职权下放的“总阀”作用，一方面，要在组织法上

---

① 参见黄锦堂：《行政组织法之基本问题》，载翁岳生主编：《行政法（上册）》，中国法制出版社 2009 年版，第 306 页。

明确街道办事处的执法主体资格，为具体领域的授权预留空间，避免街道办事处有无执法资格等争议削弱其执法正当性，影响执法效率。另一方面，要建立执法权移转秩序，明确可以由街道办事处行使的执法权范围，可以采取国家立法概括授权、地方立法具体划定范围的模式，以契合地方治理的需要。同时，为避免执法体制碎片化以及执法重心下移异化为“甩包袱”，可以规定向街道移转职权需经上级政府或主管部门同意，以强化制度的整体性、协同性。

（二）围绕街道执法优势整合核心职能

街道执法有“三利三弊”，“三利”在于：一是便于解决多头执法、重复执法问题；二是在发现违法行为、执法需求方面更具效率；三是具有离服务对象最近的区位优势。“三弊”在于：一是专业性不足；二是调度资源的能力有限；三是规范意识相对较弱。

厘清利弊，是确定执法权移转范围、解决无序扩张问题的关键。在向街道移转职权时，需注意扬长避短，而不能将执法重心下移作为“万灵丹”。政府职能一般可分为政治职能、经济职能、文化职能、社会职能。在通常情况下，层级越高的政府，其政府职能中的政治职能更为凸显；层级越低的政府，其政府职能中的社会职能更为凸显。① 街道办事处作为最基层的政府机构，可以围绕“社会职能”构建其职权体系。在给付行政中，可以考虑在最低生活保障、社会救助、养老服务等领域赋予街道对特定事项的终局处理权，而不仅是接收申请、协助核实情况等辅助性职能，以减少程序性流转，通过提升效率增加行政相对人的获得感；在干预行政方面，应当聚焦市容管理、违建治理、环境卫生等量大面广、直观易发现、专业技术程度较低而执法效率要求高的领域，食品安全、资源保护、城市规划、安全生产等执法的专业性、统一性要求较高的领域，则应以行业主管部门监管为主，否则街道将不堪重负，也无法适应社会发展带来的专业分工日益细化趋势。

（三）规范程序与繁简分流并重

在公共生活中，以程序控制权力的恣意与专横，已被视为实现“有节度的自由、有组织的民主、有保障的人权、有制约的权威、有进取的保守”这

---

① 徐勇：《地方政府学》，高等教育出版社2005年版，第107页。

样一种社会状态的最重要的基石。[1] 我国在国家层面没有统一的行政程序法，行政程序主要由行政处罚法、行政强制法等行政行为法规定。从世界范围来看，为克服传统行政法治主义机械、僵化的弊病，有效回应行政任务日渐多元、复杂的客观需求，大量灵活、简便的非正式行政行为得到广泛应用。[2] 我国也不例外，行政协议、行政指导、约谈等未型式化的行为随着政府管理方式创新而日益增多，其程序无法纳入行政行为法调整范围。江苏、湖南、西安等省市制定政府规章对行政程序进行统一规范，取得了较好的效果，也为国家层面立法积累了经验，如果条件尚不成熟，也可以由地方性行政程序法规、规章将执法程序统一纳入法律规范范围。

同时，为保障街道办事处有限的资源有效承接执法重心下移，还应当对违法事实清楚、证据确凿、法律关系简单的案件扩大简易程序适用以释放基层执法活力。行政处罚法层面，建议将“对公民处以五十元以下、对法人或者其他组织处以一千元以下罚款或者警告”的简易程序标准，扩大到“对公民处以二百元以下、对法人或者其他组织处以五千元以下罚款或者警告”。行政强制法层面，基层执法面临执法频次高、执法对象流动性强、重复违法成本低等问题，亦有必要区分执法对象进行繁简分流。如强制拆除广告牌等比较零散琐碎的执法活动、拆除正在建设中的违建等，如果机械适用《行政强制法》第四十四条，执法效率将大受影响，行政相对人也只是无谓增加成本，可以借鉴行政处罚法的思路，建立行政强制领域的简易程序制度。

（四）充分发挥地方立法优势

美国社会学家威廉·M. 埃文认为，只有具备以下几方面的主观和客观条件，法律供给才能有效地影响人的行为以至观念：（1）制定法律的机构必须具有权威性；（2）表述新法的基本原理必须与已形成的文化和法的原则保持一致和连续性，法必须适合社会文化假说和被普遍接受的法的发展模式；（3）必须弄清法要求的新行为模式的性质和意义，强调法的目的必须是实际的而不是空想的；（4）对现代社会复杂的工商业惯例实行改革时，应给予充分的时间以便适应这种变化过程，从而使法更好地发挥促进功能、减少破坏

---

① 熊文钊、史艳丽：《试论行政组织法治下的行政体制改革》，载《行政法学研究》2014 年第 4 期。
② 章志远：《当代中国行政行为法理论发展的新任务》，载《学习与探索》2018 年第 2 期。

性作用。[①] 随着我国经济社会日新月异的发展以及行政体制的不断深化改革，形成了明显的地区差异和多样化治理模式，仅在N市范围内，不同行政区的案件结构就存在明显差异，可以想见全国各地执法实践和执法需求的差异。因此，要充分发挥地方立法因地制宜的优势，及时回应城市治理的实际需求，将执法体制改革的成果转化为法律制度，改变规范性文件单兵突进、街道办事处陷入两难的局面。同时，要提升地方立法的精细化水平，从笼统规定街道办事处职权，转变为对具体事务、执法手段、行政程序、监督机制的全方位规范。

结语

"郡县治，天下安"，我国自古以来就高度重视基层治理。街道办事处职能历经演变，已逐渐成为基层治理的重要主体，特别是在执法重心下移改革中，街道办事处治理能力和治理体系化成为实现国家治理能力和治理体系现代化的基础性工程。目前碎片化、无序化、疲弱化的街道办事处职权体系已无法适应执法体制改革的需要，急需强化法律供给，解决"小马拉大车"问题，确保街道办事处有足够的能力适应改革、推动发展。

（作者单位：江苏省南京市江北新区人民法院）

① ［英］罗杰·科特威尔：《法律社会学导论》，彭小龙译，中国政法大学出版社2015年版，第67—69页。

案例分析

学生就高校行为申请行政复议的裁判规则

章文英　任海霞

【裁判要旨】

我国的高校有多种类型，如普通高等学校、“独立学院”、特定单位具有颁发学位资格的内设机构等。学生对高校行为不服能否申请行政复议或提起行政诉讼，仍存在较大争议。争议的解决，关键在于正确理解普通高等学校的定位、高校与教育主管部门之间、行政复议与行政诉讼之间的法律关系。

【案号】

一审：北京市第一中级人民法院（2019）京01行初1109号。

二审：北京市高级人民法院（2020）京行终1374号。

再审：最高人民法院（2021）最高法行申214号。

【案情】

再审申请人（一审原告、二审上诉人）：张某某。

被申请人（一审被告、二审被上诉人）：中华人民共和国教育部（以下简称教育部）。

2019年5月29日，再审申请人张某某向中国地质大学（北京）提交履行法定职责申请书，请求中国地质大学（北京）对晚发毕业证、学位证导致其人身权利（健康权利、就业权利）受到的损害予以保护。2019 年 8 月 16 日，张某某向教育部提交行政复议申请书，请求：1. 确认中国地质大学（北京）不依法履行法定职责违法；2. 责令中国地质大学（北京）依法履行法定职责，对晚发毕业证、学位证的行政侵权导致其人身权利（健康权利、就业权利）受到的损害予以保护。8 月 21 日，教育部作出《教育部不予受理行政复议申请决定书》（教复不字〔2019〕45 号，以下简称被诉复议决定），载明：经审查，中国地质大学长城学院（以下简称长城学院）为中国地质大学（北京）与保定贺阳教育投资有限公司合作开办的独立学院，是由河北省教育厅主管的高等学校，现已更名为保定理工学院。长城学院是独立颁发学位证书、学历证书的办学主体，张某某作为长城学院学生，向与其毕业证、学位证颁发无法律上利害关系的中国地质大学（北京）提交履行法定职责申请书于法无据。中国地质大学（北京）是否答复其申请，都不会对其合法权益产生实质影响。同时，中国地质大学（北京）不是行政机关，根据《行政复议法》第二条之规定，张某某提出的行政复议申请不属于行政复议受理范围。综上，根据《行政复议法》第二条、第六条、第十七条及《行政复议法实施条例》第二十八条第一项、第五项之规定，决定不予受理。

【审判】

北京市第一中级人民法院一审认为，鉴于张某某对教育部作出被诉复议决定的程序没有异议，经审查，对教育部作出被诉复议决定的程序合法性予以确认。当事人提出行政复议申请，应当符合法定受理条件。根据《行政复议法实施条例》第二十八条第六项的规定，“属于收到行政复议申请的行政复议机构的职责范围”是行政复议申请得以受理的必要条件之一。本案中，张某某以中国地质大学（北京）为被申请人向教育部提出行政复议申请。《高等教育法》第三十条第一款规定，高等学校自批准设立之日起取得法人资格。该法第三十二条规定，高等学校根据社会需求、办学条件和国家核定的办学规模，制定招生方案，自主调节系科招生比例。中国地质大学（北京）不是一级行政机关，而是依据上述法律规定享有办学自主权的高等学校，是从事高等教育工作的法人。教育部并不直接管理中国地质大学（北京），不是《行政复议法》第十五条规定的直接管理法律、法规授权的组织的国务院部门。因此，教育部并非张某某所提行政复议申请的适格行政复议机构，该行政复议申请不符《行政复议法实施条例》第二十八条第六项的规定，教育部决定不予受理并无不当。张某某要求撤销被诉复议决定的诉讼请求，缺乏事实和法律依据，不予支持，遂判决驳回张某某的诉讼请求。张某某不服，提起上诉。

北京市高级人民法院二审认为，根据《行政复议法实施条例》第二十八条第六项的规定，行政复议申请应当属于收到行政复议申请的行政复议机构的职责范围。本案中，张某某以中国地质大学（北京）为被申请人向教育部提出行政复议申请。《高等教育法》第三十条第一款规定，高等学校自批准设立之日起取得法人资格。该法第三十二条规定，高等学校根据社会需求、办学条件和国家核定的办学规模，制定招生方案，自主调节系科招生比例。中国地质大学（北京）不是一级行政机关，而是依据上述法律规定享有办学自主权的高等学校，是从事高等教育工作的法人。教育部并不直接管理中国地质大学（北京），不是《行政复议法》第十五条规定的直接管理法律、法规授权的组织的国务院部门。因此，教育部并非张某某所提行政复议申请的适格行政复议机构，该行政复议申请不符合《行政复议法实施条例》第二十八条第六项的规定，教育部决定不予受理并无不当。综上，一审法院所作判决正确，应予以支持，对张某某的上诉请求不予支持，遂判决驳回上诉，维持一审判决。

张某某不服一、二审行政判决，向最高人民法院申请再审。

最高人民法院裁定驳回张某某的再审申请。

【评析】

张某某对独立学院的颁发学位证书行为不服，要求普通高等学校对独立学院的行为进行处理，之后因对处理行为不服向教育部申请行政复议，再对复议决定不服而提起行政诉讼。本案属于典型的涉高校行政争议的案件，但相比于其他对普通高校直接提起行政诉讼的案件，本案的法律关系更为复杂。主要表现在两个方面：一是主体更多。除普通高等学校外，还涉及独立学院。二是程序更多。除提起行政诉讼外，还涉及行政复议程序。妥善解决本案争议，必须理顺不同主体之间的法律关系，以及正确理解行政复议与行政诉讼制度的区别与联系。

一、普通高等学校与独立学院之间的法律关系

根据《高等教育法》第十八条规定，高等教育由高等学校和其他高等教育机构实施。大学、独立设置的学院主要实施本科及本科以上教育。高等专科学校实施专科教育。经国务院教育行政部门批准，科学研究机构可以承担研究生教育的任务。其他高等教育机构实施非学历高等教育。普通高等学校主要是指实行普通高等教育的普通学校，包括普通本科高等学校、普通高等职业学校、普通高等专科学校。普通高等学校实施普通高等教育的教育机构主要有：大学和学院、职业技术大学、职业技术学院、高等专科学校、独立学院等。根据隶属关系不同，高校可分为地方所属高校和中央部属高校。前者是指归当地政府（包括地市级或省级人民政府或教育行政主管部门）管理的高校，后者是指国务院组成部门及其直属机构在全国范围内直属管理的高校。本案同时涉及大学和独立学院，需进一步研究二者之间的关系，其中难点在于独立学院的界定。根据教育部2008年发布实施的《独立学院设置与管理办法》第二条、第三条第一款之规定，独立学院是指普通高等学校与国家机构以外的社会组织或者个人合作，利用非国家财政性经费举办的实施本科学历教育的高等学校，是民办高等教育的重要组成部分。第六条规定，国务院教育行政部门负责全国独立学院的统筹规划、综合协调和宏观管理；省级教育行政部门主管本行政区域内的独立学院工作。第二十五条第一款规定，独立学院设立理事会或者董事会，作为独立学院的决策机构。第四十四条第二款规定，参与举办独立学院的普通高等学校，应当按照合作办学协议和国家有关规定，对独立学院的教学和管理工作予以指导。2020 年 5 月，教育部办公厅发布了《关于加快推进独立学院转设工作的实施方案》，针对不同区域、不同类型、不同模式的独立学院，确定了三种转设路径：转为民办普通本科高校、转为独立设置的公办普通本科高校或终止办学。截至 2021 年 1 月 26 日，全国独立学院共有 186 所。本案中的中国地质大学（北京）长城学院，系由中国地质大学（北京）与保定贺阳教育投资有限公司合作开办的独立学院，属于由河北省教育厅主管的高等学校。根据前述规定，中国地质大学（北京）长城学院已更名为保定理工学院，属于独立颁发学位证书、学历证书的办学主体，其与中国地质大学（北京）同属中国高等教育的重要组成部门，其主管单位为所在地的教育主管部门，即河北省教育厅，其与中国地质大学（北京）属于被指导与指导的关系，即中国地质大学（北京）对长城学院并不具有直接的管理关系，其对长城学院如何颁发毕业证、学位证等事项，并无相应的法定职责。因此，长城学院的学生要求中国地质大学（北京）对长城学院颁发学位证等行为进行处理，没有法律依据。另外，本案若按照张某某所主张，中国地质大学（北京）具有查处的相应法定职责，张某某亦应当直接向其申请行政复议，而非申请查处后不服再向教育部申请复议，其复议的对象属于内部监督行为，其提起本案的请求亦不能得到支持。

二、高等学校与教育主管部门之间的法律关系

我国《高等教育法》第十一条规定，高等学校应当面向社会，依法自主办学，实行民主管理。第十三条规定，国务院统一领导和管理全国高等教育事业。省、自治区、直辖市人民政府统筹协调本行政区域内的高等教育事业，管理主要为地方培养人才和国务院授权管理的高等学校。第十四条规定，国务院教育行政部门主管全国高等教育工作，管理由国务院确定的主要为全国培养人才的高等学校。国务院其他有关部门在国务院规定的职责范围内，负责有关的高等教育工作。根据前述规定，教育行政部门与高等学校属于管理关系，但高校具有高度的自主办学权，对于高校自主办学事项，教育行政部门原则上不能直接管理。2017 年，教育部等部门联合印发了《关于深化高等教育领域简政放权放管结合优化服务改革的若干意见》，以使学校拥有更大办学自主权。就本案而言，长城学院的主管部门为河北省教育厅，中国地质大学（北京）的主管部门为教育部。

需要注意的是，根据《高等教育法》第十八条规定，高等教育由高等学校和其他高等教育机构实施。大学、独立设置的学院主要实施本科及本科以上教育。高等专科学校实施专科教育。经国务院教育行政部门批准，科学研究机构可以承担研究生教育的任务。其他高等教育机构实施非学历高等教育。《高等教育法》第六十八条第一款和第二款规定，本法所称高等学校是指大学、独立设置的学院和高等专科学校，其中包括高等职业学校和成人高等学校。本法所称其他高等教育机构是指除高等学校和经批准承担研究生教育任务的科学研究机构以外的从事高等教育活动的组织。我国可以从事高等教育的学校也有多种类型，包括军事机构如国防大学、党的机构如中共中央党校等、研究机构如社科院等。因此，在高校管理方面，也存在业务管理与行政管理等不同性质，有的事项可能存在双重管理的情形。因此，当事人在对相关管理行为不服而寻求救济时，应当厘清不同管理主体对管理事项的实质决定权。

三、学生与学校之间的法律关系

在学校内，与学校或其他教育机构可能发生法律关系的主体包括教师和其他教育工作者、受教育者等。理顺彼此之间的法律关系，系判断不同主体之间纠纷性质的基本前提。

关于教师和其他教育工作者与学校之间的关系，《教育法》第三十五条规定，国家实行教师资格、职务、聘任制度。第三十六条规定，学校及其他教育机构中的管理人员，实行教育职员制度。学校及其他教育机构中的教学辅助人员和其他专业技术人员，实行专业技术职务聘任制度。第二十九条规定："学校及其他教育机构行使下列权利：（一）按照章程自主管理；（二）组织实施教育教学活动；……（六）聘任教师及其他职工，实施奖励或者处分；……"根据前述规定，学校与其教师和其他教育工作者之间属于单位与员工之间的关系，相关事项大部分属于内部关系或劳动人事关系。教师与学校之间的纠纷一般不能通过行政诉讼路径予以救济，但对于部分具有外化特征的内部争议，如教师招录行为，通常认为可以提起行政诉讼，与学生和学校之间的争议解决路径相同，在下文详述。

关于学生与学校之间的关系，《教育法》第二十九条规定："学校及其他教育机构行使下列权利：……（三）招收学生或者其他受教育者；（四）对受教育者进行学籍管理，实施奖励或者处分；（五）对受教育者颁发相应的学业证书；……"第四十三条规定："受教育者享有下列权利：（一）参加教育教学计划安排的各种活动，使用教育教学设施、设备、图书资料；（二）按照国家有关规定获得奖学金、贷学金、助学金；（三）在学业成绩和品行上获得公正评价，完成规定的学业后获得相应的学业证书、学位证书；（四）对学校给予的处分不服向有关部门提出申诉，对学校、教师侵犯其人身权、财产权等合法权益，提出申诉或者依法提起诉讼；……"第四十四条规定："受教育者应当履行下列义务：……（四）遵守所在学校或者其他教育机构的管理制度。"根据前述规定，学校与学生之间的关系较为特殊，具有管理与被管理之属性，但其又不属于单位与员工之间的关系；学校在对学生的教育方面具有全方面的管理职责，但学生又具有相对独立性，因而二者之间原则上属于内部关系，仅在特定事项上具有外部性特征。

四、学生对高校的行为不服的救济路径

学生对高校的各类行为都可能提出异议进而寻求法定救济路径。笔者认为，法律对相关争议的救济路径作出明确规定的，按照法律规定的路径进行救济。法律没有明确规定的，把握以下原则：一是尊重学校的自主权，因自主领域引发的纠纷，符合内部人事关系特征的，原则上按照内部申诉救济路径解决。二是不属于自主权范围，或自主权范围所涉事项不宜归入内部人事争议的，原则上按照外部纠纷救济路径解决。在确定具体救济路径之前，应当明确是否属于外部纠纷的性质，以及外部纠纷属于民事争议抑或行政争议两类。根据前述学生与学校之间的法律关系分析，以及基于充分尊重学校自主权之考虑，一般不宜将学校对学生的管理行为定性为外部行政纠纷，而仅对具有外部性特征、内部救济路径难以令当事人信服的相关管理行为才认定为外部纠纷。

法院对涉高校行政争议案件的受理，应保持谨慎态度。目前，法院主要受理的行政案件为直接涉及学生进入或退出学校的争议。前者主要为学生的招录行为，后者主要为颁发毕业证、学位证、结业证等行为。需要注意的是，《高等教育法》第二十条规定，接受高等学历教育的学生，由所在高等学校或者经批准承担研究生教育任务的科学研究机构根据其修业年限、学业成绩等，按照国家有关规定，发给相应的学历证书或者其他学业证书。接受非学历高等教育的学生，由所在高等学校或者其他高等教育机构发给相应的结业证书。《学位条例》第五条、第六条以及《学位条例暂行实施办法》第六条、第十条规定，国务院授权的科学研究机构亦可以依法授予硕士、博士学位。根据前述规定，涉高校行政案件的被告可能是高校或其他教育机构。实践中，可能因部分教育机构身份较为特殊，而就其能否成为行政诉讼被告存在争议。《最高人民法院关于适用〈中华人民共和国行政诉讼法〉的解释》第二十四条第三款规定："当事人对高等学校等事业单位以及律师协会、注册会计师协会等行业协会依据法律、法规、规章的授权实施的行为不服提起诉讼的，以该事业单位、行业协会为被告。"相关教育机构可能存在多重性质的身份，尤其是具有系党的机构等排除出行政诉讼被告范围的因素，但对于其授权实施的录取、颁发毕业、学位证书等行为，因内部救济路径在监督力、说服力等方面相对较弱，法院也应当肯定其行政诉讼被告主体资格。以本案为例，张某某对长城学院颁发学位证、毕业证的行为不服，可以以长城学院为被告向法院提起行政诉讼。但是，张某某并未选择此条路径，而是要求另一高校履行监督职责，进而向教育主管部门申请行政复议。

由此引发另一个争议较大的问题，即高校可以作为行政诉讼的被告，能否类推作为行政复议的被申请人。对此，存在两种不同观点：一种观点认为，对高校的依授权行为不服，不能申请行政复议，本案被告即教育部以及一、二审法院均认同该观点，主要理由为：一是，高校不是一级行政机关，而是依据法律规定享有办学自主权，从事高等教育工作的法人，不能作为被复议申请人。二是，教育部与高校之间并非直接管理的行政关系，不具有法定的复议机关资格。另一种观点认为，可以申请行政复议，即高校可以作为行政复议的被申请人，主要理由为：一是，《行政复议法》第十五条第一款第三项规定，对法律、法规授权的组织的具体行政行为不服的，分别向直接管理该组织的地方人民政府、地方人民政府工作部门或者国务院部门申请行政复议。高校属于为增进社会福利、满足社会需要、提供社会服务而设立的事业单位，具有法律授权的公共事务管理职能，符合《行政复议法》规定的“法律、法规授权组织”主体标准及“依授权实施行政行为”行为标准。二是，行政复议与行政诉讼之间的法律关系。相比于行政诉讼，行政复议具有内部监督特征，因而在受案范围方面要广于行政诉讼。换言之，原则上行政诉讼可以受理的案件，同样可以纳入行政复议受案范围。就前述两种观点，笔者更倾向于后一观点。但教育部及一、二审法院持有不同观点，亦表明本案所涉问题尚未形成统一认识，主要原因在于行政复议机关的确定。根据前述分析，从事高等教育行为的主体有多种，对应的主管部门或管理关系也可能有多重情形，因而行政复议机关的确定相对较为复杂。就本案而言，直接涉及教育部与中国地质大学（北京）之间的关系。对于教育部直属的高校，教育部具有直接管理的权限，且不存在其他行政主管部门，教育部可以作为行政复议机关。因此，张某某的诉讼请求不被支持，主要理由应为申请复议审查的对象并非法定的可以被复议的行政行为，而非教育部不能作为复议机关。事实上，实践中的难点问题主要集中在高校具有双重或多重管理关系，以及教育机构的身份本身具有特殊性等情形。根据《行政复议法》的规定，行政复议机关与被复议机关之间具有行政管理关系，包括上级对下级的管理以及对自身的管理（如省级人民政府、国务院部门等），而部分教育机构的身份特殊，其得出的有关结论与普通高校可能有所不同。对此，应当具体情况具体分析：其他部委所属的高校，学生可以向该部委申请行政复议；对于国务院授权的科学研究机构如中共中央党校，其可以根据国务院授权颁发硕士、博士学位学历证书，当事人对颁发行为不服的，其主管单位应为国务院，而其自身又不属于国务院部门，也不受教育部主管。当事人主张申请复议的，可能存在多种情形：一是参照国务院部门的复议路径，向该校申请行政复议。二是向对科研机构授权的单位即国务院申请复议。但是，前述两种路径都没有对应的法律依据和有效的实践经验。因此，对于此类情形，则可以以没有适格复议机关为由，告知学生直接提起行政诉讼。

（作者单位：最高人民法院、河南省洛阳市中级人民法院）

阶段性行为可诉性的认定标准

——赵某某诉重庆市巫山县人民政府生产安全事故调查报告批复案

许 鹏

【裁判要旨】

阶段性行为一般不具有司法审查的成熟度，故不具有可诉性。但是成熟性原则亦存在例外，只要阶段性行为具备了不妨碍行政主体作出最终行政行为的正常程序，并产生独立的行政法律效力，则此类阶段性行为就属于可诉的行政行为。如果阶段性行为对其他行政机关及人民法院具有法律上的要件效力，直接对公民、法人或者其他组织的合法权益产生实际影响，则即便在存在后续行政处理决定的情形下，当事人仍然具有选择权，既可选择起诉最终的行政处理决定，也可选择起诉相关阶段性行为。

【案号】

一审：重庆市第二中级人民法院（2019）渝02行初28号。

二审：重庆市高级人民法院（2019）渝行终649号。

【案情】

上诉人（一审原告）：赵某某。

被上诉人（一审被告）：重庆市巫山县人民政府。

原巫山县安全生产监督管理局于2018年7月6日向巫山县人民政府报送“关于提请巫山县当阳乡红槽村‘4.24’电子安全事故调查报告批复的请示”，提请巫山县人民政府审定相关《调查报告》。该请示所附《调查报告》

中认定该起事故为一起电力安全责任事故。其中认定“赵某某于2018年4月24日砍椿树枝丫时，被砍的椿树枝丫在下落过程中掉在附近的220V电线上，引起线路震动，引发附近10KV线路左边相与220V线路的零线相碰触，产生电弧，将高、低电线烧结在一起，高电压串入低电压线路，导致电力安全事故发生，是该起事故的直接责任者。建议由公安机关对赵某某立案侦查，按照相关法律规定追究其责任。”“杨某某系国网重庆巫山县供电公司官阳供电所农电工（聘用人员），未按照岗位工作职责规定履职，对事故发生负有管理责任。建议由县供电公司将杨某某作调离岗位处理。”“雷某某系国网重庆巫山县供电公司官阳供电所农电工（聘用人员），其对事故发生负有管理责任。建议由县供电公司将雷某某作调离岗位处理。”巫山县人民政府于2018年7月19日作出批复：1. 同意“巫山县当阳乡红槽村‘4.24’电子安全事故调查报告”；2. 由原巫山县安全生产监督管理局负责按程序依法对事故作出处理并结案。赵某某对上述调查报告及批复不服，提起行政诉讼，请求判令撤销巫山县当阳乡红槽村“4.24”电力安全事故调查报告及巫山县人民政府关于同意巫山县当阳乡红槽村“4.24”电力安全事故调查报告的批复。

【审判】

重庆市第二中级人民法院经审理认为，生产安全事故调查报告由事故调查组向巫山县人民政府提交，主要作用是查明事故经过、原因，人员伤亡情况及直接经济损失，认定事故性质和事故责任，提出对事故责任者的处理建议，提出防范和整改措施。该报告虽然对社会公开，但并不对当事人的权益产生直接影响，不属可诉的行政行为。巫山县人民政府作出的事故调查报告批复是“4.24”电力安全事故调查和处理过程中的阶段性行为，未对赵某某的权利义务产生确定性的法律效力，也尚未达到适宜法院处理的成熟阶段，不会妨碍相关主体作出最终处理决定。赵某某针对巫山县人民政府的批复提起本案诉讼，时机不成熟，遂裁定驳回赵某某的起诉。

一审宣判后，赵某某不服，提起上诉。

重庆市高级人民法院经审理认为，本案的争议焦点为本案被诉安全事故调查报告批复是否属于法院行政诉讼的受案范围。《生产安全事故报告和调查处理条例》第二十九条规定，事故调查组应当自事故发生之日起60日内提交事故调查报告。第三十条第一款规定："事故调查报告应当包括下列内容：……（四）事故发生的原因和事故性质；（五）事故责任的认定以及对事故责任者的处理建议；……"第三十一条规定，事故调查报告报送负责事故调查的人民政府后，事故调查工作即告结束。事故调查的有关资料应当归档保存。第三十二条规定，重大事故、较大事故、一般事故，负责事故调查的人民政府应当自收到事故调查报告之日起 15 日内做出批复；特别重大事故，30 日内做出批复，特殊情况下，批复时间可以适当延长，但延长的时间最长不超过 30 日。有关机关应当按照人民政府的批复，依照法律、行政法规规定的权限和程序，对事故发生单位和有关人员进行行政处罚，对负有事故责任的国家工作人员进行处分。事故发生单位应当按照负责事故调查的人民政府的批复，对本单位负有事故责任的人员进行处理。负有事故责任的人员涉嫌犯罪的，依法追究刑事责任。根据上述规定可知，负责事故调查的人民政府具有审查事故调查组提交的事故调查报告内容并作出批复的法定职权。根据《生产安全事故报告和调查处理条例》相关规定作出的批复包含对事故调查报告中有关事故发生的原因和事故性质、事故责任以及对事故责任者的处理建议的认定，且成为有关机关及事故发生单位作出相应处罚、处分或者处理的依据。该批复行为应当受到其他有权机关的尊重，并且作为其作出相关决定的既定"事实要件"而被采用，该批复行为对其他行政机关及法院具有法律上的要件效力。因此，该批复与一般上级行政机关对下级行政机关的内部请示所作批复不同，其直接对公民、法人或者其他组织的合法权益产生实际影响。本案中，巫山县人民政府作出的《关于同意巫山县当阳乡红槽村"4.24"电力安全事故调查报告的批复》（巫山府〔2018〕90 号）中包含对案涉事故原因、性质及责任的认定以及相关处理意见，根据《行政诉讼法》第二条第一款"公民、法人或者其他组织认为行政机关和行政机关工作人员的行政行为侵犯其合法权益，有权依照本法向人民法院提起诉讼"之规定，该批复具有可诉性，属于法院行政诉讼的受案范围。

关于本案被诉安全事故调查报告批复是否处于可诉阶段，是否能够纳入司法审查视野的问题，根据《生产安全事故报告和调查处理条例》的相关规定，完整的生产安全事故调查和处理过程分为两大阶段，涉及多个行政主体参与和多个行政行为。第一阶段为事故调查阶段，包括组成事故调查组、事故调查、提交事故调查报告等，一般表现为行政事实行为。第二阶段为事故处理阶段，该阶段包括人民政府对事故调查报告作出批复以及有权机关和事故发生单位按照人民政府的批复作出最终处理行为。一般来说，阶段性行为并非最终的、确定的行政行为，因其尚未具备司法审查的成熟度，故不具有可诉性。所谓成熟性标准，是指行政程序必须发展到适宜由法院处理的阶段，即已经达到成熟阶段，才能允许进行司法审查，通常假定行政程序达到最后决定阶段才算成熟。对于行政行为成熟性的判定标准，主要取决于当事人的法律地位是否受到了行政决定的实质影响，是否导致当事人权利义务的增减得失，是否会妨碍行政主体作出最终行政行为。但是成熟性原则亦存在例外，如果一个行为最终包括一个或几个独立的实体行为，则相对人可对最终行为或任何一个实体行为提起诉讼以寻求救济。根据“有权利即有救济”的原则，判断一个行为是否属于法院行政诉讼的权利救济范围，关键是看该行为是否产生法律上的效果，是否对公民、法人或者其他组织权利义务产生实际影响。就阶段性行为来说，法院在审查过程中要注意阶段性行为的法律效果是否会被最终行为吸收。如果阶段性行政行为所产生的法律效果涵盖在最终行政决定中，那么只需对最终行为进行审查就能给予相对人充分的司法救济，无须再对阶段性行为进行单独的审查。但是如果阶段性行为对相对人产生了最终行政行为以外的影响，则无法通过对最终行政行为的审查给予当事人充分的司法救济，对于此种类型的阶段性行为，如果不给予相对人诉权，相对人的合法权益就无法得到保障，无法为相对人提供无漏洞的司法保护。本案中，巫山县人民政府作出的《关于同意巫山县当阳乡红槽村“4.24”电力安全事故调查报告的批复》（巫山府〔2018〕90 号）是生产安全事故调查和处理过程中由巫山县人民政府独立作出的阶段性行为，该批复中既包含对案涉事故原因、性质以及责任划分的认定，还包含明确的追究相关责任人法律责任的处理意见，其中包括对赵某某予以处分的明确意思表示，因此该行政法律关系并非处于不确定状态。上述批复即明显具有独立的行政法律效力，属于对赵某某的权利义务产生实质性侵益影响的行为。此外，批复行为是后阶段行政处理必须的前置程序，其事故责任认定的法律效果不能完全由后阶段行政处理决定所吸收。因此，一审裁定认定赵某某针对巫山县人民政府的批复提起的行政诉讼司法审查时机不成熟，存在定性错误。根据《行政诉讼法》第八十九条第一款第二项及《最高人民法院关于适用〈中华人民共和国行政诉讼法〉的解释》第一百零九条之规定，裁定：一、撤销重庆市第二中级人民法院（2019）渝02行初28号行政裁定；二、本案指令重庆市第二中级人民法院继续审理。该裁定现已发生法律效力。

【评析】

政府对生产安全事故调查报告所作出的批复，是否属于生产安全事故调查和处理过程中的阶段性行为，是否具有司法审查的成熟度，一直以来在司法实践中存在较大争议。全国各级法院，包括最高人民法院作出的生效裁判的结果不尽相同，有的甚至完全相悖。比如在省级层面上，浙江、辽宁、江苏、湖南以及重庆等地法院的生效裁判认为此类批复具有可诉性，而山东、河南、内蒙古、海南、贵州、广东等地法院的生效裁判则认为该类批复不具有可诉性。在最高人民法院层面上，亦在不同的裁判文书中支持了不同的观点，有的支持批复可诉，如（2017）最高法行申3737号、（2017）最高法行申4833号、（2017）最高法行申6180号；有的支持批复不可诉，如（2016）最高法行申3883号。笔者认为，现阶段亟须对生产安全事故调查报告批复的可诉性形成清晰、明确、一致的认识，及时统一各地法院的裁判标准与尺度，否则会在一定程度上有损司法的权威性和公信力，导致人民群众对该类案件的法律规则与后果无法形成稳定的预期，不利于有效保障人民群众的合法权益。

一、行政法中阶段性行为的证成标准

行政法中的阶段性行为，又叫不成熟的行政行为，其最大特征在于行为方式和法律效果的特殊性，这反映在阶段性行为的两个基本要素方面：一是观念表示要素。行政机关并非有作出特定的行政法律行为的意愿，而是对于客观事实的一种表示。二是间接法律效果要素。阶段性行为并不直接产生法律效果，通常是产生延时性的、将来的、间接的、或然性的、偶然性的间接法律效果。行政机关作出的表示并不表达对权利义务的处分，而是对于事实的表示。根据《生产安全事故报告和调查处理条例》的相关规定，完整的生产安全事故调查和处理过程分为两大阶段，涉及多个行政主体的参与。第一阶段为事故调查阶段，包括组成事故调查组、事故调查、提交事故调查报告等。第二阶段为事故处理阶段，包括政府对事故调查报告作出批复，有关机关和事故发生单位按照政府的批复作出最终处理。由此可见，本案所涉的生产安全事故调查报告批复，是生产安全事故调查和处理过程中的阶段性行为，该批复的可诉性，应当结合阶段性行为的证成标准认识和把握，而并非着眼于其是否属于内部行为，或者其是否外化。

二、阶段性行为可诉性的认定标准

一般认为，由于阶段性行为并非最终的、确定的行政行为，而大多是预备性、中间性、阶段性的行为，尚未具备司法审查的成熟度，故不具有可诉性。所谓成熟性标准，是指行政程序必须发展到适宜由法院处理的阶段，即已经达到成熟阶段，才能允许进行司法审查，通常假定行政程序达到最后决定阶段才算成熟。对于行政行为成熟性的判定标准，主要取决于当事人的法律地位是否受到了行政决定的实质影响，是否导致当事人权利义务的增减得失，是否会妨碍行政主体作出最终行政行为。但是成熟性原则亦存在例外，如果一个行为最终包括一个或几个独立的实体行为，则相对人可对最终行为或任何一个实体行为提起诉讼以寻求救济。根据“有权利即有救济”的原则，阶段性行为如果对行政相对人的权利义务关系产生了实际的、必然产生的、确定的不利影响，就属于可诉的行政行为，应当纳入司法审查的范围。根据以上理论，具体到阶段性行为可诉性的认定标准，只要其具备以下两个要件，即具有了可诉性：

要件一：不妨碍行政主体作出最终行政行为的正常程序。

行政主体作出最终行政行为的正常程序如果可能由于对该阶段性行为的司法审查而被打乱，此时对阶段性行为的司法审查，会不必要地妨碍行政主体将要或已经作出的最终行政行为，该阶段性行为不具可诉性；与此相反，不会打乱行政主体作出最终行政行为的正常程序则成为该阶段性行为具有可诉性的要件之一。

要件二：该阶段性行为具有独立的行政法律效力。

该阶段性行为包含不因之后或最终行政行为的作出而失效的行政法律效力。如果当事人的权益实际是因最终行政行为作出而受到影响，或该阶段性行为依赖最终行政行为的生效而生效，则认为该阶段性行为没有独立的行政法律效力，不具有独立成诉的诉讼利益，自然该阶段性行为不具可诉性。与此相反，若当事人的权益仅因该阶段性行为就可能受到实质影响，则认为该阶段性行为有独立的行政法律效力，该阶段性行为则具有单独的可诉性。

三、作为阶段性行为的批复具有可诉性

根据上述阶段性行为可诉性的认定标准，本案中，巫山县人民政府作出的《关于同意巫山县当阳乡红槽村“4.24”电力安全事故调查报告的批复》（巫山府〔2018〕90号）中既包含对案涉事故原因、性质以及责任划分的认定，还包含明确的追究相关责任人法律责任的处理意见。前者是行政机关对行政相对人的法律地位和权利义务进行甄别并确定或者否定的行为，具有确认赵某某相关行政法律关系的法律效力。后者是根据《安全生产法》以及国务院《安全生产事故报告和调查处理条例》第三十二条的授权作出的行政协助行为，最终产生的法律效果是相关民事法律关系以及刑事法律关系的调整。因此，本案所涉批复虽然属于阶段性行为，但由于其具有独立的行政法律效果，属于对赵某某的权利义务产生实际影响的行为，故该批复应当具有可诉性。

同时，关于安全生产事故调查报告批复所产生的法律效果是否会因被最终处理决定（广义上的最终处理决定包括行政机关作出的行政处罚决定，有关机关对国家工作人员作出的处分及事故发生单位对本单位人员作出的处分，还包括有关司法机关对犯罪人员的刑事处理）所涵盖和吸收而丧失可诉性的问题，从行政行为的类型来看，安全生产事故调查报告批复虽然属于阶段性行为，但其更接近于行政决定中的行政确认或行政审批行为，其结果应当受到其他有权机关的尊重，并且作为其作出相关决定的既定“事实要件”而被采用，该批复行为对其他行政机关及法院具有法律上的要件效力。因此，该批复与一般上级行政机关对下级行政机关的内部请示所作批复不同，其直接对公民、法人或者其他组织的合法权益产生实际影响。即便在存在后续行政处理决定的情形下，当事人仍具有选择权，既可选择起诉最终的行政处理决定，也可选择起诉政府所作的批复。如果当事人通过起诉最终的行政处理决定来实现对自身相关权益的救济的，法院应当对相关行政处理决定以及其所依据的批复的合法性一并审查。负有事故责任的人员需要被追究相应刑事责任的，不影响相关单位和个人针对政府的批复提起行政诉讼。

（作者单位：重庆市高级人民法院）

行政行为复效后的救济期限

戴剑飞

【裁判要旨】

行政行为一度失效，之后恢复效力的，该失效期间不能计入起诉期限。利害关系人在行政行为恢复效力之后起诉该行政行为的，起诉期限从其知道该行政行为恢复效力之日起重新起算。

【案号】

一审：广东省肇庆市鼎湖区人民法院（2018）粤1203行初98号。

二审：广东省肇庆市中级人民法院（2018）粤12行终132号。

再审：广东省高级人民法院（2019）粤行申822号。

【案情】

原告：张某、李某某。

被告：肇庆市自然资源局（原肇庆市端州区住房和城乡建设局）。

2014年，在原告与案外人朴某的民间借贷纠纷审理过程中，原告申请诉中财产保全，广东省珠海市香洲区人民法院裁定查封朴某位于广东省肇庆市端州区的涉案房产，并向肇庆市端州区房产档案馆送达《民事裁定书》及《协助执行通知书（查封）》，但该馆疏未办理查封登记，反而于2014年11月依申请将涉案房产转移登记到受让人王某某等二人名下。

2015年，原告在上述民间借贷诉讼中胜诉。法院拟拍卖涉案房产时，肇庆市端州区房产档案馆告知该房产已被转移登记。法院得知后，要求该馆和肇庆市端州区房产交易所将涉案房产复原到被执行人朴某名下，该所遂于2016年1月撤销上述转移登记行为，将涉案房产恢复到被执行人朴某名下，并补办查封登记。

但是，2016年9月，上述受让人王某某等二人又针对上述撤销转移登记行为提起行政诉讼，经过一、二审，至2017年5月17日法院二审判决撤销了上述撤销转移登记行为，涉案房产又脱离被执行人朴某名下，无法拍卖，原告对朴某还有三百余万元债权未获清偿。

2017年9月23日，原告向肇庆市端州区住房和城乡建设局提交《国家赔偿申请书》，请求该局确认其下属单位不履行协助法院执行义务的行为违法，并赔偿对其造成的财产损失，该局未答复。原告遂于2018年4月9日，以不动产登记职责整合后的新登记机关肇庆市国土资源局（再审审查期间，该局因机构改革变更为肇庆市自然资源局）为被告，同时提起本案诉讼和（2018）粤1203行赔初18号诉讼，分别请求：确认被告拒不履行协助法院执行义务违法，赔偿原告损失（涉案房产价值914007元、交通费0.5万元、误工费2万元、律师费3万元）。

【审判】

广东省肇庆市鼎湖区人民法院一审认为，第一，《最高人民法院关于行政机关不履行人民法院协助执行义务行为是否属于行政诉讼受案范围的答复》规定：“……但当事人认为行政机关不履行协助执行义务造成其损害，请求确认不履行协助执行义务行为违法并予以行政赔偿的，人民法院应当受理。”故本案属于行政诉讼受案范围。第二，本案中，被告没有按照法院协助执行通知书办理查封登记，未停止办理被查封房产的财产权证照转移手续，致使被查封的房产转移登记到案外人名下，属不履行法定协助义务，构成违法。综上，判决确认被告不协助查封涉案房产的行为违法。

一审宣判后，被告不服，向广东省肇庆市中级人民法院提出上诉。

广东省肇庆市中级人民法院二审认为，根据《国家赔偿法》第十三条第一款“赔偿义务机关应当自收到申请之日起两个月内，作出是否赔偿的决定……”以及第十四条第一款“赔偿义务机关在规定期限内未作出是否赔偿的决定，赔偿请求人可以自期限届满之日起三个月内，向人民法院提起诉讼”的规定，被告于2017年9月23日签收原告的《国家赔偿申请书》后，未在两个月内即2017年11月23日前决定是否赔偿，原告即应于2017年11月23日起三个月内，即2018年2月23日前提起诉讼。现原告于2018年4月9日才向原审法院提起本案诉讼，已超过上述法律规定的起诉期限，且不存在《行政诉讼法》第四十八条第一款规定的情形，应当裁定驳回起诉，原审作出实体判决不当。据此裁定撤销原判，驳回起诉。

原告不服二审裁定，向广东省高级人民法院申请再审。

广东省高级人民法院再审审查认为，本案争议焦点是，本案应适用何种起诉期限规定，原告起诉是否超期。

第一，本案应适用何种起诉期限。根据《最高人民法院关于审理行政赔偿案件若干问题的规定》第二十二条、第二十三条规定，一并提起与单独提起行政赔偿诉讼，起诉期限有所不同。其中，后者适用第二十二条“赔偿请求人单独提起行政赔偿诉讼，可以在向赔偿义务机关递交赔偿申请后的两个月届满之日起三个月内提出”的规定，而前者适用第二十三条第一款“公民、法人或者其他组织在提起行政诉讼的同时一并提出行政赔偿请求的，其起诉期限按照行政诉讼起诉期限的规定执行”的规定。本案中，原告根据上述司法解释第二十八条规定，将请求确认被告拒不履行法院协助执行义务的行为违法和请求赔偿损失分为两案，同时提起，属于一并提起行政赔偿诉讼，因此应适用一般的起诉期限，而二审裁定适用的“收到赔偿申请后2个月+3个月”，是单独提起赔偿诉讼的起诉期限，不适用于本案，故二审裁定适用法律错误。

第二，原告起诉期限的起算点。被告将涉案房产从被执行人名下转移登记到受让人名下之后，该转移登记的效力又有反复，先是被告自行撤销转移登记，将涉案房产恢复到被执行人名下，并补办查封登记，后是受让人不服转移登记被自行撤销，另案提起行政诉讼，经法院一、二审审理，最终以欠缺依据为由判决撤销被告的自行撤销行为。在该另案终审判决之前，涉案房产仍在被执行人名下，原告作为申请执行人的利益仍有保障，如果当时原告起诉被告不履行协助执行义务，缺乏诉的利益；另案终审判决撤销被告的自行撤销行为后，原告再起诉，才有诉的利益。故从被告自行撤销转移登记到上述另案终审判决生效之日这一段时间，不能计入起诉期限。原告的起诉期限，应从其得知上述另案终审判决之日起重新起算。

第三，原告起诉期限的终点。上述另案终审判决并未将原告列为当事人，原告得知该另案终审判决的时间尚无法确定，但即便从该另案终审判决的落款日 2017 年 5 月 17 日起算，原告于 2018 年 4 月 9 日提起本案诉讼，也未超过一年，一审判决认为符合《最高人民法院关于适用〈中华人民共和国行政诉讼法〉的解释》第六十四条第一款的规定，适用法律正确。二审裁定认为应从 2017 年 9 月 23 日起算“2 个月 +3 个月”，即应于 2018 年 2 月 23 日前提起诉讼，故原告于 2018 年 4 月 9 日起诉超期，结论错误。综上，裁定：本案指令肇庆市中级人民法院再审。

【评析】

本案中，被告将法院已查封房产转移登记给他人，违法性是无争议的，有争议的是原告起诉是否超期，这取决于起诉期限的起算点为何。被告主张起算点是被查封房产转移登记之日（2014 年 11 月），至迟是被告告知执行法院被查封房产已被转移之日（2015 年 12 月），故起诉超期；而原告主张起算点是转移登记恢复效力之日（2017 年 5 月），故起诉未超期。产生这一争议的背景是，被诉行政行为效力有反复，经历了有效（2014 年 11 月—2016 年 1 月）、失效（2016 年 1 月—2017 年 5 月）、复效（2017 年 5 月至今）三个时期。被诉行政行为的效力在起诉之前反反复复，实践中并不少见①，并且，利害关系人往往在其失效前就已知道该行政行为。按照现行法，当时原则上就可起算起诉期限。这样就带来两个问题，一是行政行为失效期间，起诉期限是否继续计算？二是行政行为复效之后起诉，起算点是否更新？以下先梳理目前审判实务中三种主要做法，再分析哪一种更合理。

一、三种主要做法：从严格到宽松

1. 不停止计算说

第一种做法认为，起诉期限如何计算，与行政行为的效力反复完全平行、没有交叉，行政行为失效前已经开始计算起诉期限的，失效期间不停止计算，

---

① 以不动产转移登记为例，行政行为在起诉前经过撤销、再撤销的情形，可分为三种：（1）转移登记被行政机关自我撤销、再撤销后，原告起诉转移登记，如（2016）粤 03 行终 466 号深圳市居长安经贸有限公司诉深圳市不动产登记中心房地产转移登记纠纷；（2）转移登记被法院撤销、上级法院撤销原判驳回起诉后，原告起诉转移登记，如（2017）粤行终 974 号祥盛装饰工程公司、高州祥鸿房地产开发有限公司诉高州市人民政府、原审第三人梁某土地转移登记纠纷；（3）转移登记被行政机关撤销、法院再撤销后，原告起诉转移登记，如本案。

复效后也不重新起算。以浙江省绍兴市柯桥区人民法院（2017）浙 0603 行初 81 号马某某诉绍兴市柯桥区人力资源和社会保障局工伤认定纠纷为例，被诉工伤认定决定经历了以下三个阶段：2014 年认定工伤→2016 年年初被告撤销工伤认定→2016 年年底法院终审判决撤销被告年初的撤销决定。工伤认定决定恢复效力后，原告于 2017 年 6 月起诉请求撤销上述 2014 年工伤认定决定。法院裁定驳回了原告的起诉，理由是 2014 年工伤认定决定早于同年 5 月送达原告，原告不服，应于修改前的《行政诉讼法》第三十九条规定的三个月起诉期限内起诉，原告 2017 年 6 月才起诉，超过法定期限且无正当事由。根据这份裁定书的逻辑，被诉行政行为的复效，对起算点没有任何影响。

这种做法的理由：一是按照通说，起诉期限不同于诉讼时效，没有中止、中断一说，故起算点是唯一的，一旦确定就不会再有第二个。如果认为在被诉行政行为失效前起诉，有一个起算点，复效后再起诉另有一个新的起算点，允许重新起算，行政行为失效期间不计算，无异于认为起诉期限也可以中止、中断，将起诉期限与诉讼时效混为一谈。二是行政行为失效之前，起诉期限可能已经届满，诉权已告消灭，如果重新起算，将使诉权失而复得。三是现行法设定的"从利害关系人最初得知之日起计算"这一规则，并没有例外，在行政行为效力反复的情形中也应当适用，毋庸调整。

2. 扣除说

第二种做法认为，行政行为失效期间，起诉期限停止计算，行政行为复效后，起诉期限继续计算，而非重新起算。以浙江省温州市中级人民法院（2014）浙温行终字第 305 号叶某某等人诉温州市规划局、第三人祝某等人规划许可纠纷为例，被诉规划许可经历了以下四个阶段：2011 年 11 月被告许可第三人建房→2012 年 8 月被告变更许可，但变更部分旋被法院撤销→2013 年 6 月被告撤销许可→2013 年 10 月法院终审判决撤销被告的撤销决定。规划许可恢复效力后，原告起诉请求撤销上述 2011 年规划许可，第三人辩称原告于 2011 年 12 月已经知道规划许可，至 2014 年 4 月起诉，已超过两年的起诉期限。但法院不采纳第三人上述意见，认为 2012 年 8 月许可变更至 2013 年 10 月终审判决这一段期间，规划许可的效力尚未确定，上述被耽误时间不属于原告自身原因，不应计算在起诉期限内，故即便 2011 年 11 月规划许可作出时原告就已知道，至 2014 年 4 月起诉时仍未超过两年。按照这份判决的逻辑，起算点依然是原告最初知道行政行为时，起算点并不改变，但行政行为被改变和失效期间可以扣除。

这种做法的理由：一是起诉期限的扣除有实定法基础，即《行政诉讼法》第四十八条，行政行为失效期间符合扣除条件，应停止计算起诉期限。不停止计算说认为起诉期限没有中止一说，与实定法不符。二是行政行为复效后，如果重新起算起诉期限，使得已经经过的期间归于无效，等于允许起诉期限中断，缺乏实定法基础，故只能继续计算。

3. 重新起算说

第三种做法认为，行政行为失效期间，起诉期限停止计算，行政行为复效后，从利害关系人得知复效之日起重新起算，已经过的期间归零。以新疆生产建设兵团第一师中院（2015）兵一行终字第 2 号兵团第一师电力安装工程有限责任公司诉兵团第一师劳动和社会保障局、第三人雷云斌工伤认定纠纷为例，被诉工伤认定决定经历了以下三个阶段：2012 年被告认定工伤→2013 年被告撤销工伤认定，认定不构成工伤→2014 年 8 月法院终审判决撤销被告 2013 年的两份决定。工伤认定恢复效力后，2014 年 10 月原告起诉请求撤销该工伤认定。第三人辩称原告 2014 年才起诉，已经超过两年。但法院不采纳第三人上述意见，认为工伤认定恢复效力之前，不能计算起诉期限，上述 2014 年 8 月法院终审判决原告并未作为当事人参加诉讼，原告通过被告得知工伤认定恢复效力后才起诉，并未超期。前注释所引广东法院三份判决也采取了这种做法。

这种做法的理由：一是行政行为失效期间，利害关系人起诉缺乏诉的利益，客观上无法起诉，故不应继续计算起诉期限，不停止计算说未免强人所难，扣除说在这一点上是正确的。二是行政行为复效之后，重新发生诉的利益，此时重新开始计算。之所以不是继续计算，是因为行政行为失效之前，有些利害关系人的起诉期限就已经届满，如果采取扣除说，将失效前、复效后的期间合并计算，起诉期限依然届满，意味着利害关系人重新陷入受侵害状态，却无法寻求救济，有失公平。诉权的失而复得，不是问题，反而是解决方案。三是扣除说需合并计算，待查明的事实较多，而重新起算说无须合并计算，待查明的事实较少，便于操作。

二、分析：实定法的发展

以上三种做法对比，哪一种更为合理？

开始计算救济期限的正当性，是客观上可以寻求救济，故不停止计算说不可采。对此，扣除说和重新起算说达成共识，二者分歧的根源在于，实定法没有规定可以重新起算，更没有规定重新起算的事由之一是行政行为的效力反复，这种情形下重新起算是否正当？

第一，重新起算，在现行法律和司法解释中虽然没有规定，但在最高人民法院行政庭2017年个案批复中已经出现。

宁夏回族自治区高级人民法院曾向最高人民法院请示王某某与中卫市房屋产权产籍管理所、宁夏瑞丰小额贷款有限公司房屋抵押行政登记申请再审案，请示的法律问题是，权利人在民事诉讼中对行政行为提出异议，行政诉讼起诉期限是否应当“扣除”。而最高人民法院行政庭的答复是：“本案涉及行民交叉案件起诉期限的计算问题。权利人在提起民事诉讼过程中，对被诉行政行为提出异议的，可视为其主张权利，符合我国行政诉讼法规定的起诉期限的扣除及延长等作为计算起诉期限特殊情形的法定事由。民事案件进入审理阶段，行政诉讼的起诉期限可从民事裁判文书生效之日重新计算。”当事人在民事诉讼中知道被诉行政行为，原本可以起算起诉期限，但因民事诉讼尚在进行中，故宁夏高院请示给出的解决方案是“扣除”，而最高人民法院行政庭的答复在“扣除”基础上进一步，可以“重新计算”。（客观上，因原告在民事诉讼期间才知晓被诉行政行为的内容，知晓之日起才计算起诉期限，但民事诉讼期间都予以扣除，因而其实际效果为起诉期限的起点在民事裁判生效之日。）

第二，行政行为的效力反复，也是重新起算的事由。

通过上述请示案，我们可以发现，现行法律、司法解释，预想的是较简单、较常见的“行政行为效力稳定，未受挑战”情形，对较复杂的“当事人通过不同诉讼种类解决同一实质争议”“行政行为虽然未曾失效，但一度不被法院民事或执行裁判认可，之后又被认可”[①] 等情形，没有预作准备。因此，现行法的起算点规则也比较简单，仅取决于单一变量——初次知道行政

① 行政行为一度不被下级法院民事判决认可，故当时无须另外提起行政诉讼，之后又被上级法院民事判决认可，才需要提起行政诉讼的实例，参见焦玉珍、李建军、马小莉：《逾期提起行政诉讼不属于起诉人自身原因之分析——周介民诉蒲城县人民政府行政登记纠纷案》，载《人民司法（案例）》2008年第6期。行政行为一度不被下级法院执行裁定认可，故当时无须另外提起行政诉讼，之后又被上级法院执行裁定认可，才需要提起行政诉讼的实例，如（2014）粤高法行终字第810号香港金辉企业诉湛江市人民政府、湛江市国土资源局土地登记纠纷。

行为之日，不考虑其他变量。这是需填补的法律漏洞，最高人民法院行政庭上述批复已经就其中一种情形予以填补。

行政行为效力反复也属于需要填补的情形，它与上述请示案的“权利人在民事诉讼中对行政行为提出异议”有所不同，但也有共同点，即都属于“当时有正当理由未提起行政诉讼”的案型。具体而言，正当理由，在该请示案中是指当事人被动通过不同诉讼种类解决同一实质争议，故当时“无须”另外提起行政诉讼，在本案中是指当事人当时缺乏诉的利益，故“无法”提起行政诉讼。类比推理，本案亦应重新起算。

三、结论

行政行为一度失效，之后恢复效力的，尽管失效前利害关系人可能知道行政行为内容，起诉期限已经开始起算，但复效后利害关系人重新处于受影响状态，重新发生起诉的利益，应从其知道复效之日起，重新起算起诉期限，不宜以超期为由不予受理。起诉期限既可以中止，也可以中断。

（作者单位：广东省高级人民法院）

对突发事件应急处置措施的合法性审查

李柏翠

【裁判要旨】

行政机关基于重大突发公共卫生事件作出的应急处置措施行为属于非常态行政管理行为，有别于常态行政管理行为，实施过程具有较强的行政紧迫性。当事人对此类行为不服提起行政诉讼，法院可结合行政行为的实施背景，考虑突发事件的紧急程度，从行政行为主体是否适格、措施是否适度以及手段是否合法三个维度进行合法性审查，重点审查实施应急处置措施的必要性，在保护相对人合法权益的同时兼顾对非常态行政执法的尊重。

【案号】

一审：天津市红桥区人民法院（2020）津0106行初25号。

二审：天津市第一中级人民法院（2020）津01行终166号。

【案情】

上诉人（原审原告）：翟某。

被上诉人（原审被告）：天津市红桥区人民政府芥园街道办事处。

因新冠肺炎疫情防控形势需要，天津市成立市疫情防控领导小组和市疫情防控指挥部，自2020年1月24日零时起，启动重大突发公共卫生事件一级响应。1月28日，市疫情防控指挥部下发《关于在全市范围内加强畜禽及野生动物管控治理的意见》（以下简称《管控治理意见》），在信鸽饲养管理方面，决定采取对违规搭建建筑物等以及利用露台等违规设置超大超宽鸽舍进行饲养的，进行清理拆除的管控措施。1月30日，红桥区疫情防控领导小组和区疫情防控指挥部根据《管控治理意见》制订了相应通知及实施方案。2月3日，天津市红桥区人民政府芥园街道办事处（以下简称芥园街道办）制订了工作预案，并为履行职责，以政府采购的形式，在人力和设备方面做了准备。翟某在其住宅楼顶露台搭建有鸽棚，未申请建设工程规划许可，亦未经属地社区居民委员会审查同意。2月11日，红桥区九部门联合发出《通告》，告知：对违规搭建建筑物等及利用露台等违规设置超大超宽鸽舍进行饲养的，务必于2月15日之前自行拆除完毕。对拒不拆除的，予以强制拆除并依法处以罚款。同日，芥园街道办的执法人员向翟某直接送达了《通告》。2月13日，执法人员与翟某进行谈话，讲解疫情防控期间的防控措施，询问并听取翟某的陈述和意见。翟某表示理解，但提出自身的困难和担忧，后翟某自行将饲养的信鸽转移至他处。2月15日中午，执法人员与翟某沟通后，实施应急处置措施，拆除了鸽棚。翟某不服提起诉讼，请求：1. 确认芥园街道办于2020年2月15日拆除鸽棚的行为违法；2. 赔偿因拆除鸽棚造成五羽幼鸽死亡损失1元；3. 恢复鸽棚原状。一审法院判决驳回翟某的诉讼请求，翟某提出上诉。

【审判】

天津市第一中级人民法院认为：案件的争议焦点为：一、被诉拆除鸽棚行为的性质以及法律适用如何认定；二、翟某的鸽棚是否必须予以拆除，被诉拆除鸽棚行为证据是否充分；三、拆除鸽棚是否应适用《行政强制法》有关程序的规定，程序是否合法；四、翟某的赔偿主张是否应予支持。

关于争议焦点一，芥园街道办提供的证据能够证明被诉拆除鸽棚行为发生于本市启动重大突发公共卫生事件一级响应期间，系基于疫情防控的需要根据市疫情防控指挥部制定的《管控治理意见》作出，属于非常态行政管理行为。根据《突发事件应对法》第二条“突发事件的预防与应急准备、监测与预警、应急处置与救援、事后恢复与重建等应对活动，适用本法”的规定，被诉拆除鸽棚行为应受《突发事件应对法》的调整，属于该法规定的应急处置措施，原审判决对被诉行政行为的性质以及案由的归纳正确。根据《突发事件应对法》第七条的规定，芥园街道办作为天津市红桥区人民政府的派出机关，应当对该行政区域内突发事件的应对工作负责，实施有关防控措施主体适格。翟某关于原审判决改变翟某的诉讼请求以及原审判决适用法律错误的主张不能成立。

关于争议焦点二，根据《传染病防治法》的相关规定，经报国务院批准同意，新冠肺炎纳入法定传染病乙类管理，采取甲类传染病的预防和控制措施。甲类传染病是指：鼠疫、霍乱；乙类传染病是指：传染性非典型肺炎、艾滋病等。可见，新冠肺炎属于可能危及人民生命的严重传染病。在天津市启动重大突发公共卫生事件一级响应期间，对该病毒的病原、传播途径、可能造成的危害等处于尚未全面认知的情况下，根据《突发事件应对法》第四十九条的规定，市疫情防控指挥部有权制定《管控治理意见》，采取防止发生次生、衍生事件的必要措施。该《管控治理意见》中关于拆除违法搭建的鸽棚的防控措施与疫情可能造成的社会危害的性质、程度和范围相适应，有利于最大限度地保护公民的生命权、健康权，未超出必要限度，符合《突发事件应对法》第十一条第一款的规定，该措施适度。

根据《突发事件应对法》第八条第二款“县级以上地方各级人民政府设立由本级人民政府主要负责人、相关部门负责人、驻当地中国人民解放军和中国人民武装警察部队有关负责人组成的突发事件应急指挥机构，统一领导、协调本级人民政府各有关部门和下级人民政府开展突发事件应对工作……”及第六十三条第五项“地方各级人民政府和县级以上各级人民政府有关部门违反本法规定，不履行法定职责的，由其上级行政机关或者监察机关责令改正；有下列情形之一的，根据情节对直接负责的主管人员和其他直接责任人员依法给予处分：……（五）不服从上级人民政府对突发事件应急处置工作的统一领导、指挥和协调的”的规定，芥园街道办应当服从市疫情防控指挥部的领导，执行《管控治理意见》的工作要求。翟某搭建的鸽棚属于建筑物或构筑物，应当依法向相关城乡规划主管部门申请办理建设工程规划许可。芥园街道办提供的证据能够证明翟某搭建的鸽棚未取得建设工程规划许可，属于根据《管控治理意见》制定的《通告》中涉及的必须在2020年2月15日前拆除完毕的范围，被诉拆除鸽棚行为依据充分。

翟某主张其鸽棚曾经芥园街道办整改完毕，亦经天津市红桥区体育局及天津市信鸽协会验收合格。翟某提交的证据不足以证明其鸽棚已经验收合格，且天津市红桥区体育局出具的《对芥园街道办事处〈询问函〉的回函》亦表明该局未对翟某表示其鸽棚（舍）验收合格。翟某搭建的鸽棚未取得建设工程规划许可，属于《通告》要求拆除的范围，在天津市启动重大突发公共卫生事件一级响应期间，翟某应遵守《突发事件应对法》第五十七条“突发事件发生地的公民应当服从人民政府、居民委员会、村民委员会或者所属单位的指挥和安排，配合人民政府采取的应急处置措施，积极参加应急救援工作，协助维护社会秩序”的规定，服从市疫情防控指挥部的指挥和安排，配合芥园街道办拆除涉案鸽棚。翟某关于其鸽棚未超大超宽且经验收合格，不应予以拆除的主张不能成立。

关于争议焦点三，《行政强制法》第三条第二款规定，发生或者即将发生自然灾害、事故灾难、公共卫生事件或者社会安全事件等突发事件，行政机关采取应急措施或者临时措施，依照有关法律、行政法规的规定执行。故实施被诉拆除鸽棚行为不适用《行政强制法》有关程序的规定。因《突发事件应对法》未对实施应急处置措施的程序予以明确规定，考虑实施应急处置措施的紧迫性，故芥园街道办实施被诉行为应首先符合行政效率原则，且不得违反正当程序原则。芥园街道办提供的证据能够证明，其在执法前制订了工作预案，亦对拆除鸽棚后的清运杂物、恢复相关建筑部位等工作通过政府采购的方式予以确定。同时，芥园街道办将《通告》直接送达翟某，多次与翟某就拆除鸽棚事项进行沟通谈话，芥园街道办执法手段合法。翟某对芥园街道办的工作表示理解，并同意拆除，仅是提出了自身的困难和担忧。故芥园街道办虽未制作相关行政法律文书，但前述程序达到了履行制作文书、说明理由、听取陈述和申辩以及催告等程序的效果，符合行政效率原则，且未违反正当程序原则。翟某关于芥园街道办程序违法等的主张不能成立。

关于争议焦点四，根据《国家赔偿法》第二条第一款“国家机关和国家机关工作人员行使职权，有本法规定的侵犯公民、法人和其他组织合法权益的情形，造成损害的，受害人有依照本法取得国家赔偿的权利”的规定，被诉拆除鸽棚应急处置措施行为合法，不存在侵犯翟某合法权益的情形，其赔偿主张没有事实根据，不应予以支持。综上，依照《行政诉讼法》第八十九条第一款第一项的规定，判决：驳回上诉，维持原判。

【评析】

一、涉案《管控治理意见》的法律属性及审查

本案被诉拆除鸽棚行为是行政机关为逐级落实《管控治理意见》的要求作出的行政行为，故在评价拆除鸽棚行为时，需先厘清《管控治理意见》的法律属性。

从《管控治理意见》的制定主体来看，该意见由市疫情防控指挥部制定，市疫情防控指挥部由天津市委、天津市人民政府成立，法律依据是《突发事件应对法》第八条①。县级以上地方人民政府设立的突发事件应急指挥机构，形式上属于政府处理突发事件应对工作的议事、协调机构，负责统一领导、协调本级人民政府各有关部门和下级人民政府开展有关突发事件的应对工作。② 也即，市疫情防控指挥部代表市政府部署、开展疫情防控工作，《管控治理意见》等同于市政府制定的行政文件。从《管控治理意见》的制定目的来看，该意见是市疫情防控指挥部在疫情防控期间，为防止疫情扩散作出的部署意见。从《管控治理意见》的内容来看，其主要内容是根据疫情防控的需要，对全市范围各类畜禽和野生动物的管控治理提出的纲领性要求，其中包含涉案的拆除违规鸽棚工作的内容。该意见适用于不特定的主体，具有普遍的约束力。因此，从《管控治理意见》的前述特征分析，该意见应属于规范性文件。

根据目前行政诉讼的制度设计，行政相对人在对行政行为提起诉讼时可一并请求对所依据的规范性文件进行审查。本案中，原告虽未对《管控治理意见》提出一并审查的请求，但笔者认为，基于应急处置措施行为的特殊性，应当对该行为的上位依据即《管控治理意见》的合法性进行适度审查。理由

---

① 《突发事件应对法》第八条规定："国务院在总理领导下研究、决定和部署特别重大突发事件的应对工作；根据实际需要，设立国家突发事件应急指挥机构，负责突发事件应对工作；必要时，国务院可以派出工作组指导有关工作。县级以上地方各级人民政府设立由本级人民政府主要负责人、相关部门负责人、驻当地中国人民解放军和中国人民武装警察部队有关负责人组成的突发事件应急指挥机构，统一领导、协调本级人民政府各有关部门和下级人民政府开展突发事件应对工作；根据实际需要，设立相关类别突发事件应急指挥机构，组织、协调、指挥突发事件应对工作。上级人民政府主管部门应当在各自职责范围内，指导、协助下级人民政府及其相应部门做好有关突发事件的应对工作。"

② 李飞主编：《中华人民共和国突发事件应对法释义及实用指南》，中国民主法制出版社 2014 年版，第 38 页。

分析如下：根据《突发事件应对法》第六十三条第五项[①]的规定，下级人民政府必须服从上级人民政府对突发事件应急处置工作的统一领导、指挥和协调，也即本案被告街道办事处必须执行《管控治理意见》。被诉拆除鸽棚行为是对《管控治理意见》的具体执行行为，在该行为没有超范围执行或者对相对人造成额外损害的情况下，不审查《管控治理意见》的合法性就无法对拆除鸽棚行为的实质合法性进行审查。将《管控治理意见》与被诉的拆除鸽棚行为割裂，仅审查拆除鸽棚行为几乎无实际意义。但鉴于原告未对该《管控治理意见》的审查提出独立的诉讼请求，且也有观点认为对新冠肺炎疫情防控规范性文件审查不能同一般情况下的抽象行政行为审查一样，应不作审查或特别审查。[②] 故法院在审理本案时无须按照《行政诉讼法》及司法解释关于规范性文件一并审查的规定对《管控治理意见》进行审查，可仅就涉及拆除鸽棚部分进行实质合法性审查。

二、拆除鸽棚行为的法律性质

本案被诉拆除鸽棚行为属于《突发事件应对法》规定的应急处置措施应不存在争议，但应急处置措施只是法律规定的行为形式，并非行政行为法律性质的认定，对于该行为法律性质的界定较为模糊，该行为应认定为法律行为还是事实行为对于审理程序有较大影响。在研究此案时，曾有一种思路认为，因被诉拆除鸽棚行为是在没有书面决定的情况下直接实施的，应认定为事实行为，对于该行为的审查应按照事实行为的审查方式，即是否严格按照《管控治理意见》的逐级落实部署实施相关行为，是否超范围执行或造成行政相对人其他损害，无须对被告的主体资格和法定职权、认定事实、履行程序及适用法律进行审查。但合议庭最终未采纳此思路，认为被诉拆除鸽棚行为应认定为法律行为，按照法律行为的审查方式进行审理。主要原因是：一般认为，行政法律行为是行政主体在行政管理过程中作出的含有设定、变更或终止行政法律关系以及确认某种法律关系存在与否的表意行为。[③] 以其是

---

① 《突发事件应对法》第六十三条第五项规定："地方各级人民政府和县级以上各级人民政府有关部门违反本法规定，不履行法定职责的，由其上级行政机关或者监察机关责令改正；有下列情形之一的，根据情节对直接负责的主管人员和其他直接责任人员依法给予处分：……（五）不服从上级人民政府对突发事件应急处置工作的统一领导、指挥和协调的；……"

② 刘颖、蔡雅婷：《新冠肺炎疫情防控命令和措施司法审查问题研究》，中国法学会行政法学研究会2020年年会论文集。

③ 闫尔宝：《行政行为的性质界定与实务》，法律出版社2010年版，第13页。

否必须具备法定形式为标准，行政行为可以分为要式行政行为和非要式行政行为。非要式行政行为是指行政法规范没有要求必须具备书面文字或特定意义符号的行政行为。[1] 而行政事实行为是指行政主体在实施行政管理、履行服务职能过程中作出的不以设定、变更或消灭行政法律关系为目的的行为。[2] 可见，并非只要没有书面决定的行政行为即应被认定为事实行为，区分标准应为是否有设定、变更或消灭行政法律关系的表意及效果。

案件中，被告在拆除鸽棚前虽未针对原告作出书面决定，但包括被告在内的该区九个行政机关联合作出《通告》，要求社区居民自行拆除违规鸽棚，否则将强制拆除。被诉拆除鸽棚行为是对该《通告》的直接执行，是被告为执行疫情防控的要求，对违规鸽棚的管理行为，具有设定行政法律关系的意思和效果。从另一个角度讲，《通告》虽没有具体指明对象，但可以通过统计确定行政相对人的范围，也就是养鸽子的户数，且已经直接送达给原告，故该《通告》亦相当于行政处理决定。因此，被诉拆除鸽棚行为应属于行政法律行为。

三、对拆除鸽棚行为的合法性审查思路

对于此类应急处置措施的审理，应考虑到其与行政处罚、行政强制等一般行政法律行为的区别，对于此类行政行为的合法性审查强度，全国人大法工委对疫情防控有关法律问题的阐释可以作为参照系。全国人大法工委提出，依法防控疫情，关键就是采取的疫情防控措施，必须主体适格、手段合法、措施适度。所谓主体适格，就是有关防控举措只能由履行统一领导职责的人民政府等法定主体依法决定和实施，下级人民政府和有关部门应当服从上级人民政府对突发事件应急处置工作的统一领导、指挥和协调。所谓手段合法，就是要统筹把握好疫情防控与经济社会正常运行、保障公民合法权益的关系，不能采取简单粗暴手段来对疫情进行“硬隔离”。所谓措施适度，就是采取的疫情防控措施，一定要与疫情可能造成的社会危害的性质、程度和范围相适应；有多种措施可供选择的，应当选择有利于最大限度地保护公民、法人和其他组织权益的措施，不得超出必要限度。[3] 将此观点与对行政法律行为

① 姜明安主编：《行政法与行政诉讼法》，北京大学出版社、高等教育出版社 1999 年版，第 146 页。

② 闫尔宝：《行政行为的性质界定与实务》，法律出版社 2010 年版，第 54 页。

③ 参见全国人大公众号：《全国人大常委会法工委就疫情防控有关法律问题再次发声》。

的审理程序相结合，主体适格问题即对被告的主体资格和法定职权的审查，措施适度问题即对被告的事实证据和法律适用的审查，手段合法问题可视作对行政程序的审查。其中，主体适格问题的审查法律规定较为明确，应无太大争议，措施适度及手段合法的审查值得探讨。

（一）实体方面

关于措施适度问题，根据全国人大法工委的前述阐释，措施适度应理解为对应急处置措施在合法性基础上的合理性审查，也就是诸多学者在探讨应急管理法治中较常提及的应符合“比例原则”。行政法意义的比例原则，是指行政权力在侵犯公民权利时，必须有法律依据（法律保留原则），但是必须选择侵害公民权利最小的范围内行使之。[①] 对于因疫情防控采取的应急措施，可从三个层面考量其适度性。

首先，该应急处置措施应不违反法律的强制性规定。审查被诉行为是否合理的前提是该行为合法，也即该措施是法律调整范围内的行为种类。本案中，行政机关对于未自行拆除鸽棚的相对人采取强制拆除的方式，如其未发生在应对重大突发公共卫生事件期间，也可认定为属于《行政强制法》所调整的行政强制措施，故该行为是具有合法性的。

其次，该应急处置措施应具有应对行为发生时疫情发展情况的必要性。应对突发公共卫生事件是政府的法定职责，也应赋予其相应的执法选择权，扩张政府权力并相应限缩公民权利应是共识，但平衡二者关系需行政机关综合考量公共卫生事件的严重程度、应对的紧急程度、执法目的的正当性、手段的有效性和必要性等因素。以本案为例，法院在评价被诉行为实施的必要性时，考虑了行为发生于重大突发公共卫生事件一级响应期间，新冠肺炎疾病的严重危害性，当时对此疾病的认知程度、应对能力以及社会关注度等执法背景因素，在此背景下对于行政管理的更高要求（如环境卫生方面，要求杜绝一切可能的传染源），考量了拆除鸽棚行为所要达到的执法目的（防止发生疫情次生、衍生事件）以及采取此方式是否能达到此执法目的，认为行政机关采取的防控措施具有必要性。也有观点提出，疫情爆发伊始，对病毒的致病性、变异的可能性缺乏充分理解，医疗体系准备不足，且民众心理高度恐慌，及时采取高强度的干预措施能够有效回应社会关切，也符合风险预

① 陈新民：《中国行政法学原理》，中国政法大学出版社 2002 年版，第 42 页。

防的原则。[①]

最后，该应急处置措施未过度减损相对人权益。应急处置措施“正当限制”的是公民的一般权利，人格尊严等不可克减的公民权利应得到充分保障。也即，无论公共利益有多重大和紧迫、情况有多特殊、限制有多轻微，紧急权力对不可克减的公民权利的限制都将会被视为违宪或者违法。[②] 以本案为例，被诉行为涉及相对人的财产权，相较人身权对公民的影响更小，且其鸽棚本身亦属违法建设，即使从规划管理的角度也应拆除，只是紧急程度的差异，因此，被诉拆除鸽棚行为几乎未对相对人的合法权益造成额外或不应有的负担。

（二）程序方面

应急处置措施行为不受《行政强制法》的调整是该法第三条第二款[③]的明确规定，同时，《突发事件应对法》对应急处置措施的实施程序亦没有明确规定，故法律未对实施应急处置措施设置明确的程序。但这并不意味着行政机关可随意实施应急处置措施，还是应符合两方面的要求，确保实质意义上的手段合法。

第一，符合程序正当原则。即使没有法律规定，行政行为的作出也要符合最低限度的程序公正，包括自己不做自己案件的法官、作出不利决定前听取对方意见、说明理由等，即所谓的“正当程序”。[④] 行政机关因疫情防控实施应急处置措施时，应符合前述正当程序，这既有利于查明案件事实，也有利于保障行政相对人必要的程序性权利，获得相对人的理解与配合。

第二，符合行政效率原则。行政效率是行政权的生命，现代社会中的行政权尤其如此。行政程序必须对行政权所需的效率作出回应。[⑤] 在疫情最为严重的时期，烦琐的行政程序对行政机关和行政相对人双方都将增加不必要的负担，也为疫情防控增加成本。行政机关为提高效率而对行政程序的必要简化更有利于及时实现行政管理目的，有学者提出公共卫生应急法治的“最

① 赵鹏：《疫情防控中的权力与法律——〈传染病防治法〉适用与检讨的角度》，载《法学》2020年第3期。

② 梅扬：《紧急状态下比例原则的适用》，中国法学会行政法学研究会2020年年会论文集。

③ 《行政强制法》第三条第二款规定：“发生或者即将发生自然灾害、事故灾难、公共卫生事件或者社会安全事件等突发事件，行政机关采取应急措施或者临时措施，依照有关法律、行政法规的规定执行。”

④ 江必新：《司法审查强度问题研究》，载《法治研究》2012年第10期。

⑤ 章剑生：《行政程序正当性之基本价值》，载《法治现代化研究》2017年第5期。

小损害原则”[1] 亦支持此观点。对于行政效率的要求在应对新冠肺炎疫情等重大突发公共卫生事件中尤为突出，法院在对行政程序进行司法审查时应予以考虑。

（作者单位：天津市第一中级人民法院）

① 张卿在《公共卫生应急法治的“最小损害”原则及其具体适用》一文中提出，“最小损害原则”应理解为使用某种防控措施时全体社会成员付出的总成本最小。“最小损害原则”所指的损害或成本并非仅限于当事人或行政相对人权益损害，而是指全社会的成本。

行政诉讼二审程序中新证据的认定

——匡某某、陈某1、陈某2诉吉安县人力资源和社会保障局不予认定工伤案

罗英秀

【裁判要旨】

《最高人民法院关于行政诉讼证据若干问题的规定》第五十二条对当事人在第二审程序中依法提供的新证据作了规定。其中第三项规定原告或者第三人提供的在举证期限届满后发现的证据属于“新的证据”。原告或者第三人在二审诉讼过程中作为“新证据”提交的证据，在一审举证期限届满前就已经存在，该证据能否认定为新证据，应结合个案的具体情况来确定，应当考虑原告或者第三人在二审诉讼程序中提交的理由是否正当，该证据的真实性、合法性及关联性应结合全案情况综合认定。如该证据系因客观原因无法在一审提交且足以影响二审对案件事实的认定及裁判，则该证据应当认定为“新证据”。

【案号】

一审：江西省吉安市青原区人民法院（2020）赣0803行初46号。

二审：江西省吉安市中级人民法院（2020）赣08行终148号。

【案情】

上诉人（一审原告）：匡某某、陈某1、陈某2。

被上诉人（一审被告）：吉安县人力资源和社会保障局。

原审第三人：江西远创人力资源管理有限公司吉安县分公司。

2019年3月1日，江西远创人力资源管理有限公司吉安县分公司（以下简称江西远创吉安县分公司，甲方）与陈某某（乙方）签订《劳动合同》，双方约定合同期限为2019年3月1日起至2020年2月28日，合同期内甲方安排乙方到荣成市泓瑞水产有限公司（劳务发包方）船员岗位工作，工作地点在山东省，甲方按月以货币或转账的形式支付乙方工资，合同还对其他事项作了约定。同年3月18日9时20分左右，案外人张某某电话报警称：2019年3月18日7时10分许，其驾驶鲁海渔66168渔船在80海区作业，船员陈某某在前甲板下网时被网具带入海中，被同船船员救起后发现已死亡。山东省公安边防总队海警第一支队、第二大队于2019年5月7日出具《关于证明张某某报警的函》，证明：经调查，未发现他杀有效证据；经石岛分局法医检验，陈某某符合溺水死亡。同时，该函上注明了鲁海渔66168渔船船主为案外人隋某某。事故发生当日，江西远创吉安县分公司向吉安县人力资源和社会保障局（以下简称吉安县人社局）提交了《吉安县职工工伤事故情况快报表》，后江西远创吉安县分公司向吉安县人社局申请认定工伤。吉安县人社局受理工伤认定申请后，于2019年9月20日至荣成市泓瑞水产有限公司向案外人张某某等人调查取证，并形成调查笔录，张某某的笔录载明以下内容："问：你在哪个公司做事？答：我为自己做事，我是单干的。问：船是谁的？答：船是我和隋某某合伙，船是挂在隋某某的名下。问：你这艘船有没有挂靠哪家公司？答：没有。……问：陈某某你认识吗？答：我认识。问：你是怎么认识的？答：是我缺人找他帮我打工的，以前也帮我干过两次，这是第三次帮我做事。问：陈某某的工资是由谁发放？答：是由我发放的。问：陈某某一个月工资多少？答：没有按月计算，是做一天算一天，按天计算，每天600—700元。……问：陈某某发生事故时你在船上吗？答：在船上。"2019年10月9日，吉安县人社局作出吉县人社伤认字〔2019〕第409号《不予认定工伤决定书》。因不服该决定，匡某某、陈某1、陈某2（以下称匡某某等人）提起行政诉讼。另，匡某某系死者陈某某母亲，陈某1、陈某2系死者陈某某的儿子。吉安县人社局提交的《工伤认定申请受理决定书》显示其于2019年8月14日受理江西远创吉安县分公司于2019年8月9日提交的工伤认定申请，其提交的《工伤认定文书送达回证》显示江西远创吉安县分公司于2019年3月20日收到《工伤认定申请受理决定书》。

二审期间，上诉人匡某某等人向法院申请证人张某某出庭作证并提交一份荣成市泓瑞水产有限公司（甲方）与张某某（乙方）签订的《船舶挂靠协议书》，该《船舶挂靠协议书》内容为："经甲乙双方协定，甲方同意乙方挂靠甲方公司，经营鲁海鱼66168渔船，双方权义如下：一、甲方为乙方代办船舶的年检及证书（包括船舶证书、职务船员证书）；二、甲方为乙方代办船员保险；三、费用参照荣成市石岛渔业协会收费标准；四、乙方需要过户时，甲方须无条件配合，过户所有费用都由乙方负责；五、挂靠期限自2019年1月1日至2019年12月31日；六、未尽事宜，双方协商解决。"证人张某某在二审庭审时出庭作证，其陈述鲁海鱼66168渔船系挂靠在荣成市泓瑞水产有限公司经营，陈某某系荣成市泓瑞水产有限公司安排至事发船只从事船员作业。经二审法院向荣成市泓瑞水产有限公司调查，该公司所陈述的事实与张某某在二审出庭作证所作陈述一致。

【审判】

江西省吉安市青原区人民法院经审理认为，依照《工伤保险条例》第五条第二款"县级以上地方各级人民政府社会保险行政部门负责本行政区域内的工伤保险工作"和第二十条第一款"社会保险行政部门应当自受理工伤认定申请之日起60日内作出工伤认定的决定，并书面通知申请工伤认定的职工或者其近亲属和该职工所在单位"之规定，吉安县人社局就本案事故具有工伤认定的职权。关于匡某某等人的诉请能否得到支持的问题。第一，对于就江西远创吉安县分公司的工伤认定申请，能否认定陈某某的死亡为工亡的问题。根据吉安县人社局对张某某的调查，张某某表示鲁海渔66168渔船船主是隋某某，船并未挂靠在其他公司，其和隋某某系合伙，陈某某系在该船上给他打工发生的事故。因此，陈某某并非在江西远创吉安县分公司的工作时间和工作场所内死亡，也并非因江西远创吉安县分公司的工作原因死亡，故不应认定陈某某的死亡为工亡。但吉安县人社局作出决定的理由是其认为江西远创吉安县分公司提供的证据不足以证明陈某某与其有事实劳动关系，据前所述，陈某某系在给张某某打工时死亡，其死亡时是否与江西远创吉安县分公司有劳动关系并不影响案涉不予认定工伤决定的作出，故吉安县人社局作出决定的理由错误。第二，对于吉安县人社局作出案涉不予认定工伤决定是否符合法定期限的问题。首先，依照《工伤保险条例》第二十条第一款的规定，社会保险行政部门应当自受理工伤认定申请之日起60日内作出工伤认定的决定；其次，对于吉安县人社局受理工伤认定申请的时间问题，虽然吉安县人社局提交的《工伤认定申请受理决定书》显示其系于2019年8月14日受理申请，但其提交的《工伤认定文书送达回证》显示江西远创吉安县分公司于2019年3月20日收到《工伤认定申请受理决定书》，结合《工伤保险条例》第十七条第一款规定的职工所在单位应当在事故发生之日（2019年3月18日）起30日内提出工伤认定申请以及江西远创吉安县分公司2019年3月18日即向吉安县人社局提交了《吉安县职工工伤事故情况快报表》，以前述送达回证上显示的签收受理决定书的时间来确定受理申请的时间，即吉安县人社局在2019年3月20日前受理了工伤认定申请，于同年10月9日作出案涉不予认定工伤决定，超过了法定的60日期限，但对匡某某等人权利不产生实际影响。综上，吉安县人社局作出的案涉不予认定工伤决定证据确凿，虽然理由错误，但为避免程序空转，重新作出决定实非必要，故应驳回匡某某等人的诉请。据此，依照《行政诉讼法》第六十九条的规定，判决驳回匡某某等人的诉讼请求。

一审宣判后，匡某某等人不服，提起上诉。

江西省吉安市中级人民法院经审理认为，本案的争议焦点为陈某某2019年3月18日在鲁海渔66168渔船发生的事故是否能认定为工亡。吉安县人社局根据其2019年9月20日向事发的鲁海渔66168渔船船长张某某调查到的“这艘船没有挂靠哪家公司”的情况，于2019年10月9日作出吉县人社伤认字〔2019〕第409号《不予认定工伤决定书》，对陈某某发生的事故不予认定为工亡并无不妥。但上诉人在本案二审诉讼期间向法院提交的《船舶挂靠协议》所反映的事实情况与吉安县人社局此前调查到的情况不一致，且将影响案件事实的认定，进而对陈某某所发生的事故能否认定为工伤产生影响。《最高人民法院关于行政诉讼证据若干问题的规定》第五十二条第三项规定：“本规定第五十条和第五十一条中的‘新的证据’是指以下证据：……（三）原告或者第三人提供的在举证期限届满后发现的证据。”该项规定的“原告或者第三人提供的在举证期限届满后发现的新证据”是指原告或者第三人在举证期限届满之前无法取得或者还没有出现的证据，即基于不可归责于原告或者第三人的原因在举证期限届满后才发现的证据。从二审开庭审理的情况看，张某某与荣成市泓瑞水产有限公司签订的《船舶挂靠协议书》系由上诉人从张某某处取得，对于该协议，本案并无证据显示上诉人在一审举证期限届满前已经取得或者应当能够取得而未取得。庭审中，吉安县人社局及江西远创吉安县分公司对该《船舶挂靠协议书》的真实性虽然都提出异议，但未提供充分证据证实该协议系不真实，根据张某某二审出庭作证情况及法院向荣成市泓瑞水产有限公司调查核实情况，该《船舶挂靠协议书》确系荣成市泓瑞水产有限公司与张某某签订。故该《船舶挂靠协议书》构成《最高人民法院关于行政诉讼证据若干问题的规定》第五十二条第三项规定的新证据。基于本案出现新证据，上诉人请求吉安县人社局重新作出工伤认定决定理由成立。依照《行政诉讼法》第七十条第一项和第八十九条第一款第二项的规定，判决：一、撤销吉安市青原区人民法院（2020）赣0803行初46号行政判决；二、撤销被上诉人吉安县人力资源和社会保障局作出的吉县人社伤认字〔2019〕第409号《不予认定工伤决定书》；三、由被上诉人吉安县人力资源和社会保障局在本判决生效后60日内重新作出工伤认定决定。该判决生效后，吉安县人力资源和社会保障局已经重新作出工伤认定决定，对陈某某发生的事故认定为工亡。

【评析】

一、背景情况介绍

证据是认定事实的依据，事实是作出行政决定或司法裁判的基础。2001年《最高人民法院关于民事诉讼证据的若干规定》对于逾期提供证据后果的规定，以证据失权为原则，新的证据不属于逾期提供证据的情形，即只有符合新的证据条件的，才不发生证据失权的后果。由于民事诉讼法对逾期提供证据不再以证据失权作为一般原则，而是针对逾期提供证据的理由是否成立，对应训诫、罚款直至不予采纳的后果。故2019年修订的《最高人民法院关于民事诉讼证据的若干规定》未对新证据作出专门规定，在民事审判实践中，除法律、司法解释有特别规定外，新的证据不再具有特别的含义，未在以前诉讼过程中出现过的证据，原则上都属于新证据。《最高人民法院关于行政诉讼证据若干问题的规定》自2002年10月1日施行至今，在行政诉讼审判实践中，对新证据的认定尤其是二审程序和再审程序中新证据的认定，是一个较难把握的问题。笔者认为，行政第二审程序及再审程序中新证据的认定应在依照《最高人民法院关于行政诉讼证据若干问题的规定》第五十二条规定的基础上，参照民事审判实践有关经验进行。

二、确立本案裁判要旨的理由

《最高人民法院关于行政诉讼证据若干问题的规定》第五十二条规定："本规定第五十条和第五十一条中的'新证据'是指以下证据：（一）在一审程序中应当准予延期提供而未获准许的证据；（二）当事人在一审程序中依法申请调取而未获准许或者未取得，人民法院在第二审程序中调取的证据；（三）原告或者第三人提供的在举证期限届满后发现的证据。"从该规定看，其中第一、二项的情形不难判断，第三项规定的情形在审判实践中的认定较难把握。如果对"原告或者第三人提供的在举证期限届满后发现的证据"作较为宽松的把握，则不仅会使行政诉讼法规定的举证期限制度功能大打折扣，更会对法院裁判的稳定性和权威性产生较大危害。因此，笔者认为，对原审原告或者原审第三人在二审程序中和审判监督程序中提供的证据要作为新证据予以采信应从以下几个方面要素进行考量：一是原审原告或者原审第三人提出新的证据主观上不存在过失，即存在不可归责于原审原告或者原审第三人的原因。审判实践中，举证期限届满后才形成的证据认定为新证据一般无争议；但对举证期限届满前业已存在的证据，原审原告或者原审第三人在二审程序或者审判监督程序中才提供，法庭就必须认真审查其未在一审举证期限内提供的原因，只有确属客观原因而未能在原审举证的，才可以采纳并进行质证。如果经审查发现原审原告或者原审第三人未能在举证期限内举证的原因系其自身过错或者懈怠造成，则其在二审程序或者审判监督程序中提交的证据不宜认定为"新证据"。二是所提交的证据应当是与原审认定的事实相关联的证据。原审原告或者原审第三人在二审程序或者审判监督程序中提交的证据如果与被诉行政行为不具关联性，与原审认定的事实不相关联，则该证据亦不能成为该诉的新证据。三是所提交的新证据应当产生足以推翻原审判决或者裁定的后果。即原审原告或者原审第三人在二审程序或者审判监督程序中提交的证据属于确定案件事实的关键证据，该证据的出现将会使得二审或者再审审查作出与原审法院不一致的事实认定，进而影响案件的裁判。以上三方面要素中第三要素居于核心地位，参照目前民事审判实践中对新证据的认定规则，当行政诉讼二审程序和审判监督程序中的新证据符合第三要素时，该证据也必然符合第二要素，那么此时对第一要素的把握可以适当从宽，但对原审原告或者原审第三人可以视情予以训诫或者罚款，如果系故意隐藏证据搞证据突袭，则可以不予采信。

本案中，原审原告匡某某等人向二审法院申请张某某出庭作证并提交了张某某与山东荣成市泓瑞水产有限公司 2019 年签订的《船舶挂靠协议书》，以证明事发船只系挂靠在山东荣成市泓瑞水产有限公司名下经营，陈某某系受江西远创吉安县分公司派遣至山东荣成市泓瑞水产有限公司工作时发生事故，应当认定为工伤。对匡某某等人二审提交的证据能否认定为新证据，合议庭提出两种观点：第一种观点认为，张某某在接受吉安县人社局调查时陈述事发船只未挂靠哪家公司且陈某某系其私人雇请的船员，而其在二审庭审中所作证言与此前陈述完全不一致，虽然匡某某等人同时向二审法院提交了张某某与荣成市泓瑞水产有限公司 2019 年签订的《船舶挂靠协议书》，但根据禁反言原则，参照民事诉讼证据关于自认的规则，不应当采信匡某某等人二审提交的证据；第二种观点认为，匡某某等人向二审法院提交的几份证据足以推翻吉安县人社局及一审法院作出的事实认定，进而对陈某某所发生的事故是否能够认定为工伤产生实质性影响，结合匡某某等人在工伤认定阶段的参与情况及二审补充调查等情况，应当认定为《最高人民法院关于行政诉讼证据若干问题的规定》第五十二条第三项规定的新证据。笔者同意第二种观点，理由如下：

第一，匡某某等人在二审提交证据主观上不存在过失。虽然匡某某等人向二审提交的证据在一审时业已存在，且其中张某某的证人证言与其在接受吉安县人社局调查时所作陈述完全相左，但匡某某等人在二审提交存在不可归责于其自身的原因。首先，吉安县人社局在受理江西远创吉安县分公司提出的工伤认定申请后，未通知匡某某等人作为第三人参与工伤认定，更未向其发出举证通知书，故其无从知晓吉安县人社局在调查过程中的取证情况。其次，陈某某 2017 年离婚，匡某某系陈某某母亲，年近七十，陈某 1、陈某 2 系陈某某未成年子女，三人均一直在四川省射洪县生活，对陈某某工作的详细情况并不知晓。最后，匡某某等人直至一审开庭才得知吉安县人社局作出不予认定工伤决定的关键证据是张某某 2019 年 9 月 20 日在调查询问笔录中的陈述，才知道张某某陈述的内容。因此，匡某某等人未能在一审提交相关证据系因不可归责于其自身的客观原因造成。

第二，匡某某等人向二审法院提交的证据与吉安县人社局作出的不予认定工伤决定及一审法院查明的案件事实密切相关，且足以推翻吉安县人社局认定的事实和一审法院认定的事实，并对陈某某发生的事故能否认定为工伤产生实质性影响。吉安县人社局对陈某某发生的事故不予认定为工伤，一审法院判决驳回匡某某等人诉讼请求的主要理由在于：陈某某系在张某某私人渔船进行打鱼作业时发生意外事故身亡，而非为江西远创吉安县分公司工作时因工作原因受到事故伤害死亡，故不属于《工伤保险条例》第十四条第一项规定的应当认定为工伤的情形。二审中，匡某某等人提供的张某某与荣成市泓瑞水产有限公司2019年签订的《船舶挂靠协议书》及张某某的证人证言表明事发船只鲁海渔66168渔船2019年系挂靠在荣成市泓瑞水产有限公司经营，而陈某某与江西远创吉安县分公司2019年3月1日签订的《劳动合同》明确陈某某受江西远创吉安县分公司的派遣至山东荣成市泓瑞水产有限公司从事船员工作。因此，根据《最高人民法院关于审理工伤保险行政案件若干问题的规定》第三条关于："社会保险行政部门认定下列单位为承担工伤保险责任单位的，人民法院应予支持：……（二）劳务派遣单位派遣的职工在用工单位工作期间因工伤亡的，派遣单位为承担工伤保险责任的单位；……（五）个人挂靠其他单位对外经营，其聘用的人员因工伤亡的，被挂靠单位为承担工伤保险责任的单位"的规定，陈某某不论是经荣成市泓瑞水产有限公司安排还是经张某某聘用到事发船只鲁海渔66168渔船上从事打鱼作业，其在从事打鱼作业过程中所发生的事故都符合《工伤保险条例》第十四条第一项规定的应当认定为工伤的情形，其劳务派遣单位江西远创吉安县分公司为承担其工伤保险责任的单位。

第三，针对匡某某等人二审提交的证据，二审法院也分别对江西远创吉安县分公司、荣成市泓瑞水产有限公司进行了调查。经调查，荣成市泓瑞水产有限公司认可其与张某某在2018年年底2019年年初签订了涉案船只的《船舶挂靠协议书》，陈某某系其派往鲁海渔66168渔船作业，其也向张某某收取了陈某某的工伤保险费，并转至江西远创吉安县分公司为陈某某购买了2019年3月的工伤保险。同时，江西远创吉安县分公司在向吉安县人社局申请工伤认定时，提供了其与陈某某签订的《劳动合同》，对其与陈某某之间的劳动关系予以认可，且陈某某2019年3月的工伤保险是江西远创吉安县分公司为其缴交。综合以上情况，可以对《船舶挂靠协议书》及张某某二审出庭作证的证人证言真实性、合法性及关联性予以确认。

《工伤保险条例》的立法目的在于保障因工作遭受事故伤害或者患职业病的职工获得医疗救治和经济补偿，促进工伤预防和职业康复，分散用人单位的工伤风险。在工伤认定过程中，应当充分保障用人单位和受伤害职工的参与权和知情权，对受伤害职工一方未能参与到工伤认定过程中的，法院在审理行政诉讼案件过程中，要充分考虑到受伤害职工特别是工亡职工家属在举证能力等方面实际所处的弱势地位，对其提交的证据审慎审查，对其因客观原因未能在一审举证期限届满前提交但足以对是否能够认定为工伤产生实质性影响的证据，应当根据全案情况进行综合认定，尽量还原案件事实，保护受伤害职工的合法权益，同时也分散用人单位的工伤风险。

三、需要注意的问题

第一，新证据的举证人原则上限于行政诉讼原告及第三人，被告在二审及再审期间提交证据不认定为新证据。《行政诉讼法》第三十四条规定："被告对作出的行政行为负有举证责任，应当提供作出该行政行为的证据和所依据的规范性文件。被告不提供或者无正当理由逾期提供证据，视为没有相应证据。但是，被诉行政行为涉及第三人合法权益，第三人提供证据的除外。"第六十七条第一款规定："人民法院应当在立案之日起五日内，将起诉状副本发送被告。被告应当在收到起诉状副本之日起十五日内向人民法院提交作出行政行为的证据和所依据的规范性文件，并提出答辩状。"由此，在行政诉讼中，被告有义务提供证据证明自己行政行为的合法性，这是行政诉讼的客观诉讼性质所决定的，法院要监督行政机关的行政行为，必须审查行政行为的合法性，对于合法性的证据材料，应当由行政机关提供。而证明行政机关行政行为合法的证据材料，均系在作出行政行为时形成，除根据《行政诉讼法》第三十六条第二款"原告或者第三人提出了其在行政处理程序中没有提出的理由或者证据的，经人民法院准许，被告可以补充证据"的规定补充提交证据外，被告应在一审举证期限内向法院提交。因此，二审、再审法院一般不接受被告在二审和再审期间提交的证据。

第二，对原告或者第三人在二审或再审程序提交的证据应当从严审查，避免"证据突袭"。如前所述，如果对"原告或者第三人提供的在举证期限届满后发现的证据"作较为宽松的把握，则不仅会使行政诉讼法规定的举证期限制度功能大打折扣，更会对法院裁判的稳定性和权威性产生较大危害。

因此，二审法院和再审法院在审查原审原告及原审第三人提交的新证据时，应当从严把握。一是可以限定举证期限，参照行政诉讼一审举证期限，限定原审原告或原审第三人在二审或再审立案后15日内向二审法院提交新证据；二是原审原告或者原审第三人应当向二审法院或再审法院说明其未在一审举证期限内提交证据的理由，拒不说明理由或者理由不成立的，法院根据不同情形可以不予采纳该证据，或者采纳该证据但予以训诫、罚款；三是二审法院或再审法院应当充分听取对方当事人对证据的质证意见，必要时可以就新证据拟证明的事实进行补充调查核实。

第三，原审原告或原审第三人在二审期间或者再审期间向法院提交的证据虽超过二审、再审法院规定的举证期限，但对方当事人质证认可的，法院经审查后，应当予以采纳。

（作者单位：江西省吉安市中级人民法院）

先行解决民事争议的例外及善意取得阻却撤销裁判规则的适用

丁晓华　陆　华

【裁判要旨】

不动产转移登记案件中，当事人以转让人产权证本身违法主张转移登记行为违法的，无须先行解决民事争议。法院可以直接适用《物权法》第一百零六条[①]之规定，采用善意取得阻却撤销裁判之规则，作出情况判决。

【案号】

一审：上海市第三中级人民法院（2018）沪03行初88号。

【案情】

原告：石井邦某。

被告：上海市自然资源确权登记局。

第三人：石井幸某。

第三人：李某。

第三人：王某。

1995年5月25日，原告以其原名"王蓓"与上海三佳房地产经营公司（以下简称三佳公司）就上海市闵行区航华一村一街坊189号501室房屋（以下简称系争房屋）签订《上海市内销房出售合同》。1995年8月15日，原告

① 《物权法》现已失效，相关规定见《民法典》第三百一十一条，下同。

就系争房屋取得沪房闵字第华01084号房屋所有权证。2002年1月，原告与石井幸某离婚。

2002年6月，案外人倪某在石井幸某的授意下与三佳公司就系争房屋签订了署期为1994年4月28日的《房地产买卖合同》，合同约定三佳公司向倪某出售系争房屋。原上海市房屋土地管理局（以下简称原市房地局）于同年7月3日核准登记，向倪某颁发了沪房地闵字（2002）第031477号房地产权证。2002年8月，案外人金某与石井幸某结婚。同年9月，系争房屋以房屋买卖名义由倪某转移登记至金某名下，原市房地局向金某核发了沪房地闵字（2002）第045385号房地产权证。2007年3月16日，原上海市房屋土地资源管理局（以下简称原市房资局）受理了金某与石井幸某就系争房屋提出的配偶之间变更登记申请，于4月4日核准登记，并向石井幸某颁发了沪房地闵字（2007）第013590号房地产权证。2007年7月，石井幸某与金某离婚。

2014年3月，原告石井邦某回国发现系争房屋登记在石井幸某名下，遂提起一系列民事诉讼和行政诉讼。2015年8月，石井邦某以三佳公司、倪某为被告，向闵行法院提起民事诉讼，要求确认两者就系争房屋签订的房地产买卖合同无效。在该案中，原上海市不动产登记局（现已更名为上海市自然资源确权登记局，以下分别简称原不动产登记局、市登记局）与石井幸某均被列为第三人。该院经审理，于2017年4月21日作出（2015）闵民五（民）初字第2329号民事判决，确认倪某与三佳公司就系争房屋签订的房地产买卖合同无效。之后，倪某、石井幸某向上海一中院提起上诉。上海一中院经审理，于2017年10月10日作出民事判决，驳回上诉，维持原判。在该案上诉期间，石井幸某将系争房屋出售给第三人李某、王某，并于2017年6月14日提出不动产转移登记申请。原不动产登记局于次日作出编号为沪（2017）闵字不动产权第028739号的不动产权利登记行为（以下简称被诉登记行为），将系争房屋产权转移登记至李某、王某名下。目前系争房屋已由李某、王某实际居住。

2018年6月，上海闵行法院判决确认原市房地局于2002年7月对倪某作出的房地产权利登记行为违法。2019年4月，上海三中院判决确认原市房地局于2002年9月对金某作出的房地产权利登记行为违法。2019年7月，上海三中院判决确认原市房资局于2007年4月对石井幸某作出的房地产权利登记行为违法。上述判决均已生效。

原告石井邦某诉称：倪某、金某、石井幸某就系争房屋相继取得的房地产权证已先后被法院生效判决确认违法，故登记机构核准系争房屋产权转移至李某、王某的被诉登记行为亦因违法而应当被撤销。故起诉来院，请求撤销被诉登记行为。

被告市登记局辩称，本案被诉登记行为的基础系第三人石井幸某与第三人李某、王某之间的房屋买卖民事法律关系。在第三人之间形成的房屋买卖法律关系尚未被依法确认无效或撤销的前提下，原告应当先行解决民事争议，无权径行主张撤销被诉登记行为。

第三人石井幸某述称，其于1994年出资为原告购买系争房屋，故为系争房屋的实际所有权人。本案被诉登记行为认定事实清楚、程序合法。

第三人李某、王某述称，石井幸某与李某、王某之间的房地产买卖合法合规，经过了网签合同、办理抵押贷款、资金监管、登记等一系列手续，且李某、王某已实际入住系争房屋。即使石井幸某的房地产权证已经被法院确认违法，李某、王某作为善意第三人，也应当根据善意取得制度取得系争房屋的所有权。故请求法院判决驳回原告的诉讼请求。

【审判】

法院经审理认为，本案的争议焦点在于：一、原不动产登记局作出被诉登记行为所认定的事实是否正确；二、本案原告是否应当先行解决民事争议；三、被诉登记行为构成违法的，应当判决撤销还是判决确认违法。

关于争议焦点一，根据《不动产登记技术规定》4.2.10（存量房地产买卖的转移登记）的相关规定，因存量房地产买卖申请转移登记的，买卖合同双方当事人应当向登记中心提交不动产登记申请书、身份证明、不动产权证书、房地产买卖合同、地籍图、房屋平面图、契税完税证明等材料。因此，不动产登记机构作出被诉登记行为，需依据一系列事实，包括房屋买卖事实、身份事项、原不动产权证书等。其中原不动产权证书是不动产登记机构作出被诉登记行为所要依据的最基本事实。本案中，三名第三人提出存量房地产买卖的转移登记申请时，提交了以石井幸某为权利人的沪房地闵字（2007）第013590号房地产权证等申请材料。但上海三中院已判决确认原市房资局对石井幸某作出的房地产权利登记行为违法。故原不动产登记局据以办理本案被诉登记行为的申请材料中的原房地产权证不具有合法性，原不动产登记局根据不合法的房地产权证将石井幸某认定为系争房屋的权利人，核准其将系争房屋产权转移登记至第三人李某、王某名下，认定事实错误、证据不足。

关于争议焦点二，《最高人民法院关于审理房屋登记案件若干问题的规定》第八条规定："当事人以作为房屋登记行为基础的买卖、共有、赠与、抵押、婚姻、继承等民事法律关系无效或者应当撤销为由，对房屋登记行为提起行政诉讼的，人民法院应当告知当事人先行解决民事争议……"据此，如本案原告以第三人之间的房地产买卖合同无效为由提起本案行政诉讼，原告应当先行就涉案房地产买卖合同是否无效问题提起民事诉讼。但本案中，原告要求撤销被诉登记行为，其主张的事实依据是石井幸某名下的房地产权证书违法，并非本案所涉房地产买卖合同无效。故原告在本案中无须先行解决民事争议。

关于争议焦点三，被诉登记行为是应当被判决撤销还是被判决确认违法，法院认为，被诉登记行为违法并不意味着该登记行为必须被撤销。《最高人民法院关于审理房屋登记案件若干问题的规定》第十一条第三款规定，被诉房屋登记行为违法，但判决撤销将给公共利益造成重大损失或者房屋已为第三人善意取得的，判决确认被诉行为违法，不撤销登记行为。该司法解释明确规定，法院审理房屋登记案件，可以根据《物权法》等民事实体法律规范判断当事人是否属于善意取得。善意取得的前提条件是转让人无权处分。从本案查明的事实来看，石井幸某明知原告就系争房屋持有合法的产权证，且闵行法院已经判决确认倪某与三佳公司之间就系争房屋倒签的房屋买卖合同无效，但仍将系争房屋出售给李某、王某并申请房屋产权转移登记，构成无权处分。善意取得是否成立，还应当符合《物权法》第一百零六条规定的三个要件，即受让人受让该不动产时是善意的、支付了合理的对价以及受让的不动产依法已经登记。本案中，第三人李某、王某系通过房屋中介机构获知系争房屋出售的信息，对系争房屋存在的民事争议及行政争议并不知情。经查询不动产登记信息，确认系争房屋登记的权利人为石井幸某，基于对不动产登记信息公示效力的合理信赖，李某、王某有理由相信石井幸某有权出售系争房屋。且原告也未提供相反证据证明李某、王某受让系争房屋时存在恶意。故在本案中，应当推定李某、王某在受让系争房屋时是善意的。关于李某、王某是否支付了合理对价的问题。李某、王某与石井幸某签订房地产买卖合同，约定的价格与实际支付价格一致，该价格并不偏离正常市场交易价格，交易各方根据该价格支付了相关的税款及费用，故本案中应当认定李某、王某受让系争房屋支付了合理对价。在签订买卖合同与抵押借款合同之后，第三人李某、王某与石井幸某共同至登记机构办理完成被诉登记及抵押登记，并实际入住系争房屋。综上，本案第三人李某、王某符合《物权法》第一百零六条规定的善意取得要件，应认定其善意取得系争房屋。为保护交易安全，维护社会公共利益，被诉登记行为应当被判决确认违法，但不予撤销，保留被诉登记行为的法律效力。据此，依据《物权法》第一百零六条以及《最高人民法院关于审理房屋登记案件若干问题的规定》第十一条第三款之规定，法院判决确认原不动产登记局于 2017 年 6 月 15 日对第三人李某、王某作出的被诉登记行为违法。判决后，各方当事人均未上诉。

【评析】

本案的审理及判决，充分阐明了房屋转移登记行政案件中先行解决民事争议制度的例外以及第三人善意取得阻却撤销裁判规则之适用，对同类案件的审理具有较好的示范和指导意义。

一、先行解决民事争议的一般规定

《最高人民法院关于审理房屋登记案件若干问题的规定》第八条明确："当事人以作为房屋登记行为基础的买卖、共有、赠与、抵押、婚姻、继承等民事法律关系无效或者应当撤销为由，对房屋登记行为提起行政诉讼的，人民法院应当告知当事人先行解决民事争议……"该规定确立了审理房屋登记案件中先行解决民事争议制度。根据该规定，在审理房屋登记案件时，法院一般应当告知当事人先行解决民事争议。先行解决民事争议的适用条件如下：1. 不动产登记行为基于某种民事法律关系而产生。房屋登记机构办理各类房屋登记需基于当事人不同的申请类型，如买卖、共有、赠与、抵押、婚姻、继承等民事法律关系，这些民事行为构成登记行为认定事实的基础。2. 基础民事法律关系可能存在无效或应当被撤销等情形。如在房屋买卖合同关系中，出售方可能是无权处分人；法定继承中，可能遗漏了其他继承人；遗嘱继承中，可能存在虚假的公证遗嘱等。3. 当事人对不动产登记行为提起行政诉讼系以基础民事法律关系无效或应当撤销作为理由。当事人要求法院对不动产登记行为的合法性作出否定性评价，需要以产生该不动产登记行为的基础民事法律关系违法、无效或应当撤销为诉请的主要依据。

先行解决民事争议制度的设立，一方面，是为了防止审判权的僭越，避免行政审判法官直接对民事争议作出裁判，混淆行政审判与民事审判的分工。另一方面，当处于源头上的民事争议先行解决后，行政争议自然也将迎刃而解，这有助于实质解决行政争议。

二、先行解决民事争议制度的例外情形

先行解决民事争议制度是审理不动产转移登记案件的常规思路。本案中，被诉登记行为的基础民事法律关系是第三人石井幸某与李某、王某之间的房屋买卖合同关系。在一般情形下，如果原告石井邦某系以上述第三人之间的房屋买卖合同无效为由要求撤销被诉登记行为的，法院一般会告知原告先行就该买卖合同争议提起民事诉讼。但值得注意的是，本案中，原告要求撤销被诉登记行为的理由是石井幸某就系争房屋取得的产证违法，即原告并非基于房屋买卖合同关系无效提起行政诉讼。因此，本案并不满足先行解决民事争议的适用条件，构成了先行解决民事争议制度的例外。

当然，为了维护交易安全，对先行解决民事争议制度的例外情形应当从严把握。法院认定本案构成先行解决民事争议制度的例外，考虑的具体因素包括：1. 当事人要求撤销被诉登记行为的理由与基础民事关系无关。本案中，原告并非以第三人之间的房屋买卖合同无效作为提起撤销之诉的理由，而是以第三人石井幸某名下的产权证本身违法、登记机构认定事实错误为由，诉请法院撤销本案的被诉登记行为。2. 前手产权证违法的事实已经由生效裁判文书予以确认。本案原告要求撤销被诉登记行为，其依据的主要事实是转让人石井幸某名下的产权证违法，且该产权证违法的事实已经由法院生效行政判决确认。如果当事人只是声称转让人石井幸某无权出售系争房屋、其名下的产权证违法，却未有生效裁判文书予以确认或相关证据予以佐证，那么法院仍应告知当事人先行提起民事诉讼或相关行政诉讼。3. 前手产权证系被诉登记行为重要的事实依据。根据《不动产登记技术规定》4. 2. 10（存量房地产买卖的转移登记）的相关规定，房屋登记机构作出被诉登记行为，需依据一系列申请材料，其中原不动产权证书是不动产登记机构作出被诉登记行为所要依据的最基本事实证据，是登记机构认定转让人具有合法权利的重要凭证。现法院生效判决已确认转让人石井幸某就系争房屋持有的产权证违法，故被诉转移登记行为失去了最基本的前提条件和事实依据。

综上，不动产登记行为的作出，通常是基于申请人之间民事法律关系的建立、变更或消灭。这些民事法律关系，构成了不动产登记行为的审查基础。如果当事人对不动产登记行为持有异议，理由是基础民事法律关系无效或应当被撤销的，当事人应当先行解决民事争议。如当事人以原房地产权证违法为由提起行政诉讼，并有法院生效裁判文书等直接证据予以佐证的，则当事人无须对民事法律行为先行提起民事诉讼。

三、第三人善意取得阻却撤销裁判规则的适用

原不动产登记局作出被诉登记行为，事实认定错误，证据不足，故不具有合法性。但是，对被诉登记行为的合法性作出否定性评价，并不意味着必然要作出撤销判决。《最高人民法院关于审理房屋登记案件若干问题的规定》第十一条第三款之规定，确立了房屋登记案件中第三人善意取得可以阻却撤销登记的裁判规则。故在买受人构成善意取得的情形下，法院需考虑情况判决的适用。

（一）对“善意取得”的判断

根据《最高人民法院关于审理房屋登记案件若干问题的规定》，法院审理房屋登记案件，可以根据《物权法》等民事实体法律规范判断当事人是否属于善意取得。

我国《物权法》第一百零六条第一款规定：“无处分权人将不动产或者动产转让给受让人的，所有权人有权追回；除法律另有规定外，符合下列情形的，受让人取得该不动产或者动产的所有权：（一）受让人受让该不动产或者动产时是善意的；（二）以合理的价格转让；（三）转让的不动产或者动产依照法律规定应当登记的已经登记，不需要登记的已经交付给受让人。”

根据《物权法》的上述规定，善意取得需符合如下构成要件：

1. 主体上，转让人须为无权处分人。本案中，倪某、金某、石井幸某就系争房屋取得的产权证书相继被法院判决确认违法，故客观上石井幸某不是系争房屋合法的产权人。从主观上看，石井幸某也明知原告早在1995年就取得了系争房屋的所有权证、法院已判决确认三佳公司与倪某之间的房屋买卖合同无效。在此情形下，第三人石井幸某仍将系争房屋出售给第三人李某、王某并申请房屋产权转移登记，构成无权处分。

2. 主观上，受让人受让时是善意的。善意的受让人在受让不动产或者动产时不知道、也不可能知道处分权人系无处分权，且受让人往往为了交易安全和交易顺利进行，会尽力查询该不动产或动产信息，并努力协助转让人办理各项事务。当然，即便受让人事后得知转让人无权处分，也不能阻却其善意取得的效力。本案中，李某、王某系通过房产中介获悉系争房屋出售信息，且李某、王某为了自身交易安全，多次查询系争房屋的不动产登记信息，确认系争房屋登记的权利人为石井幸某。基于对不动产登记信息的公示效力的合理信赖，李某、王某与石井幸某签署房屋买卖合同并办理房产过户登记。且原告也未提供相反证据证明李某、王某受让系争房屋时是恶意的。故在本案中，应当推定李某、王某在受让系争房屋时是善意的。

3. 客观上，以合理的价格转让。所谓合理的价格，即该不动产或者动产的价值在进行转让、交易等行为时符合当时的市场价值。且受让人可以提供相应的支付凭证。从本案查明的事实来看，李某、王某与石井幸某签订房地产买卖合同，约定的价格与实际支付价格一致，并根据该价格支付了相关的税款及费用，原告并没有证据证明该买卖价格偏离正常市场交易价格，故本案中应当认定李某、王某受让系争房屋支付了合理对价。

4. 效力上，转让的不动产或者动产依照法律规定已经予以登记，不需要登记的已经交付给受让人。《物权法》第九条第一款[①]规定，不动产物权的设立、变更、转让和消灭，经依法登记，发生效力；未经登记，不发生效力，但法律另有规定的除外。《物权法》第二十三条[②]规定，动产物权的设立和转让，自交付时发生效力，但法律另有规定的除外。本案中，在签订买卖合同与抵押借款合同之后，第三人李某、王某与石井幸某已共同至房屋登记机构办理完成被诉登记及抵押登记，并已实际入住系争房屋至今。

综上，石井幸某构成无处分权人，但李某、王某受让系争房屋系善意，且已支付合理价格取得系争房屋，并已完成系争房屋的登记公示。故本案第三人李某、王某符合《物权法》第一百零六条规定的善意取得要件。

（二）第三人善意取得情形下情况判决的适用

被诉登记行为违法并不意味着该登记行为必须被撤销，我国《行政诉讼法》及相关司法解释明确规定了情况判决为行政诉讼裁判方式之一，即仅对

---

① 《物权法》现已失效，相关规定见《民法典》第二百零九条。

② 《物权法》现已失效，相关规定见《民法典》第二百二十四条。

被诉行政行为的合法性作否定评价却不改变该行政行为所形成的法律关系。《行政诉讼法》第七十四条第一款第一项规定，在被诉行政行为依法应当撤销、但撤销会给国家利益、社会公共利益造成重大损害的情形下，法院应当判决确认违法，但不撤销行政行为。该规定强调了当私人利益与国家利益、社会公共利益发生冲突时，应当优先考虑利益的国家性、公共性、普遍性、整体性，不随意撤销违法的行政行为。情况判决的规定，凸显了促进社会稳定发展、市场交易安全等立法目的。

情况判决的适用，除了涉及国家利益、社会公共利益以外，还涉及保护善意第三人的情形。根据《最高人民法院关于审理房屋登记案件若干问题的规定》第十一条第三款规定，被诉房屋登记行为违法，但判决撤销将给公共利益造成重大损失或者房屋已为第三人善意取得的，判决确认被诉行为违法，不撤销登记行为。该司法解释进一步拓展了情况判决的适用范围，将公共利益和第三人善意取得均作为可以阻却撤销登记的裁判理由。

本案中，原告要求撤销被诉登记行为，而第三人李某、王某提出了善意取得的抗辩。根据《物权法》对善意取得制度的要件规定，结合审理查明的事实，法院认定李某、王某构成善意第三人。故法院适用《最高人民法院关于审理房屋登记案件若干问题的规定》第十一条第三款规定，作出情况判决，即判决确认被诉登记行为违法，但不撤销登记行为，保留被诉登记行为的法律效力。该情况判决的作出，维护了市场交易安全，对善意第三人依法进行了保护。

当然，为了平衡原告和善意第三人的利益，维护原告的合法权益，本案也在判决中指出，房屋登记机构在被诉转移登记及前述对倪某、金某、石井幸某作出房地产登记行为时，未尽合理审核义务，对一系列违法登记行为的发生存在主观过错，这为原告后续寻求相关行政赔偿提供了依据。同时法院也释明，原告可以向第三人石井幸某主张民事赔偿。

（作者单位：上海市第三中级人民法院）

撤销公司注销登记的合法性审查

——胡某诉浙江省舟山市市场监督管理局定海分局工商行政登记案

王卫东　方　园

【裁判要旨】

登记机关办理公司注销登记应尽到合理审慎审查义务。原公司股东仅以申请公司注销登记的部分材料中本人签名不实为由要求撤销公司注销登记，登记机关据此撤销原公司注销登记的，法院应结合原公司申请注销登记目的是否合法，注销登记是否存在“重大且明显违法”情形，注销登记是否明显损害了债权人和其他利害关系人的合法权益，撤销公司注销登记的事实根据和法律依据是否充分，以及恢复原公司法人人格的必要性和合理性五个方面考量登记机关作出撤销公司注销登记决定的法律效果和社会效果，并综合评判撤销公司注销登记行为的合法性。

【案号】

一审：浙江省舟山市定海区人民法院（2019）浙0902行初38号。
二审：浙江省舟山市中级人民法院（2019）浙09行终89号。

【案情】

上诉人（原告）：胡某。

被上诉人（被告）：浙江省舟山市市场监督管理局定海分局（以下简称定海市场监管分局）。

原舟山华利金属材料有限责任公司（以下简称原华利公司）于2003年2

月26日登记成立，股东为胡某（法定代表人）和林某。因未参加2009年年检，原华利公司于2010年12月6日被吊销营业执照。2013年5月6日，胡某作为清算组负责人签名并书面授权委托原华利公司员工向工商部门申请注销登记，并提交了《公司注销登记申请书》及委托书、营业执照正副本、备案通知书、股东会决议、公告和清算报告。登记机关于同日核准注销登记。

2017年10月起，林某向定海市场监管分局申请撤销原华利公司注销登记并提交了司法鉴定意见书，认为原华利公司注销登记申请材料中的清算报告、股东会决议等文件中的“林某”不是其本人签名。2018年1月25日，定海市场监管分局立案调查，最终于2019年1月16日作出舟市监定企撤字（2019）1号《撤销登记决定书》。该决定书认为，原华利公司以伪造签名等不正当手段向该局提供虚假的登记材料取得公司注销登记，根据《公司法》第一百九十八条之规定撤销了原华利公司于2013年5月6日的注销登记。

胡某不服，提起行政诉讼，请求撤销定海市场监管分局作出的舟市监定企撤字（2019）1号《撤销登记决定书》。

【审判】

浙江省舟山市定海区人民法院一审认为，原华利公司未依照《公司法》相关规定就公司注销、清算重大事项召开股东会议，并向登记机关提供伪造的股东林某签名等虚假申请资料取得注销登记，属于提交虚假材料取得公司登记违法行为，且情节严重，定海市场监管分局作出撤销原华利公司注销登记决定认定事实清楚、证据确凿、适用法律正确、程序合法。据此判决驳回胡某的诉讼请求。

胡某不服，提起上诉。

浙江省舟山市中级人民法院二审认为，原华利公司申请公司注销登记并提交了公司注销登记申请书、指定代表或者共同委托代理人的证明、备案通知书、股东会决议、清算报告、刊登注销公告的报纸报样、企业法人营业执照等申请材料，公司登记机关经审查注销登记申请材料齐全，符合《公司登记管理条例》第四十三条规定，于同日作出准予注销登记决定，已尽审慎审查义务，并无明显不当。原华利公司股东林某认为相关注销登记申请材料上其签名不实，并不属于违反《公司法》第一百九十八条等法律规定的应予撤销公司注销登记的情节严重情形。且定海市场监管分局在原华利公司已实际注销四年后，未综合考量原华利公司因被吊销营业执照后依法必须进行清算、注销，且原华利公司在注销后已不具备公司法律特征，以及撤销注销登记可能会对既存的社会经营管理秩序造成不良影响等实际情况，作出撤销注销登记决定，缺乏必要性与合理性，事实认定不清，法律适用不当。据此，二审改判撤销定海市场监管分局于2019年1月16日作出的舟市监定企撤字（2019）1号《撤销登记决定书》。

【评析】

公司注销登记是登记机关作出的消灭公司人格的登记行为，对外具有公示和公信效力，在商事法律关系和行政法律关系方面均具有重要意义。而撤销公司注销登记是恢复一个已被消灭的公司人格，涉及原公司与股东之间、原股东之间、原公司与债权人之间等各方法律关系的恢复与重置，行政机关“纠错”更应“慎之又慎”，否则公司登记效力的稳定性、权威性和公司登记管理秩序将无从保证。本案的争议焦点包括登记机关办理公司注销登记的审查职责，申请人提交虚假材料骗取注销公司登记的认定与处置，以及行政机关自我纠错是否应当遵循正当程序原则。

一、登记机关办理公司注销登记应尽到合理审慎审查义务

根据最高人民法院《关于审理公司登记行政案件若干问题的座谈会纪要》（法办〔2012〕62号）第一条，“因申请人隐瞒有关情况或者提供虚假材料导致登记错误的，登记机关可以在诉讼中依法予以更正。登记机关依法予以更正且在登记时已尽到审慎审查义务，原告不申请撤诉的，人民法院应当驳回其诉讼请求……公司法定代表人、股东等以申请材料不是其本人签字或者盖章为由，请求确认登记行为违法或者撤销登记行为的，人民法院原则上应按照本条第一款规定处理，但能够证明原告此前已明知该情况却未提出异议，并在此基础上从事过相关管理和经营活动的，人民法院对原告的诉讼请求一般不予支持”。关于“是不是所有股东签字都要股东本人到场核对笔迹才算尽到审慎审查义务”的问题，《最高人民法院关于对〈关于审理公司登记行政案件若干问题的座谈会纪要〉的疑问的答复》中第三点的意见是否定的，认为“人民法院不能单独以公司登记机关在办理登记时没有进一步要求申请人提供证明签名真实性的证据或者相关人员到场确认即认定登记机关未尽到审慎审查义务，仍然要结合其他情形判断公司登记机关是否尽到审慎审查义务”。

因《公司法》等现行相关法律规范并未要求公司登记机关在办理注销登记时必须实质审查申请材料中签名的真实性，或要求相关人员必须到场确认；且要求公司登记机关逐一审查申请材料中签名的真实性既不具有现实可能性，也将严重影响行政效率。故当前公司登记行政管理实践和司法实务主流观点普遍认可对各类公司登记采取形式审查主义，即由申请人对申请材料的真实性负责，登记机关只对申请人提交的申请材料是否符合法律规定的形式要件进行审查。

本案中，因原华利公司股东胡某和林某对公司经营产生重大分歧导致公司无法正常开展生产活动且未参加 2009 年年检，工商部门于 2010 年 12 月 6 日吊销该公司营业执照，且该公司不再实际经营，符合公司解散事由并应依法进行清算。原华利公司于 2013 年 5 月 6 日申请公司注销登记，提交了公司注销登记申请书、指定代表或者共同委托代理人的证明、备案通知书、股东会决议、清算报告、刊登注销公告的报纸报样、企业法人营业执照副本等申请材料，登记机关经审查上述注销登记申请材料齐全，符合《公司登记管理条例》第四十三条规定的形式要件，于同日作出准予注销登记决定，已尽合理审慎审查义务，并无明显不当。

但是，如以“一般社会人”的标准判断即可以发现申请人提交的申请材料存在明显涂改、同一份申请材料前后签名明显不一致、签名错漏等明显不符合形式要件的情形，公司登记机关应当通过询问、调查等合理方式进一步核实；未经核实径行作出注销登记的，结合具体案情可以认定登记机关未尽到合理审慎审查义务。

二、关于提交虚假材料骗取公司注销登记的认定

因《公司法》并未对注销登记设置专门的程序，故参照《公司法》第一百九十八条和《公司登记管理条例》第六十四条规定，提交虚假材料或者采取其他欺诈手段隐瞒重要事实，取得公司登记的，公司登记机关应当责令改正，处以罚款；情节严重的，撤销公司登记或者吊销营业执照。对此，从构成要件分析，“提交虚假材料或者采取其他欺诈手段”是行为要件，“隐瞒重要事实”是目的要件，“取得公司登记”是后果要件。从罚则分析，构成骗取公司登记的，一般由公司登记机关责令改正，处以罚款；对于构成“情节严重”情形的，如申请人与登记机关恶意串通损害国家利益、社会公共利益，或为抽逃资金、隐匿债务等申请注销登记且明显损害公司债权人或其他利害关系人合法权益的，由公司登记机关撤销该公司登记或吊销营业执照。

本案中，原华利公司于 2010 年 12 月 6 日被吊销营业执照，符合公司解散事由并应依法进行清算，对此，原华利公司股东胡某、林某均应是明知的。定海市场监管分局作出被诉《撤销登记决定书》的主要依据是林某单方委托宁波天童司法鉴定中心出具的《司法鉴定意见书》和相关询问调查笔录。该鉴定意见认为原华利公司于 2013 年 5 月 6 日提交的公司注销登记申请材料中的两份《股东会决议》和《清算报告》中的“林某”签名字迹与其申请鉴定时提交的签名样本中的字迹，不是同一人笔迹。而根据定海市场监管分局在行政程序中的询问调查情况，胡某、林某和案涉注销登记经办人即原华利公司出纳对林某就该公司清算、注销相关事项是否知情存在重大争议。退一步分析，即使涉案两份《股东会决议》和《清算报告》中“林某”签名非其本人签名，亦存在两种不同情形：一是林某对公司清算、注销登记事项确不知情而由他人伪造其签名申请注销登记，此构成“提交虚假材料”，但至于是否构成“情节严重”，仍应从行为人是否有主观恶意以及是否造成较为严重的社会危害后果等方面进一步考量，否则《公司法》第一百九十八条从违法情节上区分设置不同的罚则就毫无意义了；二是林某对公司清算、申请注销登记事项确属明知但不予配合，而对他人代为签名不持异议，此仅构成签名不规范问题，不属于“提交虚假材料”情形。对此，行政机关在行政程序中未予查清，且无充分证据证明原华利公司确系以伪造签名等不正当手段向登记机关提供虚假材料，便径直认定原华利公司属于“提供虚假材料取得公司登记违法行为”且“情节严重”的应予撤销注销登记情形，作出撤销原华利公司注销登记的决定，主要证据不足。

三、撤销公司注销登记应综合考量法律效果和社会效果

“撤销公司登记”与“吊销营业执照”在行政行为性质上有本质区别。吊销营业执照是法定行政处罚种类，而根据《全国人民代表大会常务委员会法制工作委员会关于公司法第一百九十八条“撤销公司登记”法律性质问题的答复意见》（法工委复〔2017〕2 号），“撤销被许可人以欺骗等不正当手段取得的行政许可，是对违法行为的纠正，不属于行政处罚”。基于两者行为性质的不同，行政程序的设置也有较大区别。而《公司法》第一百九十八条将“撤销公司登记”与“吊销营业执照”并列作为罚则内容，容易在行政管理实践中产生歧义。

撤销公司注销登记是恢复一个已被消灭的公司人格，涉及原公司与股东之间、原股东之间、原公司与债权人之间等各方法律关系的恢复与重置。结合现行法律规定和行政管理实践，法院可以从以下五个维度考量登记机关作出撤销公司注销登记决定的法律效果和社会效果，并综合评判撤销公司注销登记行为的合法性：一是原公司申请注销登记是否符合法定情形、目的是否合法；二是登记机关核准注销登记是否存在“重大且明显违法”情形；三是注销公司登记是否明显损害了债权人和其他利害关系人的合法权益；四是登记机关撤销公司注销登记的事实根据和法律依据是否确实充分；五是撤销公司注销登记即恢复原公司法人人格的必要性和合理性。其中，必要性主要考量恢复公司人格是否系处理涉案争议的唯一途径或最直接途径，如有其他法定途径可以救济的，一般不建议登记机关通过撤销注销登记处理；合理性考量撤销注销登记是否会对现有公司登记管理秩序和其他社会关系造成影响。

以本案为例，第一，原华利公司已于2010年被吊销营业执照且未再实际经营，符合公司解散事由并应依法清算，后于2013年申请公司注销登记符合法定情形，目的正当。第二，登记机关经审查认为原华利公司于2013年5月6日申请注销登记材料齐全、符合形式要件并于同日核准备案，已尽合理审慎审查义务，程序合法，不存在“重大且明显违法”情形。第三，根据定海市场监管分局在行政程序中的调查，没有证据证明原华利公司注销登记损害了该公司既有债权人的利益，亦不存在影响其他利害关系人合法权益和社会经营秩序的情形。原股东如认为公司仍有财产未予清算、分配，办理注销登记损害了其财产权益，可以通过民事诉讼等途径另寻救济。第四，承前所述，定海市场监管分局依据《公司法》第一百九十八条作出被诉撤销登记决定，认定原华利公司构成提供虚假材料取得公司登记且情节严重的违法行为，事实依据和法律依据不足。第五，本案中，定海市场监管分局未综合考量原华利公司系因被吊销营业执照后依法必须进行清算、注销，该公司已实际注销四年且未再进行实质经营已不具备公司法律特征，以及撤销注销登记可能会对既存的社会经营管理秩序造成不良影响等实际情况，作出撤销注销登记决定缺乏必要性与合理性。

综上，本案二审认为定海市场监管分局撤销原华利公司注销登记并无充分的事实和法律依据，且缺乏必要性和合理性，不应予以支持。进言之，如果本案认可公司登记机关撤销注销登记的效力，则对登记机关办理注销登记苛加了实质审查义务，既无上位法律规定，亦不具有现实可能性，且有违行政管理实际。

四、行政机关自我纠错应当遵循正当程序

行政行为确有违法或不当之处的，由行政机关自我纠错是实质性化解行政争议的重要方式，也是行政机关的职责所在。因现行法律并未专门就行政机关纠错程序作出规定，行政机关纠错应当符合单行法律，如《行政许可法》《行政处罚法》立法精神和原则，同时应当遵循正当程序。

正当程序原则要求行政机关负有按期履行法定职责的义务。对此，《行政诉讼法》第四十七条第一款规定弥补了当前单行行政法关于行政机关一般履职期限缺失的立法空白，明确行政相对人申请行政机关履行保护其人身权、财产权等合法权益的法定职责，行政机关在接到申请之日起两个月内不履行的，行政相对人可以向人民法院提起履职之诉。即行政机关的一般履职期限是受理行政相对人申请之日起两个月。本案中，定海市场监管分局根据原华利公司股东林某的举报，对原华利公司骗取注销登记一案进行调查，从2018年1月25日立案，至2019年1月16日作出被诉撤销登记决定，超过正当办案期限且未提供经审批延长或存在其他不计入办案期限的正当情形的相关证据，有违行政程序规范。

综上，本案二审法院经审理认为定海市场监管分局作出被诉撤销登记决定并无充分的事实根据和法律依据，行政程序不当，被诉《撤销登记决定书》依法应予撤销。

需要说明的是，本案一审法院未通知林某作为第三人参加诉讼，审判程序存在问题。但因二审判决结果使涉案行政法律关系又恢复到初始状态，并未因本案行政诉讼导致林某承担义务或者减损权益，故为避免程序空转、减轻当事人诉累，二审直接改判撤销被诉舟市监定企撤字（2019）1号《撤销登记决定书》，符合行政诉讼程序规定。

（作者单位：浙江省舟山市中级人民法院）

调查研究

关于涉集体土地棚户区改造和环境整治行政案件的调研报告

——以北京四中院近五年受理的案件为样本

武　楠　李世邦

前言

近年来，北京市集体土地棚户区改造和环境整治项目呈大规模开展趋势，涉及多项重大民生工程及“三城一区”建设，关乎首都人民群众居住环境改善和首都社会经济发展大局。北京四中院受理的以区政府为被告的集体土地房屋及地上物强制拆除案件也呈现逐年增长的态势。此类案件关涉房屋土地等重大财产利益，矛盾纠纷突出，社会关注度高，法律关系复杂，审理难度较大。为依法稳妥审理涉集体土地棚户区改造和环境整治行政案件，保障集体土地权利人和利害关系人的合法权益，发挥行政诉讼的监督作用，本文以四中院近五年受理的行政案件为分析样本，对该类案件的审查裁判规则提出有效的建议对策。

一、涉集体土地棚户区改造和环境整治行政案件的基本情况及特点分析

（一）涉集体土地棚户区改造和环境整治行政案件数量情况

2016 年至 2020 年，四中院审结涉集体土地棚户区改造和环境整治行政案

件共计177件，其中2016年审结23件，2017年审结23件，2018年审结28件，2019年审结41件，2020年审结62件。（见表1）

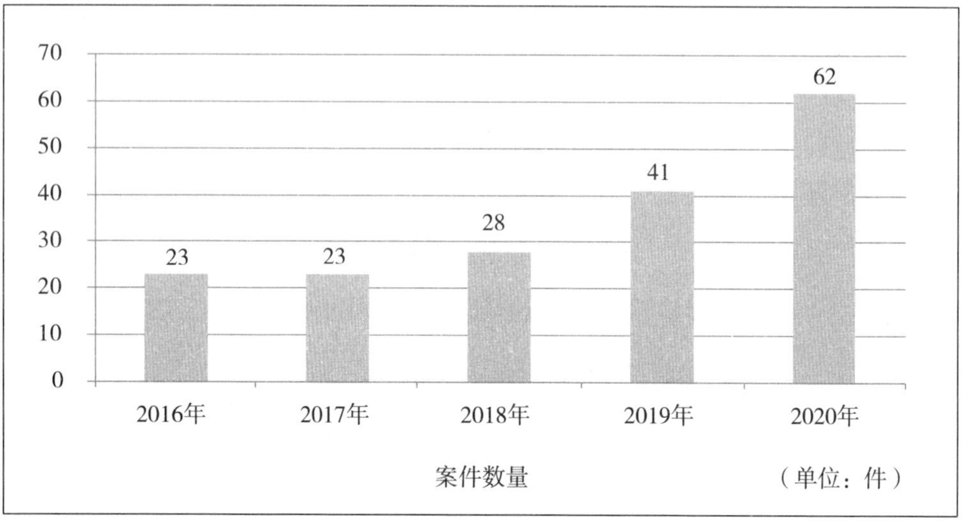

图1 2016—2020年集体土地棚户区改造和环境整治行政案件

从近五年案件的审理情况分析，涉集体土地棚户区改造和环境整治行政案件占总体案件比例较小。2016年至2018年的案件数量较为平稳，2019年、2020年的案件数量急剧上涨。主要是由于全市集体土地棚户区改造和环境整治项目增多，引发的行政纠纷矛盾也随之增加。

（二）涉集体土地棚户区改造和环境整治案件的项目情况

四中院审理的集体土地棚户区改造和环境整治案件所涉项目呈现分布区域广、项目重大的特点。从项目类型方面调研情况来看，以集体土地棚户区改造和环境整治项目名义立项的为主，占案件总量的60%；以土地一级开发和交通工程建设项目名义立项的占比37%。绿化隔离建设和其他项目如集体土地入市试点、历史遗留集体土地拆迁等占比较小。（见图2）

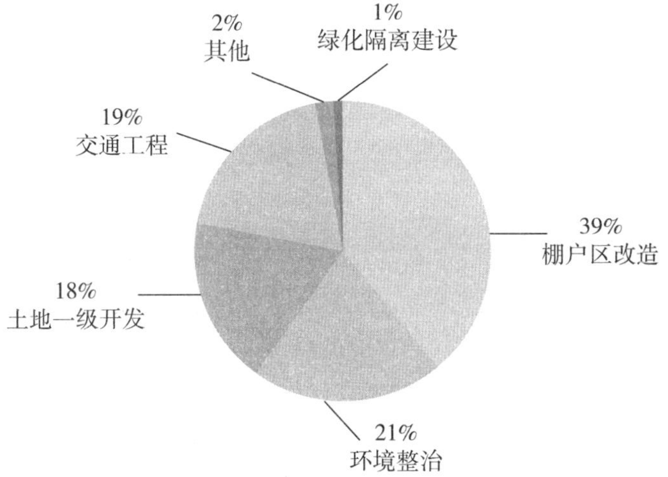

图 2　2016—2018 年涉案项目类型占比

从 2016 年至 2020 年涉案项目类型的案件情况逐年分析，棚户区改造项目逐年增多。（见表 1）

交通工程项目一般属于全市重大工程项目，包括房山线轨道交通、京沪高铁、京台高速、京沈高铁、世园会道路建设、大兴新机场建设等，关乎国家重大战略布局。

表 1　2016—2018 年涉案项目的类型和案件数量

	2016 年	2017 年	2018 年	2019 年	2020 年	共计
棚户区改造	1	5	9	16	38	69
环境整治	20	6	4	2	5	37
土地一级开发	1	0	3	22	7	33
交通工程	0	12	12	1	8	33
其他	0	0	0	0	3	3
绿化隔离建设	1	0	0	0	1	2

从涉案项目分布区域来看，涵盖全市 14 个区，既包括朝阳区、海淀区、丰台区等中心城区，也包括延庆区、顺义区、房山区等远郊区。其中，朝阳区政府涉诉案件占比 28%；大兴区政府涉诉案件占比 14%；延庆区政府涉诉案件占比 13%。另外，通过调研分析，全市集体土地上开展棚户区

改造、环境整治等项目呈现出区域范围广的特点，除东、西城区外，其他区域全覆盖。（见图 3）

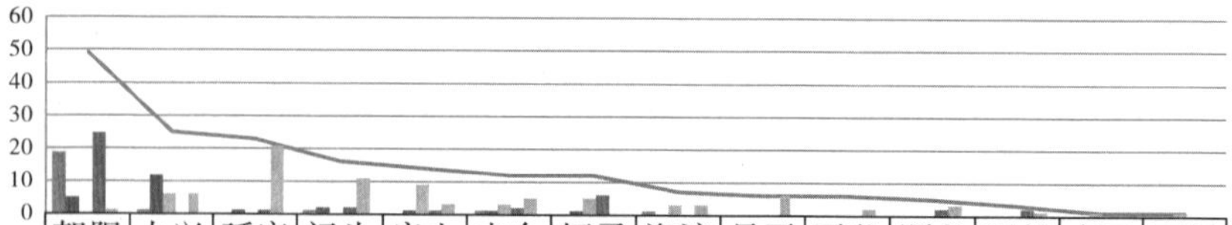

	朝阳区	大兴区	延庆区	门头沟区	房山区	丰台区	怀柔区	海淀区	昌平区	平谷区	顺义区	通州区	密云区	石景山区
2016年	19	1	0	1	0	1	0	1	0	0	0	0	0	0
2017年	5	12	1	2	1	1	1	0	0	0	0	0	0	0
2018年	0	6	0	0	9	3	5	3	0	0	0	0	1	1
2019年	25	0	1	2	1	2	6	0	0	0	2	2	0	0
2000年	1	6	21	11	3	5	0	3	6	2	3	1	0	0
——共计	49	25	23	16	14	12	12	7	6	6	5	3	1	1

图 3　2016—2020 年全市各区政府涉诉案件情况

（三）涉集体土地棚户区改造和环境整治案件共同被告情况

四中院审理的涉集体土地棚户区改造和环境整治案件中，区政府作共同被告案件为 97 件，占比达 55%。只有怀柔区政府未有共同被告情形。共同被告中，乡镇政府作共同被告案件占比 95%，其他共同被告还包括区住建委、街道办以及市规自委。（见图 4）

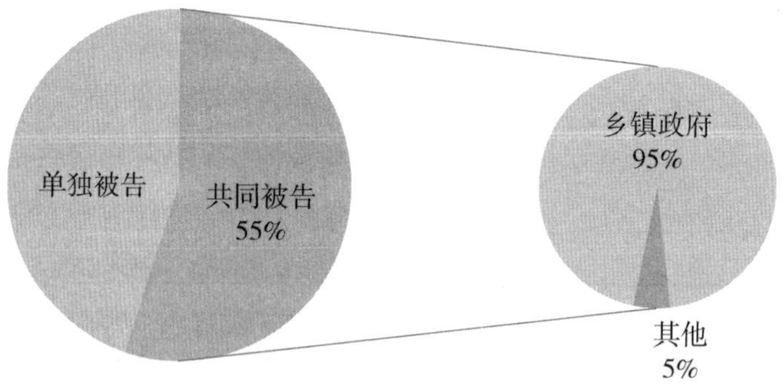

图 4　涉诉案件共同被告的占比

共同被告案件数较多，主要是由于原告在不确定涉集体土地房屋及地上物的拆除主体的情况下，倾向于将属地乡镇政府和区政府列为共同被告提起起诉，以防遗漏应当承担责任的被告。

表 2　2016—2020 年涉诉案件共同被告的具体情况及案件数量

共同被告		案件数
朝阳区政府	管庄乡政府	18
	王四营乡政府	1
	孙河乡政府、市规划和自然资源委员会	20
大兴区政府	黄村镇政府	10
	西红门镇政府	1
	旧宫镇政府	1
	青云店镇政府	1
	区住房和城乡建设委员会	1
门头沟区政府	永定镇政府	1
	龙泉镇政府	3
丰台区政府	长辛店镇政府	1
	花乡政府	1
密云区政府	河南寨镇政府	1
石景山区政府	区住房和城乡建设委员会、市规划和自然资源委员会	1
房山区政府	长阳镇政府	5
	长沟镇政府	1
	西潞街道办事处	2
通州区政府	潞城镇政府	1
	台湖镇政府	1
顺义区政府	区住房和城乡建设委员会	1
平谷区政府	峪口镇政府	1
昌平区政府	南邵镇政府	2
	北七家镇政府	3
延庆区政府	延庆镇政府、区住房和城乡建设委员会	17

续 表

<table>
<tr><td colspan="2">共同被告</td><td>案件数</td></tr>
<tr><td rowspan="2">海淀区政府</td><td>海淀镇政府</td><td>1</td></tr>
<tr><td>四季青镇政府</td><td>1</td></tr>
<tr><td colspan="2">共计</td><td>97</td></tr>
</table>

（四）涉案集体土地房屋及地上物情况

四中院审理的该类案件中，房屋及地上物主要为宅基地上房屋的强制拆除案件共计 155 件。其他还包括集体土地上厂房、地上物苗木、温室大棚以及养殖场设施。（见图 5）该类案件涉及集体土地权利人的重大财产权益，所引发的矛盾纠纷往往带有群体性特点。从行政诉讼的客观效果来看，当事人对涉诉集体土地棚改项目的合法性质疑较大，一定程度影响了项目的进度。

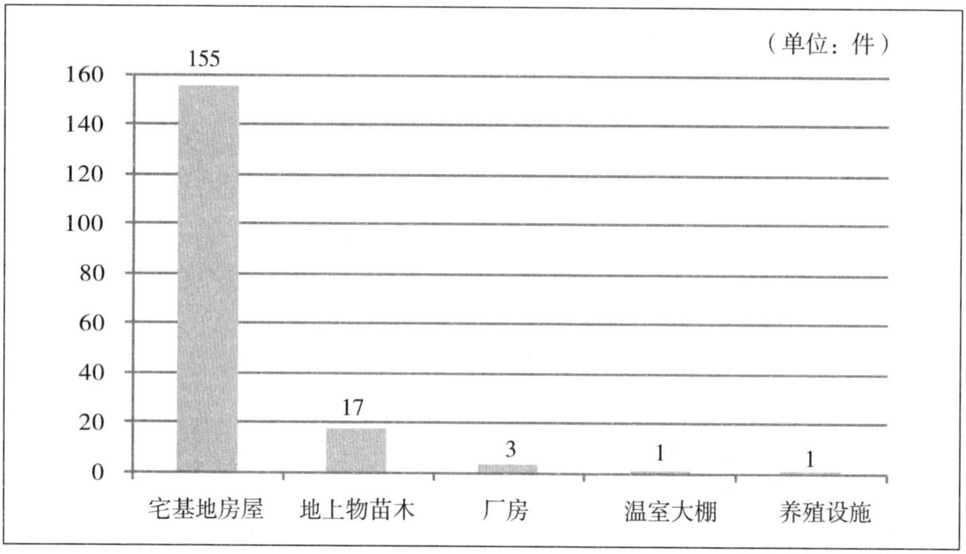

图 5　涉案集体土地房屋及地上物情况

一般来说，应当在签订补偿协议或者作出补偿决定等正当法定程序之后，再对集体土地房屋及地上物进行强制拆除。但是从审理案件的签订协议情况来看，签订协议的只有 12 件（见图 6），绝大多数案件在没有签订补偿协议的情况下作出拆除行为，该类案件的矛盾纠纷也呈现出较为复杂且不易化解的特点。

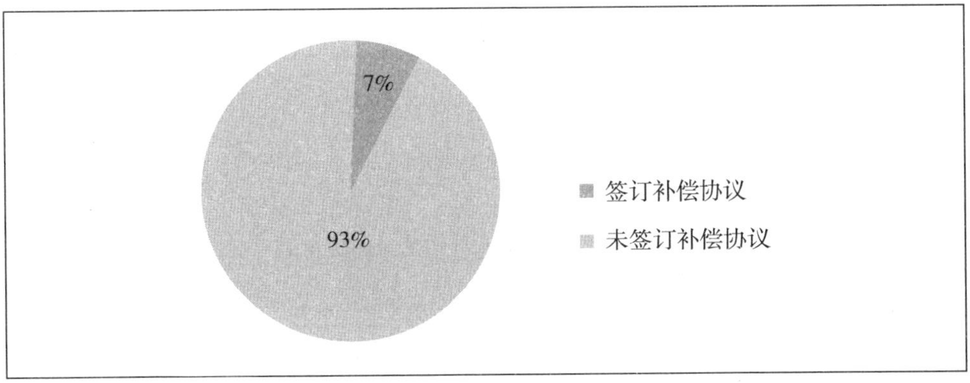

图6　涉案补偿协议的签订比例

（五）涉集体土地棚户区改造和环境整治行政案件的裁判情况

四中院近五年审理的涉集体土地棚户区改造和环境整治行政案件中，裁判结果包括裁定驳回起诉和判决确认拆除行为违法。其中判决确认违法共计20件（见表3），被告实体败诉率高达100%。败诉的主要原因在于：程序违法，如强制拆除房屋、清除地上物案件中，行政机关在未作出补偿决定或者未与权利人达成补偿协议的情况下，违反法定程序实施强制拆除、清除行为。越权授权，如在无法律、法规或者规章明确规定的情况下，区政府授权公司等民事主体实施强制拆除房屋或清除地上物行为。消极应诉，如举证期限内只提交答辩状而不提供证据。法院组织的询问程序中，被告不积极配合，导致案件事实的查明难度加大。

表3　2016—2020年涉案裁判结果　（单位：件）

	2016年	2017年	2018年	2019年	2020年	共计
裁定驳回起诉	23	16	21	36	61	157
确认违法	0	7	7	5	1	20

不符合行政诉讼起诉条件而被驳回起诉的案件达157件，这些案件不符合起诉条件的情形包括无事实根据、被告不适格、无原告主体资格、超过起诉期限及其他。（见图7）

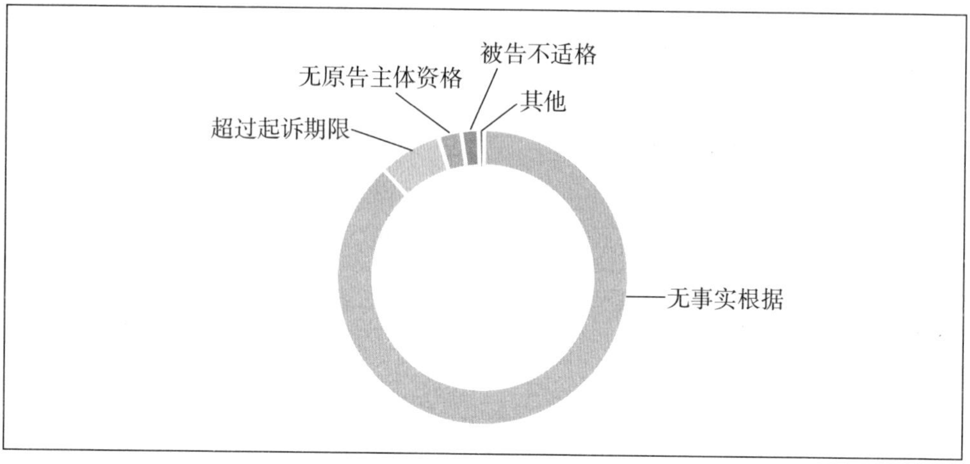

图7 裁定驳回起诉的主要理由

（六）涉集体土地棚户区改造和环境整治项目的性质情况

从近五年审理涉案的项目性质分析，主要包括集体土地房屋及地上物腾退、拆迁以及协议搬迁三种。（见图8）腾退性质的项目主要体现为乡镇人大通过腾退决议，村委会召开村民代表大会同意实施腾退。拆迁性质的项目则是按照《北京市集体土地房屋拆迁管理办法》的规定实施拆迁，协议搬迁性质的项目则主要是搬迁实施主体与房屋及地上物权利人自愿达成补偿协议后予以搬迁。

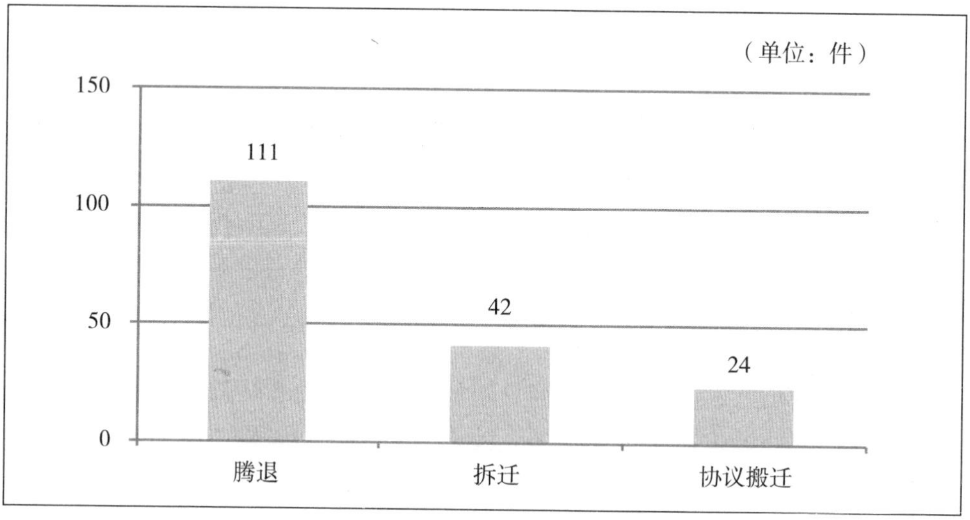

图8 项目性质的涉案数量情况

由此可以看出，涉集体土地房屋及地上物强制拆除行政案件的项目性质不一，腾退性质和协议搬迁性质的项目缺乏法律规范的规制。只有拆迁性质的项目有法可依。但随着北京棚户区改造、环境整治项目的快速推进，为了简化审批手续、加快项目进程，拆迁性质的项目逐渐减少。现阶段以自主腾退和协议搬迁性质的项目为主要模式。（见图 9）

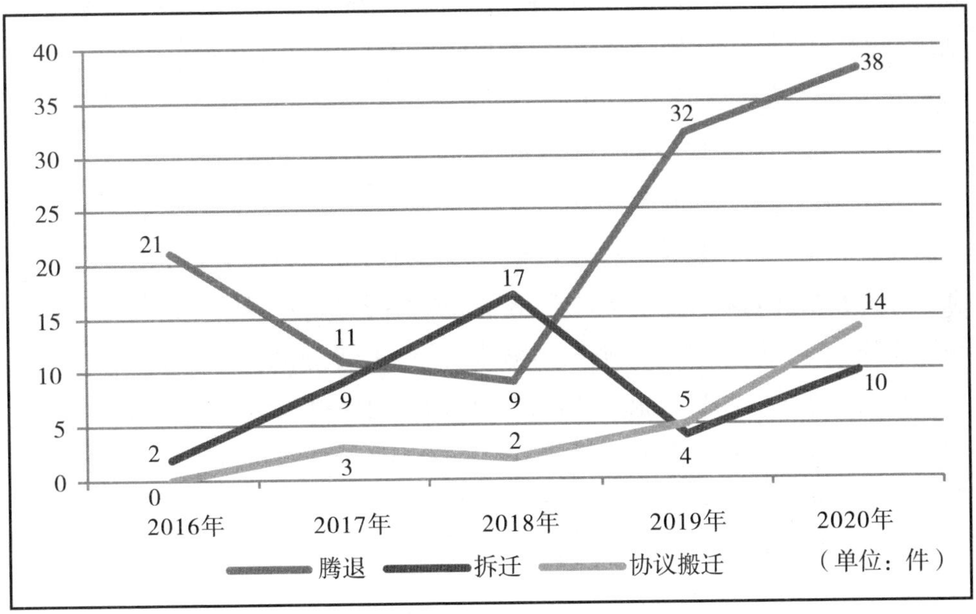

图 9　2016—2020 年项目性质涉案数的比较

二、集体土地棚户区改造和环境整治项目法律规范分析及疑难法律问题

（一）棚户区改造和环境整治政策的法律规范分析

棚户区改造原是针对城镇中历史遗留的集中成片危旧住房、破房烂院，以及因户距拥挤不堪，公共设施无法配套，消防出行、生产生活存在明显公共安全隐患的城中村，是为便利群众出行、保障住房安全、消除公共安全隐患、优化生产生活环境，解决大批困难家庭住房与社会发展不适应等问题而推行的一项民心工程。随着城镇化建设的推进，城市棚户区改造和环境整治政策逐步被农村建设改造借鉴。

国家及北京市关于棚户区改造方面的规定均为规范性文件。如《国务院关于加快棚户区改造工作的意见》《国务院办公厅关于进一步加强棚户区改造工作的通知》《北京市人民政府关于加快棚户区改造和环境整治工作的实施意见》。上述文件均规定，棚户区改造和环境整治工作包括城市棚户区项目和国有工矿棚户区项目，并不涉及集体土地。2015 年 4 月 7 日，北京市发展和改革委员会、北京市重大项目建设指挥部办公室发布《关于加快涉及集体土地棚户区改造和环境整治项目审批相关事宜的通知》，该通知决定：（1）创新项目实施模式，采用“棚户区改造土地开发项目”的模式，对新增涉及集体土地棚户区改造和环境整治项目开展前期土地征收和拆迁安置工作。“棚户区改造土地开发项目”实施内容应包括征地、拆迁、必要的基础设施建设和安置住房建设。（2）优化项目审批手续。项目纳入本市棚户区改造和环境整治计划后，区、县政府通过授权委托、公开招标等多种方式确定项目实施主体，出具项目实施主体确认文件，确定项目征收拆迁补偿政策、征收拆迁方案等。项目实施主体按照市政府绿色审批通道工作机制，同步办理规划、国土、环保、交通等相关审批手续。该文件发布后，北京市各区县开始大力推进集体土地棚户区改造和环境整治项目。

（二）北京市集体土地棚户区改造和环境整治项目的开展模式及疑难法律问题

实践中，各区政府对于集体土地棚户区改造和环境整治项目开发建设采用不同模式，确定的项目建设主体及具体的实施主体亦有所不同。此类项目中，往往涉及区政府、区属行政机关、属地乡镇政府、公司等其他组织及村民委员会等多类主体，引发争议的行为包括腾退补偿协议的签订、履行，强制拆除、清除地上物等多种情况。四中院对集体土地建设项目引发的行政案件的基本情况进行了汇总。（见图 10）

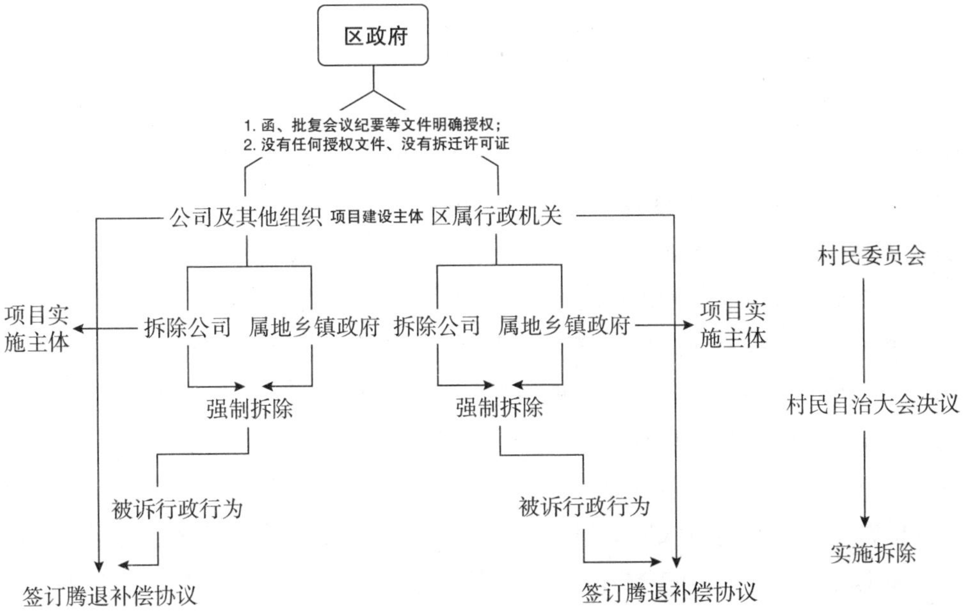

图 10　集体土地上棚改开展模式

此类案件中，被诉行为性质如何认定、责任主体如何确定，各级法院、法院不同审判部门存在不同意见，亟须统一审理思路。其中，突出的法律疑难问题有：

1. 如何界定腾退补偿协议的性质？属于民事协议还是行政协议？是否因协议签订主体性质不同而有所不同？如属于行政协议，如何确定适格被告？

2. 如何界定强制拆除、清除地上物行为的性质？属于民事侵权行为还是行政行为？是否因拆除行为的实际实施主体不同而有所不同？如属于行政行为，如何确定适格被告？

3. 村民委员会自认实施强制拆除行为的应如何认定责任主体？

4. 行政相对人实体权益救济途径及赔偿补偿标准问题。

三、涉集体土地棚户区改造和环境整治项目行政案件疑难法律问题分析及司法审查规则构建

（一）涉案项目中腾退补偿协议的性质及相应的救济途径辨析

我们认为，确定腾退补偿协议的性质需要考虑协议签订主体的法律性质定位。

1. 公司以政府授权开展项目的名义签订腾退补偿协议性质

关于在集体土地棚户区改造和环境整治项目中，由区政府作出批复同意由其他主体作为项目开发建设主体，负责项目开发建设的情况下，项目开发主体与被腾退人签订的腾退补偿协议性质应如何认定？协议的签订及履行过程中遇到的问题应属于行政诉讼受案范围还是民事诉讼受案范围？针对该问题，审判实践中有两种意见。

第一种意见认为，该协议应属于行政协议，由此引发的诉讼属于行政诉讼受案范围。《最高人民法院关于审理行政协议案件若干问题的规定》第四条第二款规定，因行政机关委托的组织订立的行政协议发生纠纷的，委托的行政机关是被告。如某区政府作出《北京市某区人民政府关于同意中交沃地（北京）置业有限公司作为某乡黑桥村、南皋村棚户区改造土地开发项目开发建设主体的批复》应视为区政府对中交公司的委托，中交公司在该批复授权范围内所从事的行为应视为被告委托中交公司所从事的行为。且目前在集体土地棚户区改造过程中，由某一行政主体作出批复同意，由非行政主体作为项目开发建设主体负责项目开发建设的情况下强制拆除房屋的行为，视为该行政主体委托非行政主体从事的行政行为。故在项目推进过程中，中交公司与被腾退人所签协议应视为区政府为实现行政管理目标委托中交公司与行政相对人订立的具有行政法上权利义务内容的行政协议，该案应属于行政诉讼受案范围。

第二种意见认为，政府所作批复仅限于开发建设项目对实施主体的委托，并非全部事项的委托。签订房屋腾退补偿协议的行为与强制拆除房屋不同，并不涉及行政强制行为，而是平等主体间就腾退补偿事宜意思表示一致的条件下订立的协议，具有平等性、合议性和自愿性的特点。协议的任一方对该协议的内容有异议，均可提出意见或拒绝签订，因此该协议更符合民事协议的特点。且目前北京市各区基层法院亦将该类案件作为民事案件受理并审理。从便利当事人诉讼，将矛盾纠纷化解在基层角度考量，尊重法院现行裁判体制，将该类房屋腾退补偿协议认定为民事协议，相关纠纷属于民事诉讼受案范围更为便宜。当事人对合同的签订、履行、解除等行为不服的，应当向有管辖权法院提起民事诉讼。当事人提起行政诉讼，请求区政府履行协议义务的，应当以不属于行政诉讼受案范围为由裁定驳回起诉。

2. 行政机关作为项目建设实施主体签订的腾退补偿协议性质

我们倾向于认为，从协议签订主体、订立协议目的、协议内容等角度进行分析，此类协议应属于行政协议，由此引发的诉讼属于行政诉讼受案范围。同时基于协议相对性原则，宜由签订协议的区属行政机关或属地乡镇政府作为适格被告。被腾退人对协议的签订、履行、解除等行为不服的，应当以区政府所属部门或者乡镇政府为被告向有管辖权法院提起行政诉讼。当事人以区政府为被告请求区政府履行协议义务的，应当通知原告变更被告，原告不同意变更的，裁定驳回起诉。

（二）涉集体土地棚户区和环境整治项目中强制拆除房屋、清除地上物行为性质认定和适格被告的确定规则构建

1. 强制拆除房屋、清除地上物行为性质认定问题

涉案集体土地地上物的强制拆除（清除）行为是行政行为还是民事行为，系判断案件是否属于法院行政诉讼的受案范围，确定适格被告和相应责任承担主体的前提。属于法院行政诉讼受案范围是提起行政诉讼的基本条件。其中，涉诉行为是行政行为又是行政诉讼受案范围的基本要素，否则将不属于法院行政审判的权限范围。如果系民事行为，提起诉讼人应当寻求民事诉讼途径予以救济，因不符合行政诉讼起诉条件，法院应当驳回原告的起诉。实践中，拆除行为实际实施主体存在三种情形：其一，由政府确定的项目建设主体即某公司委托拆除公司或属地乡镇政府实施；其二，由政府确定的项目建设主体即区属行政机关委托拆除公司或属地乡镇政府实施；其三，由村民委员会组织实施。对于第一种情形，有区政府认为，区政府未实施或组织实施原告所述强制清除行为，不是案件适格被告。原告提起的诉讼不属于法院行政诉讼受案范围。涉案项目的建设主体是某公司，该公司委托拆除公司实施项目范围内的拆除、清除工作，应属于民事行为，而非行政行为，不属于法院行政诉讼受案范围。该答辩意见将集体土地地上物拆除、清除行为性质认定为平等民事主体之间的法律关系，系由某公司具体实施的民事行为。对于第二种情形，有区政府认为，区政府不是适格被告，拆迁补偿工作是由项目建设或实施主体，即区属行政机关或属地乡镇政府实施的。

我们认为，对于集体土地地上物的强制清除行为性质的认定，不能简单依据实施主体本身的性质这一单一事实作出判断。《土地管理法》（2004 修正）第四十三条规定："任何单位和个人进行建设，需要使用土地的，必须依法申请使用国有土地；但是，兴办乡镇企业和村民建设住宅经依法批准使

用本集体经济组织农民集体所有的土地的，或者乡（镇）村公共设施和公益事业建设经依法批准使用农民集体所有的土地的除外。前款所称依法申请使用的国有土地包括国家所有的土地和国家征收的原属于农民集体所有的土地。”根据该规定，现有的集体土地征地制度归结为“所有项目建设用地都必须申请使用国有土地，需要使用集体土地的，必须先征收为国有后再进行项目建设”。行政机关需要通过集体土地征收改变土地性质方可进行项目建设。《土地管理法》（2004 修正）第四十七条第一款规定，征收土地的，按照被征收土地的原用途给予补偿。《土地管理法实施条例》第六十二条规定：“违反土地管理法律、法规规定，阻挠国家建设征收土地的，由县级以上人民政府土地行政主管部门责令交出土地；拒不交出土地的，依法申请人民法院强制执行。”根据上述规定，对集体土地地上物的拆除、清除一般应建立在集体土地权利人通过征地补偿协议或者补偿决定等方式获得征地补偿的基础上，由主管行政机关作出决定，并通过法定途径强制执行。综上，集体土地征收中审批、征收、拆除行为系行政机关行使公权力的行政行为，任何其他组织在没有行政权力的支配和介入下，不能单独实施集体土地上房屋的拆迁、地上物的拆除、清除等行为，因而集体土地地上物的拆除、清除行为首先应当认定属于行政法律关系的范畴。

另，2015 年 4 月 7 日，北京市发展和改革委员会、北京市重大项目建设指挥部办公室发布《关于加快涉及集体土地棚户区改造和环境整治项目审批有关事宜的通知》。根据该规定，区县人民政府通过授权委托确定项目实施主体后，仍然负有确定项目征收拆迁补偿政策、征收拆迁方案等职责。

《土地管理法》（2004 修正）及《土地管理法实施条例》就农村集体土地征收规定了较为严格的具体流程，主要分为两个阶段：1. 省级以上人民政府批准市、县人民政府征收土地；2. 市、县人民政府组织实施征收和补偿。北京市《关于加快涉及集体土地棚户区改造和环境整治项目审批有关事宜的通知》中也规定“棚户区改造土地开发项目”实施内容应包括征地、拆迁等具体实施环节。区县人民政府通过授权委托确定项目实施主体后，仍然负有确定项目征收拆迁补偿政策、征收拆迁方案等职责。在征地拆迁领域，强制拆除、清退房屋及地上物的职权在规范意义上是一种行政强制执行权，是在被征收人没有按照行政机关的决定退出土地、自行拆除房屋、清退地上物的情况下，强制其履行义务的权力。但在实践操作过程中，地方政府可能利用民事主体或者其他组织在集体土地上采取协议拆迁等方式，规避《土地管理法》规定的集体土地征收流程，即实践中常常存在的“未征先拆”“未征先用”等现象。该种情况下，容易导致行政机关逃避违法行政行为的责任。基于“法无授权皆禁止”的行政法原理和法律保留的基本原则，采取其他方式规避《土地管理法》集体土地征地制度规定的行为，侵害行政相对人的权益并非不受约束，仍然属于行政诉讼的受案范围，对其合法性仍然需要进行实体审查。

北京市集体土地棚户区改造和环境整治项目中，有部分建设项目已由征地单位和项目所在地范围内的村民委员会签订征地补偿协议，但未完成征地补偿程序。也有部分建设项目完全没有启动征地补偿程序。在集体土地棚户区改造项目中，相关公司或区属行政机关已取得发改等部门的审批文件，作为涉案项目建设主体，区政府主张涉案集体土地地上物被拆除的行为由公司或区属行政机关实施，但是在地上物权利人未签订征地补偿协议，土地行政管理部门亦未就涉案集体土地作出责令交出土地决定的情况下，公司或区属行政机关实施的强制清除地上物行为不能简单地认定为系平等民事主体之间的一般民事侵权行为，而应当认定为行政行为。

2. 强制拆除房屋、清除地上物行政案件被告适格的确认规则构建

集体土地地上物拆除、清除行为在认定为行政行为后，其责任承担主体应当予以确定。按照一般的行政审判裁判思路，承担责任的主体应当是实施行政行为的法定职权主体。有法定职权方可为一定的行政行为。但是，实践中，不排除可能存在其他行政机关组织、实施集体土地征收中强制拆除、清除行为。因而，集体土地地上物拆除、清除行为的责任承担主体的确定既要考虑集体土地征收管理制度所规定的法定职权主体，还要考虑是否有其他行政机关事实上实施了上述行为。

其一，集体土地征收过程中实施补偿、拆除等行为的法定职权主体。根据《土地管理法》《土地管理法实施条例》的规定，集体土地征收的补偿、拆除等具体实施工作的法定职权主体应当是市、县级人民政府的土地行政管理部门。但在前述案件中，有部分案件北京市人民政府已作出征收集体土地批复，土地行政管理部门亦已发布征地补偿公示。也有部分案件中完全没有启动征地补偿程序。同时，均不存在土地行政管理机关作出的关于拆除、清除决定等强制行为的书面载体。故无法单纯从法定职权方面和强制行为书面

载体的署名来认定具有法定职权的土地行政管理机关应当承担强制拆除、清除行为的责任。

其二，关于集体土地建设项目的责任承担主体认定。《土地管理法》《土地管理法实施条例》并未有授权其他组织可以在集体土地上进行立项、征地的规定。《最高人民法院关于适用〈中华人民共和国行政诉讼法〉的解释》第二十条第三款规定："没有法律、法规或者规章规定，行政机关授权其内设机构、派出机构或者其他组织行使行政职权的，属于行政诉讼法第二十六条规定的委托。"该条解释有效将《行政诉讼法》第二条有关行政行为主体和第二十六条有关行政委托的规定相结合，防止行政机关通过"授权"其他组织，尤其是无行政职权和责任能力的组织实施侵害行政相对人的行政行为，规避违法行政行为责任的承担。上述案件中，对于集体土地建设项目，作为民事主体的公司显然无行政权力实施强制行为，亦无法承担行政责任。公司的行为应认定为接受行政机关委托而实施，由委托的行政机关承担责任。

具体到前述案件的情况，我们认为责任承担主体可认定如下：（1）区政府通过函件、会议纪要等形式授权公司作为项目建设主体，未办理征地手续，由公司实施强制拆除、清除地上物的行为，应认定为归属于行政委托人的行为，相应的行政责任应当由委托人被告区政府承担。已取得征地批复，发布征地补偿安置公示的，如何确定适格被告存在争议。一种意见认为，此种情况下，法定责任主体是土地行政管理部门，其应当首先被推定为适格被告。此种意见也与最高人民法院相关案件裁判思路一致。另一种意见认为，土地行政管理部门未实施任何行为，也不具有授权或委托公司实施拆除行为的能力。项目主体是由区政府确定的，法定职权主体与实施行为主体不能混为一谈。由区政府作为适格被告也更有利于规范强制行为，妥善解决赔偿问题。我们倾向于第二种意见。（2）由区属行政机关作为项目建设主体，或由属地乡镇政府作为项目实施主体，且有初步证据能够证明区属行政机关或属地乡镇政府曾经制订了前期的整治方案、作出过限期拆除决定或强制拆除决定的，则应推定区属行政机关或属地乡镇政府实施了相对人主张的强制拆除行为，应作为适格被告。理由是：谁行为谁被告是确定被告的基本原则。区属行政机关或属地乡镇政府具有行政主体资格，虽然没有实施强制行为的法定职权，但能够独立承担行为的法律责任。且作为属地政府更了解案件情况，有利于实质解决纠纷。另据了解，实践中北京市有区法院受理此类案件，确定被告的基本原则即为谁行为谁被告，而不再考虑向上追溯权力来源问题。

（三）村委会以自治腾退形式实施强制拆除房屋的司法审查思路

在北京市此前的行政复议及行政诉讼实务中，如有村民委员会自认实施强制拆除行为，复议机关及法院一般均认可此系村民自治组织实施的自治行为，不属于行政复议及行政诉讼受案范围。但最高人民法院（2019）最高法行申3784号行政裁定认为，在现行土地和房屋征收补偿法律法规框架内，基于“旧城改造”“村改居”或者“新城镇建设”等实际需要，村民会议或者村民代表会议可以在符合上位法规定前提下，通过村民自治方式决定建设项目和补偿事项，并可通过签订协议等方式解决补偿安置问题；但在未经协商一致情况下，村民委员会等自治组织即单方采取强制拆除等方式则涉嫌违法。初步证据证明强制拆除行为虽以村委会名义实施，但显然系法定的职权主体基于征收职权组织、命令实施的情况下，应当认定系职权主体与非职权主体在市政项目征收拆迁中基于共同意思联络、共同参与下实施的强制拆除，并共同承担侵权赔偿责任。

我们经分析后初步认为，对于村民委员会自认实施强制拆除行为的，应当具体情况具体分析。如涉案开发建设项目属于区政府或乡政府正规立项项目，村民委员会通过召开村民代表大会的形式通过帮助拆除、帮助腾退的决议，则可以认定帮拆行为属于村民自治范围，不属于行政复议、行政诉讼受案范围。换言之，原告起诉行政机关强拆行为违法，但行政机关能够提供证据证明村委会自认实施了强制行为，且也能够提供村民代表会议材料的，可以认为属于村民自治范畴。实践中，区政府或乡政府可能下达疏解整治任务，要求各村落实，村委会为落实疏解整治任务而通过召开村民代表会议形成决议，然后实施的强拆等行为，应当认为属于村民自治行为，因为是村民代表会议直接形成了强拆的意思表示。但如果有证据能够证明，村委会强拆行为是直接依据区政府、乡政府的指示要求实施的，也未经村民会议决议，则可以认定为属于区政府或者乡政府对村民委员会的委托行为，由区政府或者乡政府作为责任主体。

四、行政相对人实体权益救济途径及赔偿补偿标准问题

涉案地上物已经被实际拆除（清除）而当事人并未依法获得任何补偿，

当事人应当通过何种途径寻求救济，在司法实践中亦存在较大争议。在四中院受理的案件中，有当事人提起要求确认行政强制违法诉讼，并申请行政赔偿，也有当事人提起请求履行补偿安置法定职责诉讼。我们认为，原告对于起诉权利、起诉对象、诉讼类型所进行的选择只要符合起诉条件，法院即应予以尊重。需要研究的是赔偿与补偿的标准和范围问题。此类案件的赔偿与补偿没有法定标准，多为区域自行制定的补偿标准。基于公平原则和保护合理信赖利益原则，应以涉案项目签订腾退协议时区政府应支付给原告的补偿，作为确定赔偿责任的基本标准。此外，在确定赔偿责任时，还应考虑其他已签约被腾退人的比较正义问题。如涉案原告获得的赔偿明显高于已签约被腾退人获得的补偿，则对已签约的被腾退人不公平。综上，原告应获得的赔偿，应适当高于同等情形下已签约的获得补偿的被腾退人，以达到防止行政机关借违法行为获益、保护当事人的合法权益及避免对已签约被腾退人不公平的法律效果。具体的计算标准可采取在补偿标准上适当上浮或由法院酌定一定数额的赔偿金。

（作者单位：北京市第四中级人民法院）

困境与出路：环境行政处罚案件司法审查实证研究

——以2015年至2019年上海市环境行政处罚案件为分析样本

孙焕焕　吴金怡

【内容摘要】生态环境保护责任的追究与惩治，是环境法律治理的一项重要内容。新修订的《环境保护法》于2015年1月1日开始施行。但是，目前不少地方的环境质量状况还不能让人满意，环境行政执法的规范性仍存在较大不足。党的十九届四中全会提出了“严明生态环境保护责任制度”。通过对上海市2015年至2019年五年的环境行政处罚案件深入分析可知，由于环境法律体系较为繁杂且不够协调，环境行政执法的威慑性色彩较为浓厚，责令改正与行政处罚的衔接关系复杂以及环境行政执法部门和业务主管部门不一致，环境行政处罚存在法律适用难题突出、责令改正是否可诉较难判断、处罚裁量合理性较难审查、主观状态是否需要考量存在争议等问题。为此，首先要完善环境行政处罚相关法律制度，包括正确认定违法所得并在实践中加以适用、罚款数额的确定应充分考虑违法企业的支付能力、建立环境行政处罚替代履行机制等。其次要对审理裁判标准进行重塑，具体而言，一是正确选择适用法律，二是责令改正要根据不同情形判断其可诉性，三是对同时间段的同种违法行为进行处罚应合理裁量，四是环境行政处罚要考量违法主体的主观状态。

【关键词】环境保护　行政处罚　责令改正　适用法律

生态环境保护责任的追究与惩治，是环境法律治理的一项重要内容。新修订的《环境保护法》于2015年1月1日开始施行。该《环境保护法》受到了社会各界广泛赞誉，被誉为“史上最严厉环保法”，确立了最严厉的制度体系，标志着中国的“治污之战”从立法上取得了突破，它所建立的最为严厉的法律机制将为这场战役奠定基石。[①]“最严厉”多体现在法律责任的规定上，而法律责任又主要体现为行政处罚。“最严厉”的法律要实现其预期效果，需要“最严格”的执行。行政处罚即实践中较为常用的环境行政执法手段。但是，目前不少地方的环境质量状况还不能让人满意，环境管理过程也存在诸多争议，环境行政执法的规范性仍存在较大不足。[②] 通常来说，环境行政执法的不规范运作引起的争议部分会进入诉讼程序，并且在诉讼过程中暴露出其中的法律适用争议和行政行为规范性问题，因此，环境行政处罚案件不失为观察环境行政执法的重要视角。党的十九届四中全会提出了“严明生态环境保护责任制度”。为了进一步优化环境治理体系，提升环境治理能力，推动我国生态文明建设迈向新台阶，笔者对《环境保护法》施行以来五年间的上海市环境行政处罚案件进行深入梳理和分析，窥见司法审查的主要问题和法律争议，进而为改进环境行政执法、完善环境保护法律制度及促进类案裁判统一提供指引。

一、实证考察：五年来上海市环境行政处罚案件整体特点

笔者通过“Alpha 系统”于 2020 年 6 月 4 日以“环境”为关键词在上海市行政案件中检索，共查找到 2015 年至 2019 年审结的行政案件 1300 件。后笔者又于 2020 年 8 月 14 日通过上海法院 C2J 系统，同样以“环境”为关键词，对同时间段审结的案件进行了梳理。经逐一筛选，剔除其他无关案件以及审级重复案件后，与本文研究主题高度契合的共有 117 起环境保护行政处罚案件。五年来，该类案件整体呈上升趋势，2015 年有 18 件，2016 年略有下降，2017 年又回升为 18 件，2018 年案件数是 2017 年的 1.78 倍，2019 年进一步增长到 37 件。

---

① 参见吕忠梅：《〈环境保护法〉的前世今生》，载《政法论丛》2014 年第 5 期。

② 参见刘长兴：《环境行政案件司法审查的多维审视——以典型案例为对象》，载《南京工业大学学报（社会科学版）》2020 年第 3 期。中华人民共和国生态环境部发布的《2019 中国生态环境状况公报》显示，全国实施行政处罚案件达 16.28 万件，罚款金额 118.78 亿元。但全国 53.4% 的城市环境空气质量仍然超标，3.4% 的地表水为劣Ⅴ类，浅层地下水Ⅴ类占 46.2%，耕地中的低等地占 21.95%。

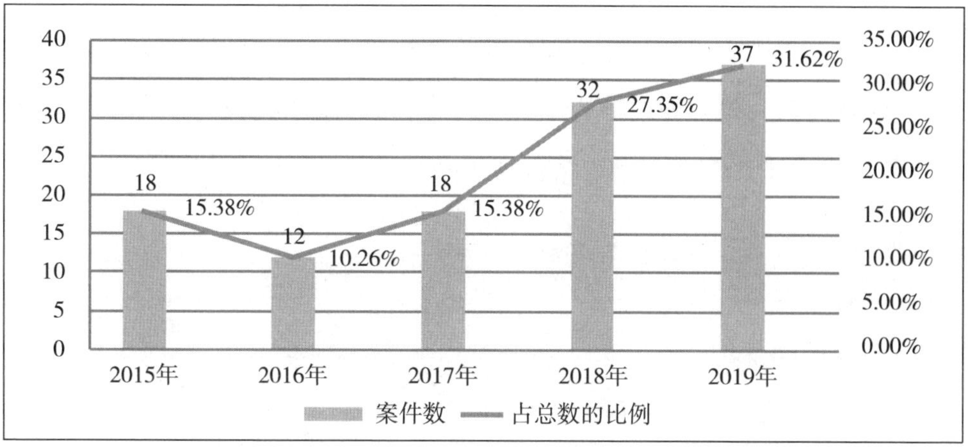

图 1　2015 年至 2019 年上海市环境行政处罚案件娄得变化趋势

（一）被告以区环境保护部门为主

117 起案件中，以区环境保护局（机构改革后变更为区生态环境局）为被告的案件有 80 件，以市环境保护局（机构改革后变更为市生态环境局）为被告的案件有 7 件，两者合计占四分之三；以上海市浦东新区城市管理行政执法局为被告①的案件有 13 件；区水务局涉诉 4 件，区公安分局、镇人民政府、市质量技术监督局各涉诉 3 件，渔政管理检查站涉诉 2 件，区政府、市水务局各涉诉 1 件。其中，以复议机关为共同被告的案件有 34 件。

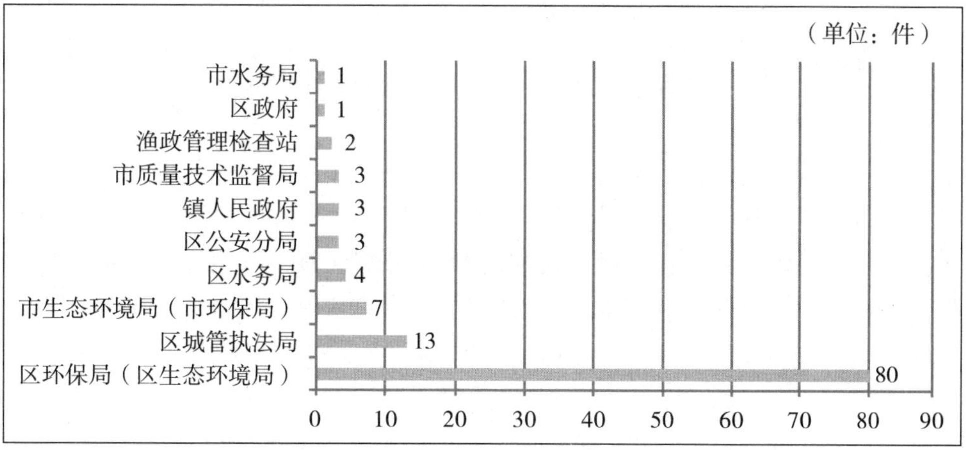

图 2　117 起环境行政处罚案件涉诉被告分布

① 上海市浦东新区城市管理行政执法局对环境保护方面的执法事项予以集中统一管辖，系上海市唯一试点单位。

（二）涉案违法行为发生地多在城郊地区

117 起行政处罚案件中，从违法行为发生的行政区域来看，奉贤涉诉最多，有 27 件；其次是宝山，涉诉 23 件，浦东 21 件，金山 10 件，崇明 9 件，松江、青浦各 6 件，嘉定 4 件，虹口和黄浦各 3 件，普陀 2 件，杨浦和徐汇各 1 件。还有 1 起案件违法行为发生在海上。

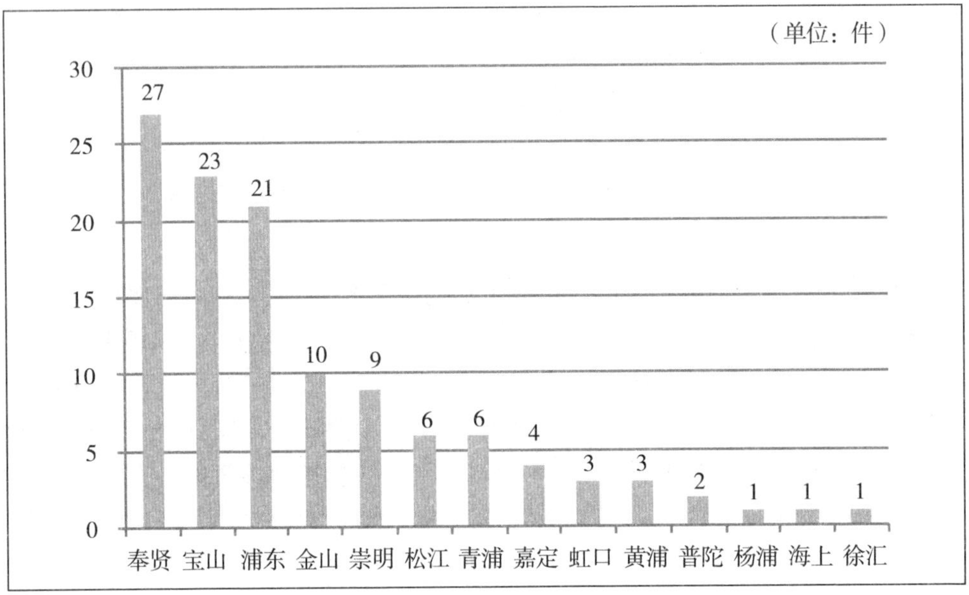

图 3　117 起环境行政处罚案件所涉违法行为发生区域分布

（三）被诉行政处罚适用法律种类较为丰富

除裁定准予撤诉的 34 起案件和 1 起裁定不予受理的案件外，剩余 82 起案件在行政处罚适用法律方面，共涉及 15 部法律法规，其中《建设项目环境保护管理条例》涉诉案件最多，有 36 件，占 43.90%；其次是《大气污染防治法》涉诉案件 13 件，占 15.85%；《水污染防治法》涉诉案件 10 件，占 12.20%；三者合计占 71.95%。《上海市大气污染防治条例》《上海市环境保护条例》《城镇排水与污水处理条例》《上海市市容环境卫生管理条例》《环境保护法》《渔业法》《放射性同位素与射线装置安全和防护条例》《上海市餐厨废弃油脂处理管理办法》《上海市排水管理条例》《环境影响评价法》《海洋环境保护法》《固体废弃物污染防治法》共涉诉案件 23 件。

表1　环境行政处罚案件适用法律分布表

法律法规	适用条款	案件数	占总数的比例
《建设项目环境保护管理条例》①	第15条或修订前的第16条、第23条第1款或修订前的第28条，第19条第1款或修订前的第20条第1款，第17条第1款、第23条	37②	45.12%
《大气污染防治法》	第18条、第99条第2项及第3项，第20条第2款、第81条第2款、第118条第2款，第49条第1款、第108条第6项	13	15.85%
《水污染防治法》③	第59条第1款（即修订后的第65条第1款），第36条（即修订后的第40条第3款）、第76条第1款第8项及第2款（即修订后的第85条第1款第9项、第2款），第39条、第83条第3项，第45条第3款、第83条第2项及第4项，第10条、第19条第2款、第84条第3款	10	12.20%
《上海市大气污染防治条例》	第47条第2款、第93条第1款	3④	3.66%
《上海市环境保护条例》	第26条第1款、第48条第1款，第49条第2款、第77条第1款、第42条第2款、第72条第1款	3	3.66%
《城镇排水与污水处理条例》	第21条第1款及第2款、第50条第1款及第2款	3	3.66%
《上海市市容环境卫生管理条例》	第28条第1款第4项及第2款	3	3.66%
《环境保护法》	第63条第3项	3	3.66%

① 《建设项目环境保护管理条例》自1998年11月29日起施行，2017年7月16日修订。修订后的该条例第十五条对应的是修订前的第十六条；第十九条第一款对应的是修订前的第二十条第一款；第二十三条第一款对应的是修订前的第二十八条，但罚款数额发生了变化。

② 其中有1件同时违反了《环境影响评价法》，3件同时违反了《畜禽规模养殖污染防治条例》。

③ 《水污染防治法》自2008年6月1日起施行，2017年6月27日修正，修正后自2018年1月1日起施行。

④ 适用的罚则是《产品质量法》的规定。

续 表

法律法规	适用条款	案件数	占总数的比例
《畜禽规模养殖污染防治条例》	第13条第3款、第39条	3	3.66%
《渔业法》	第30条第1款	2	2.44%
《放射性同位素与射线装置安全和防护条例》	第12条第1项、第52条第3项	1	1.22%
《上海市餐厨废弃油脂处理管理办法》	第11条第3款、第32条	1	1.22%
《上海市排水管理条例》	第19条第1款、第42条第2项	1	1.22%
《环境影响评价法》	第16条第2款第3项、第2条第4款，第31条第2款	2	2.44%
《海洋环境保护法》	第65条、第91条第1款及第2款	1	1.22%
《固体废弃物污染防治法》	第52条、第75条第1款第1项及第2款	1①	1.22%

（四）环境行政处罚以罚款为主且裁量幅度分布均匀

从82起案件被诉的行政处罚类型来看，罚款78件，拘留3件，责令关闭1件，吊销许可证2件。另外还有1起责令改正案件②，9起责令停止生产案件。值得注意的是，有些案件罚款并非单处，而是和其他处罚类型并处，具体包括，2件同时拘留，2件同时吊销许可证，8件同时责令停止生产。

① 该案同时适用了《建设项目环境保护管理条例》第十七条第一款、第二十三条第一款规定。

② 因是处罚决定中的行为，且涉及处罚的合法性，故在本文中一并予以探讨。

表 2　环境行政处罚案件所涉处罚类型分布

被诉行政行为种类	案件数量	备注
罚款	78	2 件拘留并罚款，2 件吊销许可证并罚款，8 件罚款并责令停止生产
拘留	3	2 件罚款时同时拘留，1 件单独拘留
责令关闭	1	单处
吊销排水许可证	2	与罚款并处
责令改正	1	单处，后续又作出了行政处罚
责令停止生产	9	单处 1 件，与罚款并处 8 件

行政处罚有相应的法定裁量幅度范围。82 起案件中，责令关闭、单处责令停止生产、责令改正 3 起案件无裁量余地。其余 79 起案件中，裁量幅度是 100% 的有 12 件；裁量幅度在 60% 至 90% 的有 37 件；14% 至 50% 的有 25 件；最低标准有 5 件。这说明在环境行政处罚领域，行政机关在作出处罚时根据情节不同进行了相应细致裁量，而非"一刀切"地适用最高或最低标准。

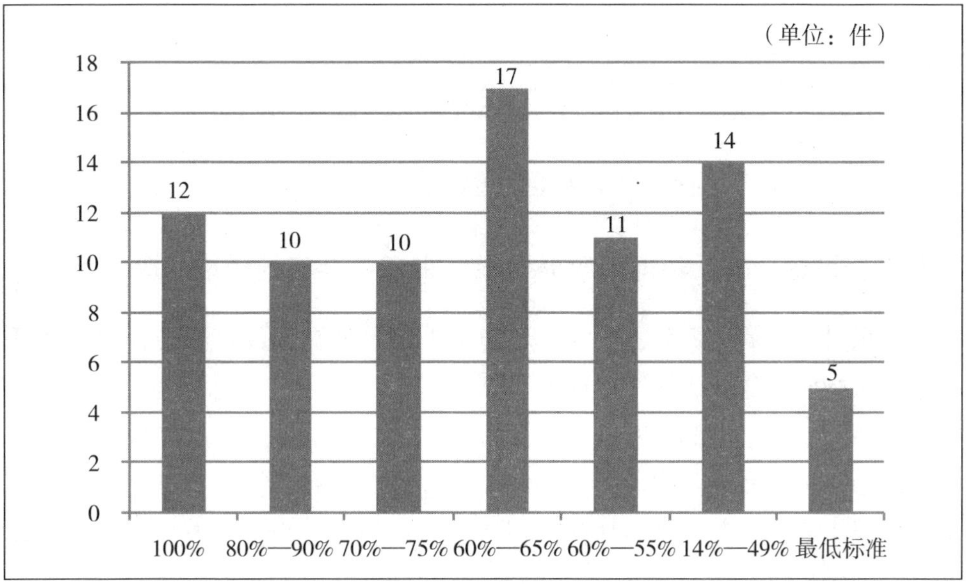

图 4　环境行政处罚案件裁量幅度分布

（五）环境行政处罚案件协调化解率较高

从 117 起案件的结案方式来看，判决驳回案件 67 件，占 57%；裁定撤诉 34 件，占 29%；调解 6 件，一审判决驳回、二审判决变更 2 件，裁定驳回或不予立案 6 件，判决确认违法（驳回赔偿请求）2 件。案件的协调化解率较高，为 34.19%，比 2019 年上海市全部行政案件的协调化解率高 7.45 个百分点，说明环境行政处罚领域行政争议实质性解决的效果较好。

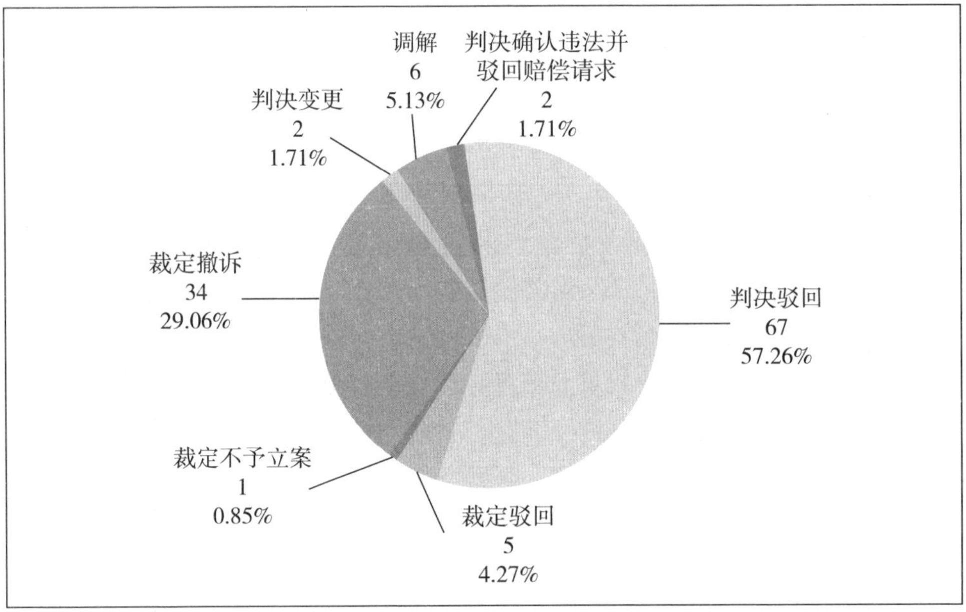

图 5　117 起环境行政处罚案件裁判方式分布

二、问题分析：环境行政处罚案件审理中存在的疑难问题

通过对案件的深入分析可知，环境保护行政处罚案件审理中存在法律适用、执法程序、裁量适当性等疑难问题。

（一）法律适用难题突出

环境保护行政处罚领域，法律适用争议问题比较突出。一是环境违法行为可能触犯多部法律法规，如何选择适用争议较大。如在上海某建材开发有限公司诉上海市金山区环境保护局环境行政处罚案[①]中，核心争议焦点在于被告适用《大气污染防治法》对原告涉案行为进行处罚是否正确。其中涉及《固体废物污染环境防治法》（2016 修正）第六十八条第一款第七项、第二款及《大气污染防治法》（2015 修订）第九十九条第二项之间的选择适用问题。前者规定，未采取相应防范措施，造成工业固体废物扬散、流失、渗漏或者造成其他环境污染的，处一万元以上十万元以下的罚款；后者规定，超过大气污染物排放标准或者超过重点大气污染物排放总量控制指标排放大气污染物的，由县级以上人民政府环境保护主管部门责令改正或者限制生产、停产整治，并处十万元以上一百万元以下的罚款；情节严重的，报经有批准权的人民政府批准，责令停业、关闭。前者规制的是未采取防范措施造成工业固体废物污染环境的行为，后者规制的是超标排放大气污染物的行为；前者有未采取防范措施的行为并具备一定环境污染后果即可构成，后者排污单位排放大气污染物必须超过排放标准或者重点大气污染物排放总量控制指标才可构成。

二是粉尘排放是否适用《水污染防治法》进行处罚存疑。如在上海某混凝土有限公司诉上海市奉贤区人民政府责令关闭环境行政决定案[②]中，该公司系上海市黄浦江上游饮用水水源二级保护区内已建成的建设项目，生产项目包含混凝土搅拌站，生产过程中有相应粉尘排放。双方当事人对上述事实没有异议，但对于该公司是否属于《水污染防治法》（2008 修订）第五十九条第一款规定的“排放污染物的建设项目”存在不同观点。在一般区域内，粉尘排放关涉大气污染，但上诉人的生产经营地所在区域被划入饮用水水源二级保护区，处于水源附近。那么是否会对水体产生影响呢？是否应适用《水污染防治法》的规定？案件审理中产生较大争议。

三是因法律规定不严谨导致适用难题。如在某公司诉上海市生态环境局不服行政处罚案[③]中，被告认定原告未将土壤和地下水监测结果向市或区环保部门报告，违反了《上海市环境保护条例》第五十条第二款的规定，根据该条例第七十八条第二款的规定，决定责令原告立即改正，罚款人民币 10 万元。前述第五十条第二款规定，储油库及加油站、生活垃圾处置、危险废物

---

① 参见上海市金山区人民法院（2017）沪 0116 行初 3 号行政判决书，系最高人民法院指导案例 139 号。

② 参见上海市高级人民法院（2016）沪行终 47 号行政判决书。

③ 参见上海铁路运输法院（2020）沪 7101 行初 366 号行政判决书。

处置等经营企业和其他重点污染物排放单位应当按照国家和本市的规定，定期对土壤和地下水进行监测，并将监测结果向市或者区环保部门报告。前述第七十八条第二款规定，违反本条例第五十条第二款规定，未按照规定定期对土壤和地下水进行监测，并报告监测结果，未采取风险防范措施或者未采取污染物隔离、阻断等治理措施的，由市或者区环保部门责令改正，处 2 万元以上 20 万元以下的罚款。前款规定系行为模式的规定，条文规定清楚明了；后款规定系法律后果的规定，但因其中的“并”字，使对其规制的具体情形可能产生不同认识：是否必须“未按照规定定期对土壤和地下水进行监测”与未“报告监测结果”同时具备，还是只要具备其中一种情况即可，存在一定模糊空间。

（二）责令改正行为是否属于受案范围认定不一致

责令性行为还存在一个难题：是否属于受案范围？实践中有的案件认定属于受案范围，有的则认为被处罚吸收故单独不可诉。如在上海大丰食品机械厂诉上海市青浦区环境保护局案①中，原告对责令停止生产行为不服提起诉讼，法院进行了实体审理。而在上海某汽配件厂诉上海市浦东新区城市管理行政执法局请求撤销责令改正决定案②中，法院认为被诉责令改正决定关于“责令停止汽车配件的生产加工”的内容已被浦东城管执法局行政处罚所包含，以对原告权益不具有实际影响为由裁定驳回起诉。如果认定责令改正是行政命令，是否应当直接纳入行政诉讼受案范围？还是根据后续有无作出行政处罚来判断？抑或认为不同的责令性行为具有不同的性质，需要根据案件实际情形判断？可以并处适用的规范结构赋予环境行政机关较大的自由裁量权，但环境行政相对人对违法行为后果的可预见性大打折扣，且环境行政命令与环境行政处罚间衔接关系未能得以体现，环境行政命令的救济性功能被弱化。应当并处关系则体现了环境行政命令与环境行政处罚间的独立与衔接关系，在此衔接关系中环境行政处罚的惩罚性功能占主导地位，环境行政命令的救济性功能处于附随地位。③

---

① 参见上海市青浦区人民法院（2017）沪 0118 行初 42 号行政判决书。

② 参见上海市浦东新区人民法院（2017）沪 0115 行初 1110 号行政裁定书。

③ 参见薛艳华：《环境行政命令与环境行政处罚的错位与匡正——分基准与功能定位的视角》，载《大连理工大学学报（社会科学版）》2019 年第 6 期。

（三）环境行政处罚合理性判断难

环境行政处罚案件的另一个典型审理难题是，当事人对于事实认定或执法程序无异议，但是认为其违法情节轻，且已积极整改，处罚裁量过重。一是行政处罚裁量权行使是否适当也是审理难点问题。法院要对合理性进行审查，但又要尊重行政机关的裁量权，保持谦抑性，这个度难以掌握。如在上海某科技发展有限公司诉上海市水务局、上海市人民政府行政处罚案①中，认定原告实施了未按照排水许可证的要求排放污水的行为，违反了《城镇排水与污水处理条例》第二十一条第二款的规定，根据条例第五十条第二款的规定，对原告罚款人民币45万元，吊销排水许可证。原告则一再强调其排放量少，之后也积极整改，无严重后果，应该减轻处罚。实际上吊销原告排水许可证意味着其排水资格的丧失，关系到该企业的存亡，对此的判断应该更加慎重。

二是行政机关执法目的性也与行政处罚的合理性密切相关。近几年，随着环保力度的增强，行政机关也加大了监管力度。但是在作出处罚时，出现了短时期内集中作出处罚，甚至针对同一主体的同种违法行为，因时间和地点的不同作出多个处罚的情况，使得当事人对执法目的提出质疑。如在上海某废弃物处置有限公司诉行政处罚案中，浦东城市管理行政执法局对其作出了4个处罚，上海市生态环境局对其作出了9个行政处罚，均为同一时间段现场检查后集中作出，涉及罚款总额达到340多万元。尤其是“未采取措施防止排放恶臭气体”的违法情形，针对同一违法主体分不同时间和地点作出了3个处罚。这打击了违法行为人改正的积极性，降低了其对处罚的接受度。

三是处罚形式上合并抑或分别处罚做法不一致。根据《企业环境信用评价办法（试行）》的规定②，企业被处罚的行为属于将企业直接评为不良环保企业“一票否决”的情形或者企业受到环境行政处罚会影响企业的信用等级评价，使企业成为环保警示企业或环保不良企业，会对政府采购、评优评奖、金融机构贷款、环境污染责任保险费率等造成不利影响。实践中，所有的处罚决定最终均会录入征信系统，处罚个数越多，对当事人的影响越大。同一时间针对同一主体，发现多个违法行为的，是否可以合并在一个处罚中进行

① 参见上海铁路运输法院（2018）沪7101行初948号行政判决书。

② 参见《企业环境信用评价办法（试行）》第十五条、第三十四条、第三十五条的规定。

处理？不同案件存在不一致的地方。如针对前述上海某废弃物处置有限公司的违法行为，行政机关虽然是在同一时间段发现的，但仍然分别予以处罚。但其他案件中则有行政机关将多个违法行为合并在一个案件中处理。如在上海某建材有限公司诉上海市奉贤区环境保护局、上海市生态环境局案[①]中，行政机关就将同一主体的两个违法行为在同一个行政处罚决定中进行了合并处理。

（四）是否考虑违法主体的主观方面观点不同

对于实践中的环境违法行为，行政机关作出处罚时，一般认为，无须考察违法者的主观状态，只要其客观上具有违反行政管理秩序的行为，即可依法对其作出处罚。如在前述上海某混凝土有限公司案中即存在信赖利益问题，因为之前就已经取得过许可，只是发生了新的事实即成为二级保护区，才导致存在污染违法行为。原告主观上应该说并无违法的故意，是否应该给予其根据情势变化进行调整的空间？其权益该如何维护？在另一起环境行政处罚案件中，违法行政行为人进行生产及排污，是当地政府招商引资的结果，取得过政府的同意。这些企业最初的开设、生产往往是基于对政府的信赖，并无违反环保规定的故意，后随着环保力度的增强，相关执法部门未考虑前情突然进行处罚，高额罚款甚至导致企业破产、工人失业。在该种情形下，是否要考量主观方面因素，采取一些柔性执法手段，如前期调查过程中告知外部条件变化以及相关法律法规的最新规定，给予企业一段时间自行整改调整，拒不或者逾期不改正再进行处罚，而不是以罚代管，一罚了之。

三、追本溯源：环境行政处罚案件司法审查问题的原因分析

环境行政处罚案件中面临的司法审查问题，究其根源在于法律规定本身的不完善以及行政机关职权划分的不科学。

（一）环境保护领域的法律繁杂且不够协调

我国的环境法律体系是依据环境要素的具体分类分别制定法律规范的，形成了体系庞大的控制环境污染和防治生态破坏的单行法。[②] 2014 年《环境保护法》修订后，立法机关确认了《环境保护法》在环境法体系中的基础性

---

① 参见上海市浦东新区人民法院（2018）沪 0115 行初 479 号行政判决书。

② 参见刘超：《环境行政公益诉讼诉前程序省思》，载《法学》2018 年第 1 期。

和综合性地位。时任全国人大常委会委员长在向第十二届全国人民代表大会第三次会议作全国人大常委会工作报告时，提出了对《环境保护法》的这一定位。[①] 目前，我国基本建成以《宪法》为根本，以《环境保护法》为主体，以《环境行政处罚法》及其他环境单行法、部门规章、地方性法规、地方政府规章为补充的环境法体系，还包括环境保护标准体系、国际环境公约等。但是我国很多环境法律法规之间没有必要的协调性与配合性，出现法律法规之间交叉、重叠甚至相互冲突矛盾等现象。在这种法律体系里，同一个违法行为可能触犯多个法律规定，产生竞合，造成法律选择适用难题。

（二）环境行政的威慑式执法色彩较为浓厚

《环境保护法》增加了按日连续处罚、行政拘留等威慑力度大的行政执法措施，大大提高了企业的环境违法成本。自此，我国环境行政处罚以《环境行政处罚办法》为主体，其余环境单行法律法规为补充的立法处罚体系基本形成。尽管如此，在环境规制的工具箱中，基于“命令－控制”的行政处罚仍然是最为基础和较常采取的手段，因为其代表了执法的后果，也决定了执法的效果。[②] 同其他行政领域相比，环境行政的威慑式执法色彩更加浓厚。2015 年年底中共中央办公厅、国务院办公厅印发《环境保护督察方案（试行)》的规定，中央环保督察工作以中央环保督察组的形式开展，借助上级行政权威开展环保综合督查，以克服长期以来环境监管常规科层逻辑的失效，强化各级政府在环境监管上的职责[③]，“督政”与“督企”并举，同时给政府等执法部门与排污企业等行政相对人施加压力。在中央环保督察下，环境执法更加严格、全面，力度不断加强，威慑性执法取得了较好的效果[④]，如前述上海某废弃物处置有限公司所涉 13 件行政处罚决定就是在这一时期内集中作出的。然而，目前环境执法成本与违法成本的“双高”局面，也引发了威慑式执法无法回避的问题——执法者与违法者之间的对立与冲突严重。其他多

---

① 参见《在十二届全国人大三次会议上张德江作的常委会工作报告（摘登)》，载《人民日报》2015 年 3 月 9 日第 2 版。

② 参见［美］詹姆斯·萨尔兹曼、巴顿·汤普森：《美国环境法》，徐卓然、胡慕云译，北京大学出版社 2016 年版，第 70 页。

③ 参见陈海嵩：《我国环境监管转型的制度逻辑——以环境法实施为中心的考察》，载《法商研究》2019 年第 5 期。

④ 参见丁霖：《论生态环境治理体系现代化与环境行政互动式执法》，载《政治与法律》2020 年第 5 期。

层面的、多维度的规制手段并未充分运用，其规制功能也未发挥到位，处罚手段单一的问题突出。在优化营商环境背景下，如何采取多样化方式在生态环境保护与企业权益维护之间寻求平衡值得探讨。

（三）责令改正与行政处罚的衔接关系复杂

2010 年《环境行政处罚办法》的修订则在环境法领域首次明晰了责令改正的性质，责令改正的“行政命令说”性质被立法所确定。[①] 同时立法规范结构亦是多样化，无从探寻责令改正和行政处罚二者衔接关系的立法理性。以属环境行政命令的责令性行政行为为统计对象，以全国人大及其常委会制定的现行有效环境污染防治法律及上海市案例适用较多的法规为统计来源，以 2020 年 8 月 10 日为截止时间，对环境行政命令与环境行政处罚的立法规范结构进行梳理，两者的衔接关系如下表所示。由此可见，责令性行政行为有不同的表现形式和效力体现，在不同的法律规定中，其与环境行政处罚存在不同的衔接关系，这一方面导致执法程序合法性判断难题，另一方面也导致对于责令性行为是否可诉的判断难题。

表 3　责令性行为与行政处罚的衔接关系

关系类型		典型性法律法规的规定	衔接条件
单处	排他性适用	《固体废物污染环境防治法》第 111 条第 3 款、第 113 条 《水污染防治法》第 93 条	情节严重的
		《固体废物污染环境防治法》第 87 条 《水污染防治法》第 69 条 《上海市环境保护条例》第 50 条、第 57 条	未有衔接
	选用	《海洋环境保护法》第 88 条	或

① 《环境行政处罚办法》第十二条规定：“根据环境保护法律、行政法规和部门规章，责令改正或者限期改正违法行为的行政命令的具体形式有：（一）责令停止建设；（二）责令停止试生产；（三）责令停止生产或者使用；（四）责令限期建设配套设施；（五）责令重新安装使用；（六）责令限期拆除；（七）责令停止违法行为；（八）责令限期治理；（九）法律、法规或者规章设定的责令改正或者限期改正违法行为的行政命令的其他具体形式。根据最高人民法院关于行政行为种类和规范行政案件案由的规定，行政命令不属行政处罚。行政命令不适用行政处罚程序的规定。”

续 表

关系类型		典型性法律法规的规定	衔接条件
并处	可以并处	《固体废物污染环境防治法》第107条 《大气污染防治法》第119条第1款 《放射性污染防治法》第49条 《上海市环境保护条例》第71条	可以
	应当并处	《固体废物污染环境防治法》第102条、第103条、第104条、第106条、第108条、第109条、第110条、第111条第1款、第112条、第114条、第115条、第118条 《水污染防治法》第81、89条第2款 《海洋环境保护法》第76条、第78条、第80条、第82条、第83条 《大气污染防治法》第98条、第103条、第104条、第105条、第107条、第111条、第112条、第114条、第118条第3款、第119条第2款 《放射性污染防治法》第50条、第51条、第52条、第54条、第58条 《建设项目环境保护管理条例》第24条 《上海市环境保护条例》第68条、第75条、第78条第2款和第3款、第80条、第81条、第82条第1款、第83条、第84条、第88条	应当
前置条件	责令改正是处罚前提	《固体废物污染环境防治法》第105条、第113条 《大气污染防治法》第118条第2款 《海洋环境保护法》第73条 《放射性污染防治法》第53条、第55条、第56条	拒不改正的、拒不处置且代为处置后拒不承担代为处置费用的
	罚款且责令改正后	《固体废物污染环境防治法》第119条 《水污染防治法》第95条 《海洋环境保护法》第73条 《大气污染防治法》第123条 《上海市环境保护条例》第66条	组织复查，发现继续实施该违法行为则按日连续处罚
后续措施	处罚或处理后	《固体废物污染环境防治法》第117条 《上海市环境保护条例》第82条第2款	已经造成环境污染的

续 表

关系类型	典型性法律法规的规定	衔接条件
多重关系	《大气污染防治法》第99条至102条、第108条、第109条、第115条至第117条、第118条第1款、第120条 《水污染防治法》第82条至第86条、第88条、第89条第1款、第90条、第91第、第92第、第94条 《建设项目环境保护管理条例》第22条、第23条 《上海市环境保护条例》第67条、第69条、第70条、第72条、第73条、第76条、第77条、第78条第1款	逾期（或者拒）不改正的，责令停产整治（或者给予更重的处罚）

（四）环境行政执法主体与业务主管部门不一致

我国《环境保护法》第十条规定，国务院环境保护主管部门统一监督管理全国环境保护工作；县级以上地方人民政府环境保护主管部门统一监督管理本行政区域环境保护工作。依据法律的规定，我国在环境保护领域实施的是统一监管与分工负责相结合的模式，生态环境与资源保护领域的执法权由多个行政部门承担，产生环境行政权力碎片化、职能交叉、政出多门的现象。① 该种执法体制会造成一些弊端：第一，环境执法主体众多，作为不同执法主体的各职能部门在执法权力上会发生各种冲突，执法责任较为分散，容易造成环境行政执法部门职责无法区分的现象，使环境行政执法工作难以顺利进行。《环境行政处罚办法》第十四条第一款规定县级以上环境保护主管部门在法定职权范围内实施环境行政处罚。但县级以上包括了区县级和省直辖市级，其职责分工在现实中不够明确，也会造成执法主体不明确的问题。第二，某些行政审批办理或执法程序中会涉及其他系统或部门，但是各部门之间缺乏有效沟通。例如，一些企业并未履行环境保护审批手续，但是却能够申请并领取工商营业执照等其他部门的许可证件，使得环境保护主管部门成了“摆设”。环保部门在整个执法主体中都显得较为弱小，才会使环保工作不被重视，甚至屡次出现失职现象，导致环境污染问题没有得到有效遏制。有些企业已经按照业务主管部门要求落实相关环保工作要求，但是执法部门却依然进行处罚，导致业务主管部门与执法部门之间互相推诿与扯皮，最终权益受损的还是被处罚的企业。

---

① 参见刘超：《环境行政公益诉讼诉前程序省思》，载《法学》2018年第1期。

四、对策建议：环境行政处罚司法审查问题的解决路径

如上文所述，截至目前，环境行政处罚配套法律制度不够完善，导致司法实践中出现争议的时候较难解决。因此，为了促进环境行政处罚案件审理裁判标准统一，真正实现生态环境保护的目的，首先要完善环境行政处罚法律制度，其次要重塑审理裁判标准。

（一）完善环境行政处罚制度

我国2015年开始实施的《环境保护法》及其他相关单行法律较以前在行政处罚上取得很大进展，但相关法律制度仍然不够完善，影响到了生态环境治理的效果。笔者认为，环境行政处罚审理问题的解决前提就是环境行政处罚制度的完善。

1. 正确认定违法所得并在实践中加以适用

在美国，环保部门为加强执法，有效实现对环境违法企业的威慑以及合理维护公平的竞争环境，制定了环境行政处罚政策，将环境违法企业由于违法获得的经济利益等因素作为行政处罚的关键构成要素，并用定量模型加以计算，规范了执法的自由裁量权，对威慑和遏制环境违法、营造良好的守法环境发挥了非常重要的作用，被认为是美国环境执法史上具有里程碑意义的政策。[①] 借鉴美国的做法以及《行政处罚法》中没收违法所得的规定，在环境法律法规中也有没收违法所得条款，但实践中尚未充分发挥出其效用。这与违法所得的确定标准不明确有很大关系。《行政处罚法》未规定“违法所得”的确定标准。“由于确定标准不一、违法行为社会危害程度各异，加之不同行政管理领域管理惯例不同等原因，不同行政机关对违法所得的认定存在明显差异。”[②] 然而，正确计算违法所得对于规制环境违法行为确实有重要价值，需要充分使其发挥作用。为此，首先，需要明确环境违法所得的认定原则：一是不让违法者由此获得利益，以达到行政处罚对违法行为的惩戒和吓阻效果；二是考虑违法行为的性质、情节以及违法行为人的主观状态；三是遵循比例原则以及惩罚与教育相结合原则，坚持过罚相当；四是注意违法

---

① 参见《环境处罚是否应该考虑企业违法获得的经济利益》，资料来源：https：//www. sohu. com/a/294529938_ 120043298，2020年8月19日访问。

② 耿宝建：《行政处罚案件司法审查的数据变化与疑难问题》，载《行政法学研究》2017年第3期。

经营的物品，是否具有物的有用性。对于违法但仍具有有用性的，可以考虑扣除成本；而违法且国家禁止流通的物品，则可以不扣除成本。其次，还要明确违法所得的认定范围。一般将违法企业获得的经济利益纳入，详细明确具体应考虑的经济要素。具体而言，违法企业的违法经济利益包括由于延迟成本带来的利益、由于非遵约而规避成本带来的利益，以及由于违法而取得的竞争优势所获先发超额利润。对违法企业所获经济利益的考量是动态的现值，而非固定值。

2. 罚款数额的确定应充分考虑违法企业的支付能力

在惩罚力度方面，面对环境行政执法中罚不止禁的现象，社会上出现了将违法行为人“罚得倾家荡产”的强烈呼声，普遍的声音是加大罚款力度，增加违法成本，使违法者不敢违法。加大罚款力度确实能够对违法者产生威慑作用，并通过严惩使违法者再违法的比例降低。但罚款过度也会产生一些问题，如“限制行动自由，妨碍社会进步”“不利于财产权保护，危及行政相对人的人格独立”“忽略社会承受能力，减损法治权威”。[①] 此外，罚款过度还可能造成个别企业经营困难而倒闭或评估当地营商环境不利于行业发展而大规模撤离等严重后果。因此，罚款数额的确定应该科学合理。国内外学界对此进行了一些研究，国外学者研究如何确定行政罚款数额时，对于影响行政罚款数额的因素以及违法者的支付能力等给予较多关注。例如，Neda Oljaca 等学者用回归分析方法对水污染处罚案例进行研究发现，行政罚款数额与经营者的态度、违法次数以及污染程度等因素正相关。美国芝加哥大学法学院 Nicholas. Dufau 教授认为，在设定处罚数额时需要考虑违法者的支付能力，超过支付能力的罚款是很难实现的，为此他给出了处罚数额上限：处罚数额 = 经济效益 +（侵害的严重性忽视或故意违法的程度性不守法历史） - 处罚考量。这里的处罚考量是指从公平的角度给出一个依据，帮助法官能评估出一个小于预期威慑力的处罚点。[②] 借鉴国外的做法，在特定情况下，环保部门可以在衡量相对人支付能力的基础上将罚款降低到合理的水平，尽可能避免罚款超出违法企业的支付能力。既不令违法企业由此破产或关门，使生态环境部门背黑锅，也要“打蛇七寸”，打到其痛处，真正起到威慑作用。

---

① 参见陈太清：《对行政罚款限度的追问》，载《江苏社会科学》2016 年第 1 期。

② 参见朱世海、胡长英：《行政罚款数额确定方法研究》，载《河北法学》2018 年第 9 期。

具体支付能力的计算可以根据我国实际情况探索建立相应模型。

3. 建立环境行政处罚替代履行机制

现代化生态环境治理体系是以法治和一定程度的自治为基础，以协商为工具，政府、企业、社会公众三元主体为实现共同环境目标所共同参与的治理过程，治理结果由三方共享。① 因此，环境执法应推动互动式执法，并应延伸至行政执法之后，即通过环境行政处罚的替代履行实现生态环境的修复，使处罚决定效果高效实现。环境行政处罚的替代履行是指，在环境行政决定作出后，企业认为该行政决定短期内难以履行或难以负担，与生态环境行政机关就行政决定的履行方式和期限进行协商。这一制度在美国已经实施。传统的罚款只能进入联邦或州财政，因此美国环保署鼓励通过替代性方式履行罚款义务，即实施“环境补充项目”。“环境补充项目”是“在某一行政处罚案件中，被处罚人可以通过完成或资助经过行政机关核准的项目来抵消罚款的一部分”，它是“环境友好型项目，是被处罚者为了减少环保机关作出的罚款处罚金额与环境机构达成的协议”。环境补充项目由被处罚者与环保机关协商达成，并由环保机关审查通过。环保机关通过行政裁量，考虑对公共健康或环境有重大的、可量化的益处以及环境正义、社会投入、创新性、媒体影响、污染防治等因素来核算罚款的折抵额度。通过环境行政决定的替代履行，实现了环境行政机关与企业的双赢。② 借鉴美国的规定，我国可以在环保执法中确立环境行政处罚的替代履行制度，鼓励违法者自愿提出环境补偿计划和配套措施取代部分罚款，使受损地的环境直接得到补充性修复或者补偿性修复，让罚款起到损害赔偿填平修复的作用。如前所述环境行政处罚案件化解率较高，也充分说明其有协调化解的空间，完全可以在行政执法阶段磋商解决，避免进入复议诉讼程序。

（二）环境行政处罚案件审理标准重塑

针对司法审查中存在的问题，有必要统一审理裁判规则，树立司法权威，促进依法行政，引领社会公众保护环境的法治意识。

1. 正确选择适用法律

法律适用问题其实和违法事实的认定密切相关，即案件事实能否构成法

---

① 参见丁霖：《论生态环境治理体系现代化与环境行政互动式执法》，载《政治与法律》2020 年第 5 期。

② 参见丁霖：《论生态环境治理体系现代化与环境行政互动式执法》，载《政治与法律》2020 年第 5 期。

律上的违法事实，关系着是否适用该法律的相应罚则予以处罚。因此，解决适用法律问题，一般适用传统的“三段论”，即以法律规定为大前提，经过举证质证查明的事实为小前提，最后得出结论，即法律规定适用于该事实，应当予以处罚。这里讲到的法律规定，包含了假定（违法情形）和法律效果（予以处罚）两部分。当然，实践中情形较为复杂，法律规定是否适用于事实还要经过法律解释等过程。法律解释包含了文义解释、逻辑解释、体系解释等，还要结合立法目的来进行判断。一是对于环境行政处罚而言，要看是否主要对相应领域的环境造成损害。如在前述上海鑫晶山建材开发有限公司案中，被告接到群众有关原告排放臭气的投诉后进行执法检查，检查、监测对象是原告排放大气污染物的情况，适用对象方面与《大气污染防治法》更为匹配；《监测报告》显示臭气浓度超过大气污染物排放标准，行为后果方面适用《大气污染防治法》（2015 修订）第九十九条第二项规定更为准确。而在上海某混凝土有限公司案中，粉尘虽然会排放到大气中，但也会落到水中，对水资源造成污染，适用《水污染防治法》符合该法的立法目的，也有利于水资源环境的保护。二是对于法律条文本身理解存在争议的，要结合法律上下文的规定，进行逻辑、体系解释。如前述《上海市环境保护条例》第五十条第二款规定的是企业或经营单位应做到的保护环境的措施，第七十八条第二款规定的是相应罚则。从法条前后逻辑解释和体系解释的角度可以知道，企业和经营单位应当“定期对土壤和地下水进行监测，并将监测结果向市或者区环保部门报告”，监测和报告均应做到。相应地，不能将两者同时做到的，就是违法行为，应当适用第七十八条第二款的规定进行处罚。第七十八条第二款“未按照规定定期对土壤和地下水进行监测，并报告监测结果”中的“并”字让人在文义上产生误解，但联系上下文可知，其实际指的就是未监测，或监测了但未报告监测结果两种情形，这样一解释，法律适用问题迎刃而解。

2. 责令改正之可诉性要分情形区别对待

如前所述，责令改正的情形从法律规定和实践适用来讲，都较为复杂，对其可诉性问题不可一概而论。根据《行政诉讼法》关于受案范围的规定，判断标准还是对当事人合法权益有没有产生实际影响，有没有增加其义务或者扣减其权利。具体而言，一是责令改正为行政处罚的前提要件，而且将改正与否作为是否连续计日处罚的起点的，一般应纳入受案范围。该种情形下，责令改正是一种具有国家强制力的直接要求，除非经法定程序，相对人没有克减的余地，要求其结果的正确性，无论相对人如何行为，必须对其违法行为进行纠正。[①] 责令改正行为已经独立对相对人产生法律效果，即如果不改正，则要产生计日处罚，而且责令改正的作出意味着后续将有行政处罚，所以应认定为对相对人权益有明显实际影响。二是责令改正与处罚是选择性的，属于受案范围。该种情形与第一种情形类似，责令改正也具有独立性和终局性，即选择了责令改正就不再作出行政处罚，对当事人权利义务产生了实际影响，属于受案范围。三是责令改正与行政处罚并处的，一般可直接起诉行政处罚，责令改正不再单独起诉。此种情形下，责令改正的事实认定、程序、作出时间等与行政处罚高度一致，而且真正对当事人有权益影响的是行政处罚，相对人通过起诉行政处罚就可以达到维护自身权益的目的，没有必要再起诉责令改正这个对当事人权利义务不具有直接、明显影响的行为，增加当事人的诉累。四是责令改正的同时可以作出行政处罚的，区别对待。仅作出责令改正而未并处处罚的，责令改正具有独立性和终局性，属于受案范围。作出责令改正并处行政处罚的，则责令改正不再单独可诉，可以直接起诉行政处罚决定，在处罚决定的审查中，对责令改正作为程序性要件进行审查。这是为了减轻诉累，也是因为行政处罚具有终局性。

3. 对同时间段的同种违法行为进行处罚应合理裁量

为了规制环保领域行政处罚自由裁量权的行使，生态环境部于 2019 年 5 月 21 日发布《关于进一步规范适用环境行政处罚自由裁量权的指导意见》，明确进一步规范环境行政处罚裁量权的行使，惩治违法要“合法合理、过罚相当、公开公平公正”。实践中，上海市环境保护部门已经制定了较为完备的行政处罚裁量基准，如沪环规〔2017〕3 号《上海市环境保护行政处罚裁量基准规定》，并在 2020 年 9 月 1 日予以修订后重新实施。[②] 执法中，环保部门也基本能够在单个行政处罚中按照该基准规定合理行使自由裁量权。但是，这里需要解决的问题是，行政机关同时或者同一个时间段内发现相同违法行为的，是应当作出一个处罚还是分别进行处罚？如果作出一个处罚，那么就

---

① 参见叶晓川：《“责令改正”的规范性研究》，载《河北法学》2017 年第 8 期。

② 上海市生态环境局重新制定了《上海市生态环境行政处罚裁量基准规定》，自 2020 年 9 月 1 日起施行，沪环规〔2017〕3 号《上海市环境保护行政处罚裁量基准规定》同时废止。

认定为同一个违法行为，在处罚裁量上更有利于当事人；如果分开进行处罚，则要分别进行单个处罚的裁量，比作出一个处罚更重。笔者认为，行政处罚的目的是惩戒违法，但也要罚过相当。对于同时或者同一个时间段，同一违法主体作出的违法行为，认定为一个违法情形作出一个处罚较为妥当，当然对其多个地点违法以及同一个时间段的违法可以作为处罚情节在裁量中予以考虑，这样也能激发相对人改正违法、保护环境的积极性，避免生硬对抗以及对执法目的的质疑。

4. 环境行政处罚要考量违法主体的主观状态

我国行政处罚的归责原则有着不同的理论根据及学说，行政处罚构成要件没有明确具体的法律规定，仅是对于处罚行为具有客观可责性进行规定而无主观过错性的明确要求。行政处罚在本质上是通过制裁手段对违法行为所致秩序失范进行矫正，但又不仅是一种制裁，该制度设计以惩戒为主，辅以教育功能，目的在于使违法行为人不再违法。惩罚只是维护社会行政管理秩序与对行为人进行教育的一种手段，通过处罚与教育相结合，杜绝违法现象，维护公共秩序才是最终目标。[①] 其实，现在的《行政处罚法》不以主观状态为要件，并不等于完全排除主观问题，“在以下情形中要考虑主观问题：（1）有些行为依法必须是故意实施才构成违法；（2）有些法律规定，‘明知故犯’是从重处罚情节；（3）行政机关过错导致的相对人违法，应当不予处罚”[②]。立法上，第十三届全国人大常委会第二十五次会议于2021年1月22日修订通过了新《行政处罚法》，第三十三条第二款增加了“当事人有证据足以证明没有主观过错的，不予行政处罚”的规定，明确行政违法行为必须具备主观过错。笔者认为，在环境行政处罚领域，处罚同样并非以制裁为唯一目的，也要考虑被处罚人的主观方面。所以，如果行政相对人确实对于违法行为的发生没有主观过错，或者主观过错较轻的，应在处罚时予以充分考量。如前所述，如果作为违法行为人的企业的经营行为政府均知情，并明确允许其排污排气，后续又突然予以处罚，也就是说相对人违法是行政机关的过错导致的，就要考量企业违法的主观过错程度，而不能仅以客观行为给予较为严重的处

① 参见姬亚平、申泽宇：《行政处罚归责中的主观要件研究——兼谈〈行政处罚法〉的修改》，载《上海政法学院学报》2020年第3期。

② 余凌云：《行政法讲义》（第三版），清华大学出版社2019年版，第334页。

罚，甚至造成被处罚企业破产、工人失业的后果。处罚应与行为人主观恶性大小成正比例，保证行政处罚法律效果与社会效果有机统一，确保当事人的合法权益，体现处罚的公平公正原则。

结语

生态文明建设需要更加完善的环境法律制度，环境行政管理制度无疑是其中最为重要的一环。分析环境行政处罚案件和审理裁判过程，不仅可以发现审理过程中的疑难问题，更是完善环境行政执法体制的重要途径。环境行政处罚中的按日连续处罚亦是理论界讨论较多的热点问题，但笔者在上海市近五年的案例中并未发现按日连续处罚引发的案件，经和市生态环境执法部门交流，其也称实践中较少运用该种处罚方式，故环境处罚体制机制尚待进一步完善。

（作者单位：上海铁路运输法院）

不履行法定职责案件司法审查的合理建构

——以近200份不履责行政案件裁判文书为引

王雨生

【内容摘要】不履行法定职责案件数量近年来呈现上升趋势，不履责案件中存在审理规则不明和裁判标准不统一的问题，容易导致诉讼程序空转和争议无法及时解决。本文以中国裁判文书网上近200份不履行法定职责案件的行政裁判文书为样本，对该类型案件进行梳理，发现不履责案件具有涉及领域广泛，诉争点较为分散又相对集中，判决结果多样等特点。进一步结合司法实务，我们会发现，不履责案件在职责认定、起诉期限判定、举证责任分配、审查程度和思路以及判决方式选择等方面还存在困境，究其根源在于行政管理较复杂、法律规定有缺位、理论研究不足和法官认知有局限、审查及裁判不统一、理论运用不足。笔者在实证分析和实务研究基础上，以实质性化解行政争议为目的，从规范不履责案件的审查思路，举证责任分配和庭审调查程序以及判决方式选择上，对不履责案件的司法审查进行了合理建构，希冀有助于实质性解决不履责纠纷案件。

【关键词】不履行法定职责　司法审查　行政争议化解

引言

不履行法定职责案件，是行政诉讼类型化案件中的重要一种，主要表现为拒绝履行、不予答复、拖延履行、不完全履行以及不适当履行。近年来，不履责案件数量呈现上升趋势，不履责败诉案件数量也居高不下。立法缺位及理论研究不足等，使得不履责纠纷案件中存在职责认定难、举证责任分配有分歧、司法审查思路不统一以及判决方式选择不恰当等问题，导致诉讼程序空转频发和解决争议效果不明显。因此，在实质解决行政争议背景下，为实现对当事人权利无漏洞保护，对不履责案件司法审查进行合理建构势在必行。

一、不履行法定职责案件实务考察

（一）不履行法定职责案件审判状况分析

我们通过中国裁判文书网，在案件类型处选择“行政案件”，在裁判年份处选择“2020”，在关键词处选择“不履行”，在关键词处进一步选择“履行法定职责”，可检索到506份不履行法定职责案件的裁判文书（数据更新时间截至2020年8月15日15时00分）。现进行如下粗略梳理。

1. 案件所涉领域广泛

根据中国裁判文书网上直接反映的数据，又把上述506件案件中的224件按管理范围进行了划分。其中，治安管理（治安）8件、道路交通管理（道路）2件、其他（公安）33件、土地行政管理（土地）10件、林业行政管理（林业）4件、其他（资源）47件、城市规划管理（规划）1件、房屋拆迁管理（拆迁）8件、房屋登记管理（房屋登记）11件、其他（城建）24件、其他（质量监督）3件、卫生行政管理（卫生）5件、畜牧行政管理（畜牧）2件、其他（农业）1件、环境保护行政管理（环保）2件、铁路行政管理（铁路）1件、其他（交通）3件、信息电讯行政管理1件、税务行政管理（税务）1件、金融行政管理（金融）4件、财政行政管理（财政）1件、劳动和社会保障行政管理（劳动、社会保障）12件、经贸行政管理（内贸、外贸）3件、水利行政管理（水利）1件、民政行政管理（民政）1件、教育行政管理（教育）1件、文化行政管理（文化）1件、广播电视电影行政管理（广电）1件、统计行政管理（统计）1件、行政监察（监察）14件、乡政府12件以及其他行政管理5件。我们可以看到，不履行法定职责案件涉及行政管理领域较为广泛。行政管理领域的广泛及管理领域的交叉抑或不清晰等因素，会导致法官在职责认定上面临困境。

2. 诉争点较为分散又相对集中

在前述检索到506份不履行法定职责案件的裁判文书的基础上，进一步在法院层级处选择“基层法院”，可检索到204份基层法院裁判文书。从裁判日期上选择2020年5月1日之后的裁判文书，可检索到148份裁判文书。其中，诉争点为原告是否提交申请的案件有 12 件，为被告是否负有法定职责的有 6 件，为被告是否应履责的有 25 件，为原告是否有资格提起诉讼的有 2 件，为原告起诉是否符合起诉期限规定的有 7 件，为被告是否已履责的有 4 件，为被告是否已完全履责的有 79 件（数据系大批同类案件造成），为被告是否在合理期限答复的有 2 件，诉争点较多的有 11 件。可见，不履行法定职责诉讼诉争点既较为分散又相对集中。一般行政诉讼诉争点更集中在行政行为合法性上。因此，不履行法定职责案件在审理时有可能有多个焦点，这无疑在一定程度上增加了审理难度，但不履行法定职责诉讼诉争点相对集中这一特点又为对其进行规范化研究提供了可能。

3. 判决结果多样

在上述检索的 148 份裁判文书中，从文书类型上看，判决书 130 份，裁定书 18 份。从判决结果上看 130 份判决书的判决方式如下：判决驳回诉讼请求 7 件；判决确认行政行为违法 8 件；判决责令在一定期限依法处理 9 件；判决在法定期限履责 14 件；判决依申请作答复 5 件；判决责令继续履责 78 件（数据系大批同类案件造成）；判决撤销复议决定，确认原行为违法 1 件；判决责令被告重新核定，驳回原告其他诉求 1 件；判决确认违法，责令采取补救 2 件；判决履责 4 件；判决被告依法组织有关机关核实，并责令其依法公布 1 件。可见，不履行法定职责案件，其判决方式较为多元。多元的判决方式必然引申出判决方式如何选择，选择哪一种方式更合理的问题。

（二）不履行法定职责案件审判实务问题

通过上述数据及对具体 148 份裁判文书的系统分析，我们大致了解了不履行法定职责案件审判中存在职责认定难、审理难的问题。如果再对司法实务中不履行法定职责案件的判决书进行大量对比，不难发现该类案件还存在裁判方式选择难的问题。结合司法实务，主要有如下几个方面问题：

1. 行政机关职责认定难

对于是否具有职责，实践中会产生原被告对案件事实和法律规定的职责本身均无异议，但是对于案件事实与法律规定对接时，如何理解法律规定的职责产生分歧的情况；对于是否履行职责，原被告争议的焦点往往在于原告申请是否符合被告行政机关要求的条件，或者在于被告是否完全履行其法定职责，又或者在于被告不具有原告诉请的职责但被告未予答复。

2. 起诉期限起算存分歧

对于行政机关依职权履行法定职责情形下的起诉期限问题，现行法律、司法解释尚无明确规定。那么原告是否可随时提起不履行法定职责之诉？另外，对于原告在针对行政行为起诉期限届满后，又以行政机关拒绝改变行政行为为由，提起不履行法定职责之诉的，实务中大都以原告规避起诉期限为由裁定不予立案或驳回起诉，并没有考量是否有“法律规范明确规定行政机关在出现新的证据等法定事由后应当改变原行政行为的除外”的情形。

3. 举证责任分配不明

对于举证责任，《行政诉讼法》以“谁主张谁举证”为原则，同时规定被告对作出的行政行为负有举证责任，被告应当提供作出该行政行为的证据及所依据的规范性文件。对于不履行法定职责案件，《行政诉讼法》第三十八条仅规定原告应当提供其向被告提出申请的证据，特殊情况除外。但是，立法并没有规定当双方为是否有职责发生分歧时该由哪方举证。此时若根据谁主张谁举证原则单纯由原告举证，则加重原告举证义务，而单纯交由被告举证又可能造成被告处于一种确无相应职责但却无法充分举证证明不存在职责的窘境。

4. 审查程度和审理思路不一

在不履行登记类法定职责案件中，司法审查程度存在不同观点。在诉行政机关拒绝颁证行为中，现行法律法规规定有争议的，行政机关可以拒绝颁证。对于拒绝颁证行为的司法审查，有形式审查、实质审查、全面审查以及有限审查之说，大家各执己见。较主流的观点是登记颁证机关在其职权范围内是否尽到了审慎审查义务，即有限审查说。在治安类不履行法定职责案件中，履责申请人申请公安机关对第三人进行处罚，公安机关作出答复，申请人对答复不服，那么究竟该提起不履行法定职责之诉，还是提起撤销之诉呢？司法实务中存在不同观点。通说认为，应以答复内容是否涉及实体内容为判断标准。另外，若公安机关的答复是仅针对申请人的部分申请而作的具有实体内容的答复，那么申请人究竟该提起何种类型诉讼应以其诉请判断。

5. 判决方式选择存在争议

对于判决结果为履行法定职责类型的案件，司法实务中可能存在究竟是判决被告在一定期限内履行法定职责，还是判决被告在一定期限内履行法院明确指定的特定义务（此时被告没有裁量空间），或者是判决被告在一定期限内履行法院一定指示的法定职责（被告对法院指示中不能裁量事项必须服从，但对于指示范畴内具体如何为一定行为则有裁量空间）的困境。目前，我国法院履行判决通常采用判决被告在一定期限内履行某法定职责。但在司法权不能侵越行政权传统理论与实质性化解行政争议现实需求碰撞下，判决方式的选择就应该更为审慎，更为优化。

二、不履行法定职责案件的审判困境成因分析

（一）行政管理较复杂，法律规定有缺位，理论研究不足

行政管理具有复杂性。行政机关的职责界限有时并不那么泾渭分明。集中某些职责到某机关或者机构改革导致职责调整，也会给职责认定造成困难，如职责已转移的机关是否有义务告知履职申请人职责已转移到某具体行政机关。行政机关履责程序因缺少统一的行政程序法及各机关职责多样性而呈现不同流程及方式。职责来源具有多样性，既可能来自法律、法规、规章及其他规范性文件，又可能来自先前行为、行政允诺以及行政合同等。

法律规范不完善。立法本身具有滞后性，实务中一些疑难复杂的法律适用问题，往往找不到规范，或者规范不清晰。另外，不履行法定职责诉讼是行政诉讼类型中比较特殊的一种，《行政诉讼法》及其司法解释对其规定较少。

理论研究不足。学者的观点较为学术，又比较分散不统一，往往不能直接指导司法实务。法律规范不完善或者不清晰的地方，通常也是理论研究不够充分存在分歧的地方。法官往往难以取舍。

（二）认知有局限，审查及裁判不统一，理论运用不足

领域认知局限性。因行政管理多样性，不履行法定职责诉讼中可能涉及的专业化领域比较广泛，那么法官在审查时必然会对专业性内容进行判断与辨析。即使有时可以把这种判断交给鉴定机构，但对鉴定意见的采信与认定权仍由法官行使。部分不履行法定职责案件因涉及领域比较专业，司法实务中难以找到以前合适的案例供参考借鉴，加上司法解释及有关规范性文件过于笼统或者没有规定，法官在审理时往往无所适从。

审查及裁判不一。不履责之诉，实践中存在秩序性审查模式和合目性审

查模式。[①] 前者注重形式上及程序上对不履行法定职责案件进行审查，而后者注重行政机关的履行职责行为是否合乎法律期待及行政法上的目的。在判决履行法定职责上，对于同样案件，有的法官为规避可能存在的风险，倾向于采用保守的判决方式，即判决行政机关在合理期限履行法定职责。但也有法官在进行审慎考量后，从实质性解决行政争议角度出发，选择判决行政机关履行特定义务。

理论运用并不积极。当案件处理中无经验可遵循抑或无权威观点对相关规范性文件解读时，法官倾向于按规范性文件字面意思理解与适用，不愿运用相关理论解决问题。相关理论观点即使是学界主流观点，未被最高人民法院认可前，直接采用也存在风险。

三、不履行法定职责案件司法审查的合理建构

不履行法定职责案件审查思路一般为：一是原告是否提出履责申请，原告是否具备诉讼主体资格，原告提起履责之诉的时机是否适当；二是被告是否具有原告要求履行的法定职责；三是原告提出的申请是否符合法定条件及要求被告履行法定职责的理由是否成立；四是被告是否已经履行了法定职责；五是被告不履行法定职责的理由是否成立。另外，不履行法定职责案件司法审查合理建构还离不开对举证分配、庭审调查规范化以及判决方式选择上作深入探讨。

（一）原告是否申请，有无主体资格，时机是否适当

被告应依职权主动履行法定职责的情形，法院不需审查原告是否提出过申请。对于依申请履行法定职责情形，法院需要审查原告是否向被告提出申请、申请方式、申请时间、申请内容、被告是否收到、被告收到时间。另外，法院还要注意原告在行政程序中的申请与不履行法定职责之诉的诉请是否一致，原告诉请应小于或等于原告在行政程序中提出的申请。

原告有无诉讼主体资格，要从原告与履责事项有无利害关系判断。这种利害关系应是直接利害关系、个别化利害关系、现实利害关系以及具有实体法上请求权的利害关系。比如，工信部门对未经许可或备案等违法行为

---

① 参见姜鹏：《不履行法定职责案件司法审查强度之检讨》，载《华东政法大学学报》2017 年第 4 期。

进行查处系维护互联网公共管理秩序与公共利益的需要，与举报人个体的私益并不具有利害关系。又如，只有当举报人有明确的证据证明投诉事项涉及自身合法权益，且法律法规规定了行政机关对该举报行为有限期答复义务和具体行政处理程序，而其不履行该法定义务时，才有可能构成可诉的行政不作为。[①]

原告应在法定期限内提出履责申请。根据《行政诉讼法》及其司法解释之规定，除了法律、法规对行政机关履行职责的期限另有规定的之外，行政机关在接到申请之日起两个月内不履行的，原告可以在两个月的履责期限届满之日起6个月内提起诉讼。行政机关没有履行法定职责，且没有作出处理决定的，超过6个月起诉期限，原告再次提出履责申请，行政机关有义务继续履行，否则仍然构成不履行法定职责。[②] 现行法律、司法解释对于行政机关依职权履行法定职责情形下的起诉期限问题，尚无明确规定。一般只要行政机关依职权应履行的法定职责仍然合法有效存在，行政机关即负有作为义务。[③] 但是，在依职权履行法定职责案件中，如行政机关已经明确拒绝履行法定职责，说明原告已经知道不履行法定职责行为的存在，即应开始计算起诉期限。[④] 如果法定履行职责的期限未届满原告就提起诉讼，属于起诉时机不成熟，法院应不予立案或裁驳。[⑤] 对于原告可能提起不履责之诉以规避行政行为之诉超过起诉期限问题，法院还是要审慎考量一下是否有新的证据等法定事由需要行政机关改变行政行为，不能一味以超法定期限为由予以裁驳。

（二）被告是否具有原告要求履行的法定职责

被告所负有的法定职责，可以来自法律、法规、规章及其他规范性文件的直接规定或概括规定，甚至是授权性法律规范，也可以来自上级行政机关指令义务、行政机关先行行为和行政允诺、行政协议约定等。对于法律规范规定不太明确而原被告双方对是否有法定职责有争议时，法院要结合条文字面意思、法律规范“立法目的”、体系解释以及保护原告合法权益、监管行

① 参见最高人民法院（2017）最高法行申2705号。

② 参见最高人民法院（2018）最高法行申11122号。

③ 参见最高人民法院（2016）最高法行申4305号。

④ 参见最高人民法院（2019）最高法行申11781号。

⑤ 参见最高人民法院行政庭编著：《最高人民法院行政诉讼法司法解释理解与适用》（上），人民法院出版社2018年版，第337—338页。

政机关依法行使职权等因素多层次多角度衡量，确定被告是否负有原告诉请的法定职责。

这种职责是具体的，不是抽象、普遍的。比如，原告起诉被告不履行法定职责违法并赔偿，行政机关的不履行法定职责行为，应当基于对该行政相对人承担具体的法定职责，而不是抽象、普遍意义上的监管职责。[①] 另外，值得注意的是，这种法定职责可能存在转移。当被告行政机关主张职责已转移时，法院在进行审查时，要对被告接到履责申请时间、职责转移时间、职责转移工作衔接规定或办法、职责转移前有无履责可能以及有无履行告知、移送等程序性职责等进行审查考量。

（三）原告提出的申请是否符合法定条件及要求被告履行法定职责的理由是否成立

原告提出的履责申请内容应当明确。有的法律法规或其他规范性文件规定，申请人应通过法定形式提出申请，比如填写格式文本。有的则要求申请人除了提交法定形式的申请书，还要提交相应的符合相关要求的证明材料。比如，《公司登记管理条例》（2016 修订）第二十条、第二十一条分别规定，申请设立有限责任公司和设立股份有限公司，应当向公司登记机关提交的相应文件。在这种情形下，法院应审查申请是否符合法定形式和申请材料是否齐全、符合要求。

当然，需要注意的是，《行政许可法》第三十二条第一款第四项规定："申请材料不齐全或者不符合法定形式的，应当当场或者在五日内一次告知申请人需要补正的全部内容，逾期不告知的，自收到申请材料之日起即为受理。"因此，对于要求行政机关履行行政许可职责的案件，原告申请不符合法定形式或申请材料不齐全时，法院不能径行认定原告申请不符合要求，还应审查被告是否当场或 5 日内一次性告知原告补正，如果未告知则履责申请成立。申请成立，则被告需要作出答复或为一定行为，否则构成不履责。

一般来讲，对于申请内容不明确、不符合法定形式或材料不齐全的，被告应该负有责任一次性告知申请人限期补正。当然被告是否有义务告知，还应该考量法律规范是否有明确规定。对于被告限期补正，而申请人未按要求

① 参见最高人民法院（2019）最高法行申 2228 号。

补正的，行政机关是否有义务作出答复处理呢？此时，法院应该审查法律规范是否规定了申请人不按要求补正的后果，审查行政机关要求申请人补正是否正当，以及审查申请人是否明示或默示接受了视为放弃申请的处理。[①] 至于原告要求被告履行法定职责的理由是否成立往往比较容易判断，不再论述。

（四）被告是否已经履行了法定职责

不履行法定职责主要表现为拒绝履行、不予答复、拖延履行、不完全履行以及不适当履行。其中拒绝履行、不予答复以及拖延履行三种行政机关不履行法定职责的方式表现形式比较明显，法院审查时不难把握。一般来说，对于拒绝履行行为（决定），原告起诉要求履行的，应视为被告已经履行职责。原告起诉不履责的，法院应释明，告知其针对拒绝行为另行提起撤销之诉或确认违法之诉。原告坚持诉请的，法院应判决驳回原告诉求。当然，若这种拒绝履行明显错误或不充分，原告起诉要求履行时，法院可以受理，只要所有的事实和法律前提条件皆已具备，法院就可以直接判决被告履行原告所请求的法定职责，而不必同时判决撤销拒绝行为（决定），这样有利于减少诉累，实质性化解行政争议。

因此，此处被告是否已经履行了法定职责，关键在于探讨被告是否属于不完全履行或不适当履行。对于被告作出实体处理，原告认为处理过轻，进而起诉要求被告履行职责的，此时应视为被告已经作为，原告不服可对实体处理起诉。这种情况不属于不适当履行，因为不适当履行主要是对履行方式、履行手段等方面的评价，即履行方式不适当、履行手段明显达不到履责目的等。

对于原告申请事项，被告仅作部分答复或处理的，则可能构成不完全履责。对于可能存在不完全履责的情况，若原告申请不可分，那么被告部分答复或处理应视为履行，原告对此不服可提起撤销之诉或确认违法之诉；若原告申请可分，那么对于未答复或未处理部分，构成不履责。另外，对于原告申请，如果条件已经具备，但被告作出的行为属于前期调查、认定过程性行为未作最终处理决定，又或者被告仅有处罚行为未跟进后续执行问题，无法

---

① 参见陈良刚、周孟伟：《履责类行政诉讼案件的审理规则与裁判标准——以某直辖市 1242 份二审行政裁判为样本的调研分析》，载中华人民共和国最高人民法院行政审判庭编：《行政执法与行政审判》（总第 76 集），中国法制出版社 2019 年版，第 32—52 页。

实现原告申请履职目的，则可能也属于不完全履行。比如，在 2015 年最高人民法院公布的十大不作为案例之一“彭某诉深圳市南山区规划土地监察大队行政不作为案”中，法院认定被诉行政机关不能止于处罚，而应采取措施保证处罚得到执行，才是完全履行法定职责。

（五）被告不履行法定职责的理由是否成立

此处“被告不履行法定职责的理由是否成立”中的“理由”应指阻碍被告正常履责的事由，而不是泛指被告不履责的所有抗辩事由。因为在前述司法审查的过程中被告均可针对原告主张提出相应抗辩，按理也进行了抗辩，此处抗辩就没有必要重复前面司法审查时提到的抗辩理由，此处实际上应为被告提出本应正常履责但不能履责的事由，那么这种阻却正常履责的事由主要有：不可抗力、上位法限制、客观条件不具备且不可归责被告等。

（六）举证及审查程序规范化

从举证责任分担上说，被告应对下列事项承担举证责任：1. 根据《行政诉讼法》第三十四条规定，被告对作出的行政行为负有举证责任，应当提供作出该行政行为的证据和所依据的规范性文件。2. 对原告起诉未到法定起诉期限或者已超过法定期限。3. 对被告法定职责范围及是否具有作为义务承担举证责任。具体来说，①原告申请事项不存在或不属于职责范围；②已对原告申请事项进行过处理。4. 对履责行为合法有据或不履责具有正当理由承担举证责任。原告应对下列事项承担举证责任：1. 起诉时要证明其与被诉不履责行为具有法律上利害关系。2. 必须提供证据证明其已向被告提出申请（特殊情形除外），被告在法定期限内没有答复。3. 证明起诉符合起诉期限的规定。4. 在行政赔偿、行政补偿案件中，原告应当对不履责行为造成的损害提供证据。因被告原因导致原告无法举证的由被告承担举证责任。除此之外，对于待证事实双方应当实行“谁主张谁举证”的规则。

从法庭调查程序规范化上说，可采用如下步骤：1. 审判长宣布进入法庭调查程序。2. 法庭对原告是否申请行政机关履行职责（被告应当依职权主动履责的除外），是否具备诉讼主体资格及是否超过起诉期限等进行审查。（1）询问原告何时以何方式申请被告履行法定职责，申请的理由及事实，有无相应证据。（2）询问被告对原告的主张和证据有无异议，有无相应证据。原告对被告的异议及证据有无不同意见。（3）被告要求原告补正的，被告举证。原告就已补正或材料本身齐全等发表意见，提供证据材料。（4）原告因被告受理申请的登记制度不完备等正当事由不能提供相关证据材料并能作出合理说明的，可以免除原告对该事项举证责任。3. 法庭对被告是否具有相应法定职责进行审查。（1）询问被告，原告申请事项是否属于被告应当履行职责，被告方有无证据证明原告所申请事项不属于被告的法定职责。（2）询问原告，对被告提交的证据有无异议，有异议的可提交证据予以证明。4. 法庭对原告提出的申请是否符合法定条件及要求被告履行法定职责的理由是否成立进行审查。（1）原告就申请条件和理由成立发表意见，提交证据。（2）被告对原告主张和证据有无异议，有无相应证据。5. 法庭对被告是否已经履行了法定职责进行审查。（1）询问被告，收到原告申请如何处理，被告对原告申请是否存在不履行法定职责、部分履行法定职责以及不适当履行法定职责的事实，是否存在拒绝履行或不予答复的事实，以及证据证明。（2）询问原告，对被告的陈述及提交证据有无异议。6. 法庭对被告不履行法定职责的理由是否成立进行审查。（1）审查被告不履责的理由及依据。（2）询问原告对被告陈述及提交证据有无异议，有异议应当提交相应证据。（3）询问被告对原告的质疑意见及证据有无异议，有无相应证据。7. 法庭调查结束前，分别询问原告、被告、第三人及各自代理人，对本案的事实是否还需要补充陈述。

（七）判决方式选择及履职期限确定

对于不履行法定职责案件，《行政诉讼法》第七十四条第二款第三项规定，被告不履行或者拖延履行法定职责，判决履行没有意义的，人民法院判决确认违法。《最高人民法院关于适用〈中华人民共和国行政诉讼法〉的解释》第九十一条规定，法院可以判决被告在一定期限内依法履行原告请求的法定职责；尚需被告调查或者裁量的，应当判决被告针对原告的请求重新作出处理。除此之外，结合司法实务中不履行法定职责案件的大量判决文书，不履责案件的判决方式还有：判决责令在一定期限依法处理；判决依申请作答复；判决责令被告继续履责；判决确认违法，责令采取补救措施；判决履责等。

对于判决结果为履行法定职责类型的案件，一般情况下，法院宜作出责令被告在一定期限内履行法定职责的程序性判决。对于不履行行政许可、行政登记法定职责类案件，若原告行使请求权本身即足以让行政机关作出行政行为，法院可直接判决被告在一定期限内作出原告要求的行政行为。[①] 对于不履行行政处罚法定职责类案件，若行政主体就原告申请是否给予第三人罚款已经没有裁量空间或余地，但对罚款的数额或期限仍有裁量权，那么法院可以判决被告对原告的请求重新处理，也可以判决被告对第三人进行罚款。但需要注意的是，判决方式的选择，应有利于行政争议的实质性化解，必要时法院也可在判决理由部分给予被告后续履责行为一定的指引。

关于履行判决履行期限的确定，《行政诉讼法》及其司法解释并没有对法院判决被告履行法定职责的期限作出明确规定。《最高人民法院关于执行〈中华人民共和国行政诉讼法〉若干问题的解释》（已废止）第六十条第二款曾规定："人民法院判决被告履行法定职责，应当指定履行期限，因情况特殊难于确定期限的除外。"可知，履行判决以限定履行期限为原则，以不限定履行期限为例外。对于不予答复等类似的简单情形，法院可以判决被告在判决生效之日起 10 日内答复；对于被告需要履行一定调查程序、鉴定程序等程序性事项的，一般可判决被告在判决生效之日起 30 日内履责；对被告履责涉及案情重大复杂、手续烦琐的，可判决被告在判决生效之日起 60 日内履责。法院在确定被告履责期限时，可参考被告的意见。另外，如果法律规范对被告履责有具体期限要求的，所判履责期限应短于或等于该期限规定。

结语

不履行法定职责案件在行政诉讼案件及行政败诉案件中均占比较大。限于法律规范的缺位等，不履行法定职责案件仍然存在认定难、审理难、判决难的问题。笔者试着从不履行法定职责案件司法审查的合理建构上，提出了不履行法定职责案件的一般审查重点和审查思路，希冀有助于实质性解决不履行法定职责纠纷案件。另外，笔者建议最高人民法院尽快制定《关于审理不履行法定职责案件若干问题的规定》。最后，希望本文能抛砖引玉，引起学界和实务界对不履行法定职责纠纷案件的更多关注。

（作者单位：天津市红桥区人民法院）

---

① 参见毛建军：《行政诉讼履行判决研究从行政不作为角度分析》，载《上海政法学院学报（法治论丛）》2013 年第 6 期。

黑龙江省高级人民法院关于近五年全省法院行政审判工作情况的调研报告

黑龙江省高级人民法院行政庭课题组

近年来，全省法院在各级党委领导、人大监督和政府支持下，坚持以习近平新时代中国特色社会主义思想为指导，深入学习贯彻党的十八大、十九大和历次全会精神，全面贯彻落实省第十二次党代会和省委十二届历次全会精神，以“努力让人民群众在每一个司法案件中感受到公平正义”为目标，坚持司法为民、公正司法，紧紧围绕全省工作大局，认真履行司法审查监督职责，积极助推法治政府建设，为龙江全面振兴全方位振兴提供了有力的司法服务和坚强的司法保障。

为全面总结新《行政诉讼法》实施以来全省行政审判工作，我们组织开展了近五年全省法院行政审判工作综合调研，对全省法院行政案件基本情况和特点、行政审判主要工作成效、服务保障大局经验做法、行政执法及应诉的问题进行了全面梳理分析，并提出了促进依法行政、深入推进法治政府建设的意见建议。

一、近五年行政案件基本情况及特点

2015—2019 年，全省法院共受理一审、二审、申请再审、再审各类行政诉讼案件 37751 件，审结 37177 件，平均结案率 91.10%，其中受案一审 23366 件，二审 11019 件，申请再审 3077 件。（见表 1、表 2）

表 1　2015—2019 年全省行政案件受结案、结案率统计

年份	受案	同比率	结案	同比率	结案率
2015 年	5369	120.67%	4884	105.38%	89.18%
2016 年	7788	45.05%	7310	49.67%	86.74%
2017 年	6895	-11.47%	7466	2.13%	93.44%
2018 年	8090	17.33%	8018	7.39%	93.10%
2019 年	9609	18.78%	9499	18.47%	93.05%
总计	37751		37177		91.10%

表 2　2015—2019 年全省行政案件一审、二审、申请再审受案数

	2015 年	2016 年	2017 年	2018 年	2019 年	总计
一审	3996	4428	4050	4911	5981	23366
二审	1070	2558	2133	2465	2793	11019
申请再审	246	716	666	673	776	3077

（一）各类案件受、结案数逐年上升。从案件数量看，除 2017 年受案同比略有下降外，其余每年受、结案数均呈上升趋势。2019 年各类案件受案数较 2015 年上升 178%，结案数较 2015 年上升 194%，其中一审受案数较 2015 年上升 150%，二审受案数较 2015 年上升 261%，申请再审受案数较 2015 年上升 315%。（见表 1、表 2）

（二）各地受案不均衡。2015—2019 年，从案件地域分布情况看，各地行政案件受案呈不均衡状态，哈尔滨、齐齐哈尔、大庆、牡丹江、佳木斯五地行政案件受案分别为 12126 件、2755 件、2507 件、2491 件、2021 件，共计 21900 件，占全省行政案件受案总数的 58.01%；而双鸭山、伊春、七台河、大兴安岭、林区五地均不足 1000 件，分别为 886 件、690 件、542 件、302 件、267 件，共计 2687 件，仅占全省行政案件受案总数的 7.12%。（见表 3）

表 3　全省各中级法院 2015—2019 年行政案件受结案数统计

中院 年份	2015 年		2016 年		2017 年		2018 年		2019 年		总计	
	受案	结案	受案	结案	受案	结案	受案	结案	受案	结案	受案	结案
哈尔滨市中级法院及下辖法院	1643	1382	2655	2485	2149	2341	2594	2497	3085	1095	12126	11726
齐齐哈尔市中级法院及下辖法院	501	483	506	513	436	435	498	481	814	801	2755	2713
大庆市中级法院及下辖法院	550	531	497	488	376	384	438	421	646	671	2507	2495
牡丹江市中级法院及下辖法院	525	496	361	355	459	494	501	491	645	648	2491	2484
佳木斯市中级法院及下辖法院	245	236	354	274	350	384	516	565	556	552	2021	2011
鸡西市中级法院及下辖法院	289	279	380	339	315	354	386	402	535	510	1905	1884
绥化市中级法院及下辖法院	194	189	382	377	293	294	472	470	379	389	1720	1719
鹤岗市中级法院及下辖法院	218	142	407	372	308	424	350	354	263	261	1546	1553
农垦中级法院及下辖法院	207	168	277	285	249	285	228	224	221	218	1182	1180
黑河市中级法院及下辖法院	176	163	200	199	154	163	304	307	319	299	1153	1131
双鸭山市中级法院及下辖法院	133	132	155	150	135	147	185	187	278	259	886	875
伊春市中级法院及下辖法院	179	177	150	144	119	117	133	140	109	113	690	691
七台河市中级法院及下辖法院	34	28	123	122	132	135	105	103	148	149	542	537

续表

中院 \ 年份	2015年		2016年		2017年		2018年		2019年		总计	
	受案	结案	受案	结案	受案	结案	受案	结案	受案	结案	受案	结案
大兴安岭地区中级法院及下辖法院	54	45	61	59	50	52	71	61	66	75	302	292
林区中级法院及下辖法院	55	52	53	48	46	55	63	63	50	48	267	266

（三）涉案领域和案件类型相对集中。2015—2019年，行政案件所涉及的管理领域，主要集中于公安、房屋登记、房屋征收和拆违、土地、人力资源和社会保障、交通、规划、市场监管和民政等，案件类型主要集中于行政处罚、行政登记、行政强制、要求履行法定职责、行政撤销、行政复议、行政许可、行政协议、行政补偿等领域。其中，行政处罚类案件4426件，行政登记类案件1457件，行政强制类案件1305件，要求履行法定职责类案件1136件，行政撤销类案件1051件，行政复议类案件914件，行政许可类案件794件，行政协议类案件738件，行政补偿类案件543件，以上九类案件共12364件，占一审受案总数的52.91%。

（四）行政机关败诉率相对稳定。2015—2019年，全省行政机关败诉案件分别为577件、829件、717件、676件、883件，分别占全部一审结案的16.42%、19.8%、16.14%、13.98%、15.04%，除2016年行政机关败诉率接近20%外，其他各年份败诉率均在15%左右，说明行政机关的执法行为得以规范，执法能力和水平不断提升。败诉案件类型主要集中于房屋登记、行政赔偿、行政处罚、行政协议、不履行法定职责、强制拆除和行政复议、政府信息公开、工伤认定、行政决定、行政撤销、征收补偿等领域。

（五）案件调撤率整体呈上升趋势。全省法院始终坚持实质性解决行政争议的原则，对于符合法律规定的案件依法进行调解，能够协调化解的，积极促成当事人达成和解协议，最大限度化解矛盾纠纷。行政争议经调解协调后，2015年，以原告撤诉方式结案544件，撤诉率为15.48%；2016年，原告撤诉705件，撤诉率为16.84%；2017年，原告撤诉693件，撤诉率为

15.6%；2018年原告撤诉1064件，撤诉率为22%；2019年原告撤诉1001件，撤诉率为17.05%。

（六）行政机关负责人出庭应诉率逐年上升。自2017年起，全省法院积极推动被诉行政机关负责人出庭应诉工作，并取得显著成效，被诉行政机关负责人出庭应诉率逐年上升并达到100%。2015—2019年，被诉行政机关负责人出庭应诉率分别为7.04%、11.55%、96.9%、99.9%、100%。

（七）上诉率和申请再审率趋向平稳。2015—2019年，全省行政案件上诉率分别为40.92%、90.64%、63.40%、68.18%、62.30%，申请再审率分别为7.95%、19%、10.70%、15.20%、13.22%。鉴于行政案件自身特点，“三高一长”现象一直存在，但近三年上诉率和申请再审率整体趋向平稳。

二、近五年行政审判重点工作

近五年，全省法院不断创新行政审判工作机制，充分发挥行政审判职能，维护人民群众合法权益，积极助推法治政府建设，监督行政机关依法行政，妥善化解行政争议，得到最高人民法院、省委及省法院党组的一致认可。主要开展了以下工作：

（一）坚持每年报送“行政审判白皮书”。2009年至今，省法院已经连续十二年制作“行政审判白皮书”，对行政案件审理中反映出的行政执法问题进行梳理，分析行政机关败诉原因、败诉领域和败诉类型，并针对问题提出合理化建议，呈报最高人民法院和省“四大班子”主要领导，最高人民法院院长、副院长，省委书记、省长、省委政法委书记、省人大常委会副主任等领导多次对“白皮书”作出批示，对此项工作予以充分肯定。同时，在省法院的推动和指导下，全省各中级法院、基层法院也纷纷制作发布了各自的“白皮书”，得到当地党委政府主要领导的高度重视，有力地推进了当地法治政府建设进程。例如，哈尔滨、牡丹江、佳木斯、大庆、双鸭山、伊春、绥化、大兴安岭、林区等中级法院都发布了“白皮书”，哈尔滨市南岗区人民法院等还通过召开新闻发布会的方式公开发布“白皮书”，并邀请行政机关有关领导参加，有效扩大了“白皮书”的影响范围，取得了良好的宣传效果。

（二）深入推进被诉行政机关负责人出庭应诉。被诉行政机关负责人出庭应诉是新《行政诉讼法》确立的一项重要制度，对于提升行政机关负责人法治意识和法治思维、推动行政执法规范化、建设法治政府具有重要作用。但此前我省行政机关负责人出庭应诉率较低，2014 年仅为 0.6%，2015 年为 7%，2016 年为 11.6%。在我院的积极推动下，省主要领导同志多次对法院行政审判工作作出批示，对行政机关负责人出庭应诉提出要求。2016 年7 月，省政府下发了《关于加强和改进行政应诉工作的意见》，并将行政机关负责人出庭应诉工作纳入了全省法治政府建设考核方案。2016 年 8 月，省人大常委会听取并审议了《关于行政审判工作情况的报告》，随即作出《关于进一步加强行政审判工作的决定》，在全国率先以地方立法的形式，明确了各级行政机关负责人应积极履行出庭应诉的法定义务。2017 年4 月，我院下发通知，决定对被诉行政机关负责人出庭应诉情况实行月通报制度。对被诉行政机关负责人未出庭的，通报审理案件的法院院长及被诉行政机关；对涉及重大公共利益、社会高度关注或者可能引发群体事件的案件，经法院书面建议，被诉行政机关负责人应当出庭而未出庭的，将通报抄送当地党委、人大、政府主要领导。2017 年 6 月，省政府在充分征求我院意见的基础上下发了《黑龙江省行政机关负责人出庭应诉规定》，对行政机关负责人范围、必须出庭应诉的案件类型、年终考核、责任追究方式等均作出明确规定。2019 年 2 月，我院再次下发通知，要求全省一、二审行政案件被诉行政机关负责人出庭应诉率必须达到 100%，并全力提升行政机关负责人出庭应诉效果。各级法院迅速贯彻落实省法院通知要求，院长第一时间向当地党委、政府主要领导报告。依法开庭的案件，各级法院向被诉行政机关发送负责人出庭应诉通知书，开庭前确认行政机关负责人不能出庭的，由该院院长亲自出面协调，仍不出庭的，层报上级法院，由上级法院领导出面协调，确保负责人 100% 出庭应诉。

在全省各级法院和行政机关的共同努力下，我省被诉行政机关负责人出庭应诉率于 2017 年上升到 96.9%；2018 年一审 100%，二审 99.9%；2019 年一、二审均实现 100%。连续三年位居全国第一。2019 年 8 月 28 日，最高人民法院院长、副院长对省法院上报的《关于全省被诉行政机关负责人出庭应诉工作的专题报告》和“行政审判白皮书”作出重要批示，对我院在行政机关负责人出庭应诉方面的措施表示肯定，认为具有推广宣传的价值。2020 年 6 月 23 日，最高人民法院行政庭负责人就《最高人民法院关于行政机关负责人出庭应诉若干问题的规定》答记者问时强调，“黑龙江省三级法院近年来行政机关负责人出庭应诉率接近100%，对于实质性化解行政争议、维护社会和谐稳定起到了积极的作用”，并邀请我院行政庭庭长撰写宣传文章，在最高人民法院公众号《行政执法与行政审判》上刊发。我省被诉行政机关负责人出庭应诉经验在最高人民法院《行政审判通讯》上专刊刊发。

（三）持续强化司法与行政执法的良性互动。法院与行政机关加强联系沟通，建立健全司法与行政的良性互动机制，有利于促进行政机关及时改进工作，更有利于行政争议的源头化解、实质性化解。我们采取多种措施，不断强化行政与司法的良性互动：一是举行联席会议。在省政府法制办机构改革前，我庭积极组织与省政府法制办定期召开联席会议，双方通报行政审判与行政复议、行政执法中的有关情况，交流研讨行政执法中的突出问题、法律适用疑难问题和重大敏感案件，推动行政执法进一步规范化。2019年9月，我院与省司法厅首次组织召开院厅联席会议，我庭就行政机关负责人出庭应诉工作专题汇报，并达成共识形成会议纪要。二是协助政府开展“会前讲法”和法治培训。全省各级法院积极协助各级政府开展“会前讲法”和法治培训活动。2017年，时任省法院常务副院长在省政府常务会议上讲解“行政审判白皮书”。还有一位副院长应省政府邀请，为省直机关负责人讲解了《行政诉讼法》和行政机关负责人出庭应诉实务。2018年，时任省人民法院常务副院长在省政府常务会议上讲解《行政诉讼法》及新司法解释。哈尔滨中院院长和大兴安岭中院院长为当地政府组织的法治培训授课，多地法院行政审判主管院长和行政庭长在政府常务会议上“会前讲法”，三级法院积极组织业务骨干为各级行政机关培训授课，帮助提升行政执法人员的法治意识和法治素养，提高运用法治思维推动发展的能力。三是为政府提供法律服务。充分运用行政法律专业知识，就多部地方性法规和行政执法体制改革文件提出修改意见，从源头上促进依法行政和依法治理。积极协助省政府对全省法治政府建设进行考评，落实国家机关工作人员旁听庭审活动常态化制度化，做好旁听庭审案件的选送和庭审工作。每年为省政府统计梳理多项考评依据材料，积极参与全省法治政府建设考评，以及为省营商局关于投诉企业的行政案件提供专业化法律咨询意见，服务我省进一步优化营商环境。选取典型案例在省委《奋斗》杂志“以案说法”栏目刊登，通过“以案释法”促进行政机关依法行政。针对行政案件审理中发现的问题，积极发出司法建议，近五年全省法院共发送司法建议525件，有力地促进了行政机关改进工作。

（四）开创庭审观摩新形式。2016 年 6 月 23 日，牡丹江中院公开开庭审理了一起行政案件，林口县县长出庭应诉，牡丹江市委组织市、县两级领导干部及人大代表、政协委员共 160 人旁听了庭审，全省三级法院院领导和行政审判法官现场或视频观摩庭审。我庭报送的“行政审判十大举措”得到最高人民法院院长批示肯定，人民法院报头版头条予以报道。为落实好国家机关工作人员旁听庭审要求，全省法院积极邀请各级行政机关工作人员旁听庭审。2019 年 12 月 10 日，我院副院长担任审判长公开开庭审理了 1 起行政再审案件，邀请省委宣传部、省发改委、省卫健委、省自然资源厅近 60 名党员干部旁听庭审，整个庭审过程规范有序、重点突出，合议庭评议后当庭宣判，撤销行政机关不予认定工伤决定，责令其重新作出行政行为。再审申请人深受感动，旁听人员深受触动，纷纷留言表示真切感受到了法律的权威与公正，工作中必须严格依法行政，进一步提升执法能力和水平，庭审取得了良好的观摩效果和示范效应。

（五）举行行政审判新闻发布会。为扩大行政审判影响力，使社会各界更多了解行政审判、关注行政审判，2016 年至今，我院先后 4 次举行行政审判工作新闻发布会，其中 3 次是在“国家宪法日”来临之际举行，通报全省法院年度行政审判工作情况，共发布保护人民群众合法权益、监督行政机关依法行政的 40 起典型案例，吸引了全国多家媒体争相报道，新浪网和省电视台法制频道全程直播，并通过省法院外网、微博、微信及时推送，取得了良好的社会反响。哈尔滨、齐齐哈尔、牡丹江、佳木斯、大庆、鸡西、大兴安岭等地法院也纷纷举行行政审判新闻发布会，介绍行政审判工作并发布典型案例，对于在全社会营造尊法学法守法用法的良好氛围产生了积极效果。

（六）积极探索行政案件管辖制度改革。按照中央统一部署，我院积极探索建立与行政区划适当分离的行政案件管辖制度改革，通过提级管辖、异地交叉管辖、相对集中管辖等多种形式，解决行政诉讼立案难、审理难、执行难等突出问题。我院在 2013 年、2014 年先后确定大庆、伊春、双鸭山的部分基层法院作为集中管辖试点法院后，继续推行行政案件异地交叉管辖。2015 年，根据新《行政诉讼法》的规定，我院及时修改我省关于行政案件异地管辖的有关规定，制发《黑龙江省高级人民法院关于行政案件异地管辖若干问题的规定》（黑高法〔2015〕121 号）对中级人民法院管辖的以同级人民政府为被告的案件，由被告所在地之外的中级人民法院管辖。为探索行政案件跨区划管辖改革，2019 年 4 月，我庭有关人员在副院长带领下前往陕西、湖南考察调研，并深入我省铁路两级法院、哈尔滨两级法院、农垦中级法院、林区中级法院进行调研，召开全省法院行政案件管辖改革工作汇报会，听取全省法院对改革的意见建议。在充分调研论证的基础上，我庭起草完成《关于行政案件跨区划管辖改革有关情况的调研报告》，拟定了全省行政案件管辖改革方案，目前报告和方案正在论证中。

三、服务保障龙江全面振兴全方位振兴、优化营商环境的主要做法

（一）坚持司法为民，保护人民群众合法权益取得新进展。把维护行政相对人的合法权益作为行政审判的出发点，从诉权保护、便民服务、阳光司法、公正裁判等各个方面满足人民群众的司法需求。一是破解行政案件“立案难”问题。2015 年 5 月 1 日改革立案审查制为立案登记制以来，通过公开立案程序、发放诉讼须知、进行诉讼引导等方式，解决一些当事人“不会告”的问题；通过加强对立案工作的检查监督，解决一些法院“不愿收”的问题。2015—2019 年，共受理一审行政诉讼案件 23366 件，坚决按照新《行政诉讼法》的规定，做到“有案必立、有诉必理”。二是兑现“让老百姓打官司不求人”承诺。2019 年年初，我院院长在全省两会上作出“努力让老百姓在全省法院打官司不求人”的庄严承诺，全省法院不断强化司法便民利民措施，梳理行政审判制度，制作行政案件诉讼指导卡，并积极推进诉讼服务大厅、诉讼服务网、12368 热线“三位一体”的诉讼服务中心建设，为当事人提供立案、送达、调解等各方面的高效便捷服务，充分体现司法的人文关怀。采取带案下乡、巡回审判、简易程序等多种方式审理行政案件，切实减轻当事人诉累。三是加大司法公开力度。依托司法公开三大平台，充分运用“互联网 +”模式，做到了行政审判裁判文书百分之百上网、审判流程百分之百公开、庭审直播百分之百准确，保障了当事人及社会公众对行政审判的知情权、参与权、监督权。四是加强原告实体权利保护。近五年，共审结一审行政案件 22856 件，其中土地资源、城建拆迁、治安管理、劳动和社会保障等与民生密切相关的案件 11498 件，占一审结案的 50.31%。

（二）坚持服务大局，保障经济社会发展取得新进展。全省法院始终把为龙江全面振兴全方位振兴提供有力司法服务和保障作为行政审判的落脚点，

服务保障省委、省政府重大决策部署落实。一是注重行政争议实质化解。全省各级法院既严格审查行政行为是否合法，又灵活运用各种调解方式，促成行政争议实质化解。近五年，全省法院一审调解撤诉 3711 件，调撤率 16.24%。二是支持行政机关依法行政。2015 年以来，一审判决驳回原告诉讼请求、被告胜诉案件 7570 件，占一审结案总数的 33.12%，为依法行政提供司法支持。及时快速审理房屋拆迁、土地、规划、房产登记等行政案件 6669 件，占一审结案总数的 29.18%，防止办案拖拉妨碍重点项目建设进行。三是继续推行“裁执分离”。对重点项目建设进程中的行政执行申请，符合法律规定的，及时作出准予执行裁定；进入执行程序的，加大协调力度，力促被征收人自愿搬迁，有力保障了省内各地高铁、高速公路、产业园区、城镇化建设、棚户区改造、违建拆除等顺利进行。

（三）坚持依法监督，优化司法环境取得新进展。把监督行政机关依法行政作为行政审判的着力点，通过对行政行为的司法监督，促进行政机关及其执法人员提高运用法治思维和法治方式实施行政管理的能力和水平。一是严格依法裁判，加大监督力度。对行政主体不具备执法资格，行政行为证据不足、适用法律错误、违反法定程序、措施明显不当，不履行法定职责，负有法定给付义务，给相对人造成损失等情形，分别作出确认无效、确认违法、撤销、重作、履行、给付、赔偿等判决。近五年，一审共判决行政机关败诉 3682 件，占以判决方式结案的 38.16%。二是多措并举，延伸审判职能。除每年报送“行政审判白皮书”外，还通过发送司法建议、举行联席会议、会前讲法、以案释法、协助培训等多种形式，加强与行政的互动，推动行政争议多元化解，形成化解行政争议的社会合力。三是加强宣传，扩大行政审判影响力。2015 年以来，我院先后 4 次召开行政审判工作新闻发布会，通报全省法院行政审判工作情况，发布典型案例。哈尔滨、齐齐哈尔、牡丹江、佳木斯、大庆、鸡西、大兴安岭等中级法院及部分基层法院也召开各自新闻发布会，扩大行政审判影响，促进重塑法治化发展环境。

四、行政执法及应诉中存在的主要问题

随着全面推进依法治国进程的深入，我省行政执法水平逐年提升，依法行政能力整体向好，但从行政机关败诉案件和应诉情况来看，仍反映出一些

问题和不足。

（一）行政执法中的问题

1. 程序意识不强，行政行为违反法定程序。一些行政机关在执法中仍然存在“重实体、轻程序”的理念，为追求行政效率或完成上级任务，作出行政行为时违反正当程序原则，缺少前置程序或程序倒置，侵犯相对人的知情权、参与权、表达权、监督权等，最终导致败诉。例如，有的行政处罚案件中，行政机关作出处罚时未履行告知、听取陈述、申辩等法定程序，从而剥夺了当事人依法享有的知情、陈述、申辩等正当程序性权利；有的土地、房屋征收补偿案件中，政府实施程序颠倒，先征收后补偿，或先强拆后补偿，有的甚至未作征收决定而实施征收，有的未作征收补偿决定而实施强拆，有的未履行催告程序而直接强拆；有的行政复议案件中，复议机关受理超过法定期限的复议申请并作出复议决定等。

2. 收集固定证据不足，行政行为事实不清。一些行政机关作出行政行为时未查清事实，或者未全面依法收集证据，保存固定证据不及时，导致缺乏关键证据缺失或证据链不完整，最终因事实不清、证据不足而导致败诉。例如，有的土地、房屋征收补偿案件中，政府在征收中未谨慎清点补偿项目，导致作出的补偿决定漏项；有的拆除违法建筑案件中，没有认定案涉建筑为违法建筑的证据，即直接作出拆除决定或予以强制拆除；有的工伤认定案件中，行政机关对劳动关系认定错误，或者对事故发生的事实未查清，未收集应否认定工伤的主要证据，致使工伤认定结论错误。有的行政登记案件中，行政机关对申请人提交的材料未尽到审慎的审查义务，致使在申请材料不齐全或提交虚假材料情况下予以登记。

3. 依法履职不到位，不履行法定职责或法定义务。一些行政机关缺乏履职责任意识和时限意识，对于法律法规规定应当主动履行的职责而不主动履行，或者经当事人提出申请，行政机关应当履行职责而怠于履行、拖延履行或拒绝履行，导致行政相对人的人身权、财产权、知情权等受到侵害而败诉。例如，有的土地、房屋征收补偿案件中，政府与被征收人签订补偿协议后，违背诚信原则，不按约定履行协议、拖延履行协议或者单方变更、解除协议；有的政府信息公开案件中，行政机关应主动公开信息却不公开，依申请应公开的信息，在申请人提出申请后，行政机关却以各种理由不予公开，或不作书面答复，或超过法定期限作出答复；有的行政机关不重视法律期限的规定，超过法定期限作出行政决定或复议决定。

4. 适用法律能力不强，行政行为法律依据错误。一些行政机关对法律法规的理解和掌握不准确，作出行政行为时适用法律错误或不当，应适用此法却适用彼法，应适用此条款却适用彼条款，或者适用的法律法规条文之间存在矛盾冲突，或者适用的法律规范已修改或废止。例如，有的行政复议案件中，复议机关适用法律条款错误，对不应受理的予以受理，或者应当受理的不予受理；有的行政处罚案件中，行政机关告知当事人行使诉权期限错误；有的行政决定案件中，行政机关虽然实体处理正确，但适用法律法规错误。

5. 忽视职权法定，行政行为超越职权。个别行政机关的行政行为严重违法，超越法律法规规定的职权范围行使职权，使本应由其他行政机关行使的职权而由自己行使，或者虽有法律法规授权，但却不正当行使了职权，最终导致败诉。例如，有的行政强制案件中，道路运输管理机关在没有法律法规授权的情况下，违法采取扣押车辆的强制措施；有的拆除违法建筑案件中，违法建筑位于集体土地上，作出限期拆除决定的法定职权应由乡镇政府行使，却由城市规划部门作出限期拆除决定。

（二）行政应诉中的问题

1. 行政应诉态度不积极。有的行政机关对行政应诉态度消极，缺乏主动性，不积极配合法院工作，不依法及时提交各类应诉手续，不在法定期限内提交证据，或提交的证据不符合规定。有的行政机关缺乏责任担当精神，对其违法行为故意隐瞒证据，担心败诉承担责任，缺乏主动协调化解行政争议的意识。有的甚至对法院的调解协调工作很不配合，消极应付，相互推诿，致使当事人对立情绪加大，使本可以化解的矛盾激化升级。

2. 行政应诉准备不充分。有的出庭应诉人员对案件事实不清楚，开庭前没有做好相关准备工作，仓促应诉，庭审时对法庭询问的案件具体事实完全不知情或者一知半解，所答非所问，导致开庭无法查清事实，也引起对方当事人强烈不满。有的答辩和辩论意见过于简单，应付了事。有的不会举证，应当举证的不举证，只靠口头陈述，没有证据支持；有的举证、质证逻辑混乱，缺乏针对性，无法证明行政行为合法性；有的对案件适用法律没有深入研究，对适用的法律法规条文解释不清等。

3. 行政机关负责人出庭应诉作用发挥不理想。全省被诉行政机关负责人出庭应诉率已达到100%，但负责人出庭应诉的优势和作用还没有充分发挥。不熟悉庭审程序、缺乏应诉知识、出庭不出声等仍较普遍，多数只是形式上参与庭审，没有体现出负责人出庭的优势和作用，未能充分利用庭审平台与行政相对人积极有效沟通，达到实质性化解矛盾的目的。以2019年为例，出庭人数比上年度增加370人，但县级以上人民政府无正职出庭，政府部门正职出庭应诉的主要集中在区县一级，共274人。虽然出庭负责人发表意见数和实质性解决争议数均有所上升，但占负责人出庭总数的比例仍然偏低。一审中负责人发表意见的仅占出庭总数的三分之一；二审仅占出庭总数的6.11%。一审中负责人出庭能够实质性解决行政争议的仅占出庭总数的9.94%；二审仅占出庭总数的1.60%。

五、深入推进法治政府建设的有关建议

为从源头上预防和减少行政争议的发生，深入推进我省法治政府建设，结合行政案件审理中发现的问题，提出以下建议：

（一）进一步提升依法行政理念，重塑龙江法治化发展环境。党的十八届四中全会专题研究了全面推进依法治国重大问题。党的十九大描绘了2035年基本建成法治国家、法治政府、法治社会的宏伟蓝图。习近平总书记指出，推进全面依法治国，要坚持法治国家、法治政府、法治社会一体建设，法治政府建设是重点任务，对法治国家、法治社会建设具有示范带动作用。[①] 要深刻领会习近平总书记关于“法治是最好的营商环境”的重要论述，自觉运用法治思维和法治方式深化改革、推动发展、化解矛盾、维护稳定。一要紧紧围绕龙江全面振兴全方位振兴的发展目标，解放思想推动高质量发展，依法平等保护各类市场主体产权和合法权益，用法治规范政府和市场的边界，把平等保护贯彻到行政管理执法各领域，加强对改善经济发展环境工作的督导检查，加大查处追责力度，促进行政执法作风的改进、依法行政理念的提升。二要规范重大行政决策程序，要把党的领导贯穿于重大行政决策的全过程和各方面，履行决策法定程序，增强公众参与实效，提高专家论证质量，

---

① 参见《把法治政府建设向纵深推进——中央依法治国办负责人就〈法治政府建设与责任落实督察工作规定〉答记者问》，载《人民日报》2019年5月8日第7版。

坚持合法性审查，防控决策风险，保证重大决策的合法性与合理性。三要坚持以人民为中心，维护社会大局稳定，积极回应人民群众合法合理的利益诉求，多元化解行政争议，以规范的程序、科学的决策、正确的态度维护重大公共利益、维护人民合法权益，促进社会公平正义，不断增强人民群众获得感、幸福感、安全感。

（二）进一步规范行政执法行为，提升依法行政的能力和水平。2020 年是贯彻落实《法治政府建设实施纲要（2015—2020）》的收官之年，应按照党中央、国务院关于法治政府建设的决策部署对标对表，全面提升执法规范化水平，严格执行《法治政府建设与责任落实督查工作规定》，从源头上预防和减少行政争议的发生。一要程序正当，严格遵守法定程序。行政执法人员应进一步强化程序意识，切实转变“重实体、轻程序”的理念，严格按照法定的程序、步骤、方式执法，避免因程序违法而导致败诉。二要查清事实，收集固定好证据。行政执法人员要注重提升证据意识，在作出行政行为前，应全面客观收集证据，确保作出行政行为时认定事实清楚、证据客观充分，开庭时举证规范有力，能够证明行政行为合法性，避免事后收集证据或采用违法手段收集证据。三要积极作为，提升责任担当意识。各级政府和政府部门对于法律规定应主动履行的职责要积极主动履行，对于法律规定依申请应当履行的，要严格依法履职，坚决避免因互相推诿、担当不足等引发行政诉讼，激化行政相对人的对立情绪，导致矛盾升级。四要加强学习，提升法律适用能力。要积极组织行政执法人员进行法律法规培训，尤其要抓好重点执法领域和基层执法的学习培训。例如，针对败诉案件较多的房屋登记、行政处罚、行政协议、政府信息公开、工伤认定、土地和房屋征收补偿、拆除违建等领域，应重点培训，并加大执法监督检查力度，从整体上提升其执法水平和能力。五要诚实守信，注重信赖利益保护。近年来，行政协议等新类型案件逐年大幅增长，各级政府应加强对行政相对人的信赖利益保护，树立诚信政府的良好形象。在签订行政协议时，应先由法制部门进行合法性审查，避免出现采用欺骗、胁迫等方式迫使相对人签约，或者国家工作人员与相对人串通，致使国家利益受损的违法行为。履行协议时，应信守承诺，严格按照协议约定依法履行，不能无故拖延履行、拒绝履行或随意单方解除、变更协议，确因法定事由或不可抗力需改变承诺和约定的，要做好解释说明和善后处理工作，充分保护相对人合法权益。

（三）进一步提升行政应诉水平，支持行政审判工作。促进行政机关依法行政、助推法治政府建设是法院行政审判工作的重要职能。建议各级政府和政府部门积极支持法院行政审判工作，对行政案件反映出的问题，及时进行整改纠正。一是充分发挥行政机关负责人出庭应诉的作用。在保持我省行政机关负责人出庭应诉率100%的基础上，积极推动行政机关负责人“出庭又出声”“出声出效果”，切实发挥行政机关负责人出庭应诉的优势，体现行政机关负责人的担当精神，当庭能够化解的矛盾当庭化解，不能当庭化解的庭后积极化解，力争实现行政争议的实质性化解。二是推进行政机关工作人员旁听庭审常态化。严格落实司法部、全国普法办、最高人民法院联合印发的《关于推动国家工作人员旁听庭审活动常态化制度化的意见》，积极组织行政机关工作人员旁听庭审，尤其要重点旁听涉及重大公共利益、社会高度关注或者可能引发群体性事件的行政案件，增强规范执法意识和主动接受司法监督意识。三是提高行政应诉人员应诉能力。各级行政机关应通过定期培训、考核、旁听庭审等方式，不断提升应诉人员的答辩、举证、质证等应诉能力，做到答辩形式规范、理由充分，举证准确及时，质证发表意见完整全面，要充分发挥政府法律顾问和公职律师在应诉中的作用，依法支持法院行政审判工作。

（四）进一步深化司法与行政良性互动，促进行政争议实质性化解。加强法院与行政机关的良性互动，对于行政机关及时改进工作、提升执法能力水平、评估重大执法风险、化解重大矛盾纠纷、维护社会和谐稳定具有重要意义。一是健全完善联席会议制度。各级政府及政府部门与法院应构建常态化沟通交流机制，通过定期召开联席会、座谈会的方式，对行政诉讼案件和行政复议案件进行分析，梳理总结行政执法中存在的问题，督促行政机关有效整改，统一行政执法标准和司法裁判尺度。二是建立健全矛盾纠纷多元化解机制。各级政府及政府部门应与法院相互协调配合，推进行政争议调解中心建设，推动建立党委统筹、政府支持、社会参与的多元化解行政争议新格局，促进行政诉讼与行政裁决、行政复议等解纷方式的有机衔接，完善人民调解、行政调解、司法调解联动工作体系，实现行政争议的实质性化解。尤其是对涉民生、涉群体性行政争议，要加强行政争议的源头化解。三是积极配合法院化解行政争议。各级政府和政府部门在行政诉讼中应增强主动协调意识，重视基础争议和相关争议的一并解决，充分发挥自身优势，抓住主要矛盾，找准解决问题的切入点，积极配合法院共同做好案件调解协调工作。四是切实做好司法建议的落实和反馈工作。行政机关应重视司法建议对改进行政机关工作、提升行政执法水平、建设法治政府的重要作用，将落实司法建议情况纳入法治政府考评，对司法建议提出的问题，有的放矢进行整改，并将整改情况及时反馈法院。

司法解释

最高人民法院关于正确确定县级以上地方人民政府行政诉讼被告资格若干问题的规定

（2021年2月22日最高人民法院审判委员会第1832次会议通过　2021年3月25日最高人民法院公告公布　自2021年4月1日起施行　法释〔2021〕5号）

为准确适用《中华人民共和国行政诉讼法》，依法正确确定县级以上人民政府的行政诉讼被告资格，结合人民法院行政审判工作实际，制定本解释。

第一条　法律、法规、规章规定属于县级以上人民政府职能部门的行政职权，县级以上人民政府通过听取报告、召开会议、组织研究、下发文件等方式进行指导，公民、法人或者其他组织不服县级以上人民政府的指导行为提起诉讼的，人民法院应当释明，告知其以具体实施行政行为的职能部门为被告。

第二条　县级以上人民政府根据城乡规划法的规定，责成有关职能部门对违法建筑实施强制拆除，公民、法人或者其他组织不服强制拆除行为提起诉讼，人民法院应当根据行政诉讼法第二十六条第一款的规定，以作出强制拆除决定的行政机关为被告；没有强制拆除决定书的，以具体实施强制拆除行为的职能部门为被告。

第三条　公民、法人或者其他组织对集体土地征收中强制拆除房屋等行为不服提起诉讼的，除有证据证明系县级以上人民政府具体实施外，人民法院应当根据行政诉讼法第二十六条第一款的规定，以作出强制拆除决定的行政机关为被告；没有强制拆除决定书的，以具体实施强制拆除等行为的行政机关为被告。

县级以上人民政府已经作出国有土地上房屋征收与补偿决定，公民、法人或者其他组织不服具体实施房屋征收与补偿工作中的强制拆除房屋等行为提起诉讼的，人民法院应当根据行政诉讼法第二十六条第一款的规定，以作出强制拆除决定的行政机关为被告；没有强制拆除决定书的，以县级以上人民政府确定的房屋征收部门为被告。

第四条 公民、法人或者其他组织向县级以上人民政府申请履行法定职责或者给付义务，法律、法规、规章规定该职责或者义务属于下级人民政府或者相应职能部门的行政职权，县级以上人民政府已经转送下级人民政府或者相应职能部门处理并告知申请人，申请人起诉要求履行法定职责或者给付义务的，以下级人民政府或者相应职能部门为被告。

第五条 县级以上人民政府确定的不动产登记机构或者其他实际履行该职责的职能部门按照《不动产登记暂行条例》的规定办理不动产登记，公民、法人或者其他组织不服提起诉讼的，以不动产登记机构或者实际履行该职责的职能部门为被告。

公民、法人或者其他组织对《不动产登记暂行条例》实施之前由县级以上人民政府作出的不动产登记行为不服提起诉讼的，以继续行使其职权的不动产登记机构或者实际履行该职责的职能部门为被告。

第六条 县级以上人民政府根据《中华人民共和国政府信息公开条例》的规定，指定具体机构负责政府信息公开日常工作，公民、法人或者其他组织对该指定机构以自己名义所作的政府信息公开行为不服提起诉讼的，以该指定机构为被告。

第七条 被诉行政行为不是县级以上人民政府作出，公民、法人或者其他组织以县级以上人民政府作为被告的，人民法院应当予以指导和释明，告知其向有管辖权的人民法院起诉；公民、法人或者其他组织经人民法院释明仍不变更的，人民法院可以裁定不予立案，也可以将案件移送有管辖权的人民法院。

第八条 本解释自 2021 年 4 月 1 日起施行。本解释施行后，最高人民法院此前作出的相关司法解释与本解释相抵触的，以本解释为准。

征稿启事

《行政执法与行政审判》是最高人民法院针对行政审判工作出版发行的唯一的综合指导性图书。丛书自出版以来，深受全国各地法院行政审判法官、行政执法人员和专家学者的普遍欢迎和好评。对各级法院行政审判工作具有权威的指导作用，对各级各部门行政机关依法行政和行政法、行政管理专业的专家学者具有较强的参考作用。

本丛书及时刊登行政法的最新司法解释、司法文件、司法政策及解读，具有典型和指导意义的审判案例及分析，行政执法和行政审判的调研信息及成果等内容，设有“大法官论坛”“理论探索”“案例分析”“实务争鸣”“调查研究”“司法文件”等栏目。现编委会竭诚向全国的行政执法和行政审判理论和实务工作者征稿。来稿要求：

一、稿件应属未公开发表的作品。请勿一稿两投。

二、优先发表在本书所涉领域有创见的、高水平的文章，来稿采用与否以理论和实务价值为标准。

三、稿件引文应当注明出处，注释体例参见本书“写作体例说明”。

四、稿件最好为附打印稿的 word 文件电子版。

五、稿件一经发表，文责自负，但编者保留对来稿进行技术性加工处理的权利。文章一经采用，由本编辑部统一付给稿酬。

六、来稿请按以下联系方式寄送：

地址：北京市东城区东交民巷 27 号

最高人民法院行政审判庭　章文英

邮编：100745

请在信封正面注明“《行政执法与行政审判》来稿”字样。

E－mail：zgfyxzt@ sohu. com

《行政执法与行政审判》编委会

写作体例说明

一、交付稿件要求

（一）总体要求

齐（不缺页、不缺件）、清（稿面清楚）、定（已定稿的稿件）。提供稿件电子版，并附打印清样，出版社视清样为最终定稿。

（二）具体要求

纸样用 A4 纸，单面打印。

电子版内容一定要与提供的清样内容相同。

二、编辑体例

正文编码顺序按：一、（一）1.（1）①第一，其一，等来编排。

三、技术规范

数字用法：

统计数字、时间、物理量等均用阿拉伯数字（如：100kg　45.8 万元　11 个月　4.9 万册　12.4 亿人）；法条号尊重原文，即原文是汉字的用汉字，原文是阿拉伯数字的用阿拉伯数字。

注释方法：

1. 一般原则

（1）注释采取页下注，注释号每页重新起算；

（2）引注作品的，注释应完整；

（3）作者为三人或三人以上的，首次引用时应显示全部作者，重复出现时可在第一作者之后加“等”字样。

2. 著作引文注释范例

一般格式：作者/书名/出版社/出版年代/页码

如：×××/×××编著/×××主编：《×××》，××出版社××年版，第××页。

3. 文章引文注释范例

一般格式：作者/文章题目/引自何种出版物/出版时间/页码

（1）著作中文章

××：《文章名》，载××主编：《书名》，××出版社××年版，第××页。

（2）期刊中的文章

××：《文章名》，载《期刊名》××年第×期。

（3）报纸上的文章

××：《文章名》，载《报纸名》××年××月××日，第×版。

图书在版编目（CIP）数据

行政执法与行政审判．总第 84 集 / 中华人民共和国最高人民法院行政审判庭编．—北京：中国法制出版社，2021.12

ISBN 978-7-5216-2177-8

Ⅰ.①行… Ⅱ.①中… Ⅲ.①行政执法-中国-丛刊 ②行政诉讼-审判-中国-丛刊 Ⅳ.①D922.11-55 ②D925.318.2-55

中国版本图书馆 CIP 数据核字（2021）第 193979 号

责任编辑　周琼妮（zqn-zqn@126.com）　　封面设计　杨鑫宇

行政执法与行政审判（总第 84 集）

XINGZHENG ZHIFA YU XINGZHENG SHENPAN（ZONG DI-84 JI）

编者/中华人民共和国最高人民法院行政审判庭

经销/新华书店

印刷/三河市紫恒印装有限公司

开本/710 毫米×1000 毫米　16 开　　印张/ 16　字数/ 217 千

版次/2021 年 12 月第 1 版　　2021 年 12 月第 1 次印刷

中国法制出版社出版

书号 ISBN 978-7-5216-2177-8　　定价：68.00 元

北京市西城区西便门西里甲 16 号西便门办公区

邮政编码：100053　　传真：010-63141852

网址：http：//www.zgfzs.com　　**编辑部电话：010-63141807**

市场营销部电话：010-63141612　　**印务部电话：010-63141606**

（如有印装质量问题，请与本社印务部联系。）